AF147654

Journalistische Praxis

Reihe herausgegeben von
Gabriele Hooffacker, Leipzig, Deutschland

Gründungsherausgeber
Walther von La Roche, München, Deutschland

Der Name ist Programm: Die Reihe Journalistische Praxis bietet ausschließlich praxisorientierte Lehrbücher für Berufe rund um Journalismus und Medien. Praktiker aus Redaktionen und aus der Journalistenausbildung zeigen, wie's geht, geben Tipps und Ratschläge. Alle Bände sind Leitfäden für die Praxis - keine Bücher über ein Medium, sondern für die Arbeit in und mit einem Medium. Walther von La Roche begründete die Reihe 1975 mit der „Einführung in den praktischen Journalismus" (heute: „La Roches Einführung in den praktischen Journalismus"). Seit 2013 erscheinen die Bücher bei SpringerVS.

Die gelben Bücher mit ihren Webauftritten geben allen, die journalistisch tätig sind oder sein wollen, ein realistisches Bild von den Anforderungen redaktionellen Arbeitens und zeigen, wie man sie bewältigt. Lehrbücher wie „Recherchieren", „Informantenschutz", „Frei sprechen" oder „Interviews führen" konzentrieren sich auf Tätigkeiten, die in mehreren journalistischen Berufsfeldern gefordert sind. Andere Bände führen in das professionelle Arbeiten bei einem Medium ein (die Klassiker zu Radio-, Fernseh- oder Online-Journalismus). Es gibt Bücher zu journalistischen Techniken („VR-Journalismus", „Mobiler Journalismus" oder „Social Media für Journalisten"), und zu Berufsfeldern wie Pressearbeit und Corporate Media („Pressearbeit praktisch") oder redaktionellem Arbeiten für Unternehmen oder Institutionen („Gebrauchstexte schreiben").

Jeden Band zeichnet ein gründliches Lektorat und sorgfältige Überprüfung der Inhalte, Themen und Ratschläge aus. Sie werden regelmäßig überarbeitet und aktualisiert, oft in weiten Teilen neu geschrieben, um der rasanten Entwicklung in Journalismus und Medien Rechnung zu tragen. Viele Bände liegen inzwischen in der dritten, vierten, achten oder noch höheren Auflagen vor wie La Roches „Einführung" selbst. Allen Bänden gemeinsam ist der gelbe Einband. Deshalb ist die Reihe unter Lehrenden, Studierenden und angehenden Journalistinnen und Journalisten auch als „Gelbe Reihe" bekannt.

Frank Bräutigam

Recht richtig formulieren

Ein Handbuch mit Beispielen aus der
journalistischen Praxis

 Springer VS

Frank Bräutigam
ARD-Rechtsredaktion
SWR Studio Karlsruhe
Karlsruhe, Deutschland

ISSN 2524-3128   ISSN 2524-3136 (electronic)
Journalistische Praxis
ISBN 978-3-658-41770-3   ISBN 978-3-658-41771-0 (eBook)
https://doi.org/10.1007/978-3-658-41771-0

Die Deutsche Nationalbibliothek verzeichnet diese Publikation in der Deutschen Nationalbibliografie; detaillierte bibliografische Daten sind im Internet über https://portal.dnb.de abrufbar.

Planung/Lektorat: Barbara Emig-Roller
Springer VS ist ein Imprint der eingetragenen Gesellschaft Springer Fachmedien Wiesbaden GmbH und ist ein Teil von Springer Nature.
Die Anschrift der Gesellschaft ist: Abraham-Lincoln-Str. 46, 65189 Wiesbaden, Germany

Vorwort

„Das Landgericht hat den Angeklagten wegen Mordes zu lebenslänglicher Haft verurteilt. Außerdem stellte es die besonders schwere Schuld fest. Sicherheitsverwahrung lehnte das Gericht ab. Der Angeklagte hat angekündigt, in Berufung zu gehen."

Eine kurze Meldung zu einem Mordprozess. Ein klassisches Thema, über das früher oder später fast jede Journalistin und jeder Journalist einmal berichten muss. Ob in der Lokalredaktion, dem Online-Magazin, den Regionalnachrichten im Hörfunk oder in der Tagesschau. Die Meldung hat nur einen Haken – sie enthält vier inhaltliche Fehler. Die können in der Hektik des Redaktionsalltags durchaus passieren. Sie müssen es aber nicht.

Ob es um den Strafprozess am Gericht vor Ort, die Ermittlungen der Staatsanwaltschaft gegen einen Lokalpolitiker oder um das Verbot einer Demonstration geht – rechtliche Themen sind relevant und nicht trocken. Sie spielen häufig mitten im Leben.

Immer wieder stellen sich beim Formulieren kleinere oder größere Fragen, oft unter großem Zeitdruck. Wurde der Tatverdächtige jetzt „festgenommen" oder „verhaftet"? War das gerade ein Beschluss oder ein Urteil? Heißt es Sicher*heits*verwahrung oder Sicher*ungs*verwahrung? Kann ich ruhigen Gewissens schreiben: „Lebenslang bedeutet, dass der Verurteilte nach 15 Jahren wieder rauskommt"? Und wer übernimmt im Fall eines Terrorverdachts in meiner Region jetzt die Ermittlungen – der „Generalbundesanwalt", die „Bundesanwaltschaft" oder sogar die „Generalbundesanwaltschaft"?

Journalistinnen und Journalisten sind Generalisten. Sie müssen sich spontan mit hunderten von Themen aus allen Lebensbereichen befassen. Sie können sich nicht überall perfekt auskennen. Gleichzeitig hat jede Zeitung, jedes Internetportal, jeder Radio- und Fernsehsender den journalistischen Anspruch, Fakten und Hintergründe korrekt darzustellen.

Als Fachjournalist für das Thema Recht habe ich in vielen Jahren viele typische Fehler bemerkt und gesammelt; und einige davon natürlich auch selbst gemacht. Immer wieder rufen Kolleginnen und Kollegen in der ARD-Rechtsredaktion in Karlsruhe an und bitten um Rat, wie man Rechtsfragen richtig formuliert. Darüber freuen wir uns. Dieses Buch soll dabei helfen, häufig vorkommende Fehler und Ungenauigkeiten zu vermeiden. Und damit die Qualität der journalistischen Produkte zu steigern.

Das Buch ist ausdrücklich kein juristisches Lehrbuch. Es beschreibt typische Situationen, in die alle Journalistinnen und Journalisten jeden Tag kommen können. Im Sport würde man von „Standardsituationen" sprechen. Nicht nur dort gilt: Wer diese gut trainiert, steigert den Erfolg. Dieses Buch liefert konkrete Vorschläge, wie man in solchen Standardsituationen korrekt formuliert. Daneben fließen praktische Hinweis zum journalistischen Arbeiten am Gericht vor Ort oder mit dem Thema Recht ein, die die Arbeit erleichtern sollen. Zum Beispiel: Wann darf ich im Gerichtssaal filmen oder Fotos machen? Worauf muss ich bei einem Akkreditierungsverfahren achten?

Man muss das Buch nicht zwingend in einem Schlag durchlesen. Ein schneller Griff ins Regal kurz vor Abgabe des Textes, ein kurzer Blick hinein – und der Fall ist gelöst, der Text also richtig formuliert. Es kann Redakteurinnen und Redakteuren helfen, die analog oder online Texte konfektionieren und Überschriften oder Teaser schreiben. Wegen der nötigen Kürze ist dies eine große Fehlerquelle. Auch in kurzen Posts für Social-Media-Angebote geht bei rechtlichen Themen manchmal einiges durcheinander. Wenn Volontärinnen und Volontäre das Buch während der Ausbildung für einen kleinen „Grundkurs Recht und Justiz" komplett durchstöbern, könnte es ihnen in der Praxis sehr helfen. Auch für Autorinnen und Autoren von Drehbüchern mit juristischen Themen lohnt sich das Buch. Ein Kapitel beschreibt typische Fehler in Krimi-Drehbüchern, und wie sie sich mit wenig Aufwand vermeiden lassen.

Arbeiten im Bereich Recht und Justiz bedeutet auch, sich spontan immer wieder auf neue Themen einzulassen. Seit dem Angriff Russlands auf die Ukraine steht zum Beispiel das Völkerrecht im Fokus einer weltweiten Öffentlichkeit. Was genau ist ein „Kriegsverbrechen" oder „Völkermord"? Kann ein Staatschef in Den Haag auf der Anklagebank landen? Und wenn ja, bei welchem Gericht? In Den Haag gibt es gleich zwei internationale Gerichte, die schon aktiv geworden sind. Aber was machen die genau? Und welches Foto gehört zu welchem Gerichtsgebäude?

Apropos Foto: Wenn der Text geschrieben oder die Anmoderation fertig ist, beginnt oft in aller Hektik die Suche nach einem passenden Foto. Häufig sind es beim Thema Recht Symbolbilder. *„Komm, wir nehmen den Hammer auf der Richterbank, das passt immer,"* mag ein klassischer Gedanke unter Zeitdruck im Redaktionsalltag sein. Deswegen sieht man den Hammer auch fast täglich in allen Medien. Doch liegt auf deutschen Richterbänken überhaupt einen Hammer?

Dieses Buch gibt die Antworten. Es ist ein Produkt meiner Arbeit als Leiter der ARD-Rechtsredaktion des SWR in Karlsruhe für Fernsehen, Hörfunk und Internet. In diesem wunderbaren Team bohren wir täglich dicke Bretter und ringen um die besten und richtigen Formulierungen. Ich danke allen Kolleginnen und Kollegen, die mich bei diesem Buch unterstützt haben. Und meiner Familie, die es mir ermöglicht hat. Allen Leserinnen und Lesern verspreche ich: Wenn Sie das Buch durchforstet haben, werden Sie die Meldung vom Anfang korrekt formulieren. Natürlich ist auch ein Buch über richtiges Formulieren ist nicht vor Fehlern oder Ungenauigkeiten gefeit. Wenn Sie welche entdecken oder Anmerkungen haben, schreiben Sie mir bitte. Ich wünsche viel Spaß beim Lesen!

Karlsruhe, Deutschland   Frank Bräutigam
April 2023

Inhaltsverzeichnis

Über den Autor

Dr. Frank Bräutigam leitet seit Ende 2010 die ARD-Rechtsredaktion des SWR in Karlsruhe. Er berichtet als ARD-Rechtsexperte vor allem für Tagesschau und Tagesthemen und tagesschau.de über die hohen Gerichte in Karlsruhe, Luxemburg und Straßburg. Zu größeren Prozessen ist er auch in vielen Gerichtssälen deutschlandweit unterwegs. Sein Team der ARD-Rechtsredaktion besteht aus zehn Journalistinnen und Journalisten, die alle Jura studiert und eine journalistische Ausbildung haben. Gemeinsam decken sie die Berichterstattung der ARD in Hörfunk Fernsehen, Internet und Social Media über „alles was Recht ist" ab.

Frank Bräutigam hat in Freiburg und Grenoble Jura studiert. Sein erstes Staatsexamen machte er 2002 in Freiburg, sein zweites Staatsexamen 2005 in Köln. 2008 promovierte er an der Universität Freiburg. Neben dem Studium arbeitete er für die Aachener Zeitung und die Badische Zeitung, für die er auch als Gerichtsreporter unterwegs war. Nach dem ersten Staatsexamen hospitierte er im ZDF-Studio Brüssel und sammelte erste Fernseherfahrung. Zwei Stationen seines Referendariats verbrachte er in den Rechtsredaktionen von ARD und ZDF in Karlsruhe und Mainz. Nach einer kurzen Zeit als freier Journalist kam er 2006 als Redakteur der ARD-Rechtsredaktion ins Team von Karl-Dieter Möller. Von 2009 bis 2010 war er Referent des SWR-Fernsehdirektors. Seit 2010 leitet er die ARD-Rechtsredaktion, die seit 2015 multimedial alle Ausspielwege abdeckt. Er hat die Sendung „ARD-Ratgeber Recht" moderiert und die SWR-Reihe „Die Sofa-Richter" mitentwickelt. Außerdem war er verantwortlich für ARD-Sonderprojekte wie „Im Namen des Volkes – Deutschland fragt zum Grundgesetz" 2019 und die ARD-Doku „Da geh' ich bis nach Karlsruhe – 70 Jahre Bundesverfassungsgericht" 2021. Für das SWR-Angebot „Planet Schule" hat er Unterrichtsmaterial zum Grundgesetz entwickelt. Er bespricht regelmäßig Rechtsfragen zum „Tatort" in der ARD-Mediathek.

Die 15 wichtigsten Regeln

Dies ist die Liste der Klassiker, wenn es ums richtige (bzw. falsche) Formulieren beim Thema Recht geht. Der journalistische Notfallkoffer für stressige Situationen, auch bei der Wahl des richtigen Fotos. Am besten neben die Tastatur auf den Schreibtisch legen, auf den Desktop packen und in den Rucksack, wenn es zum Gerichtsprozess geht.

1. Niemals einen Hammer als Symbolbild zum Thema „Recht und Justiz" nehmen. Es gibt keinen Hammer in deutschen Gerichtssälen. Stattdessen z. B. eine Waage der Justitia oder einen Paragrafen verwenden. (vgl. Abschn. 11.4)
2. Im Strafrecht wird niemand „verklagt". Die Staatsanwaltschaft „klagt jemanden an" oder „erhebt Anklage" (Strafrecht). Bürger „verklagen" sich untereinander, zum Beispiel auf Schadensersatz (Zivilrecht). (vgl. Abschn. 2.1)
3. Den Haftbefehl erlässt immer ein Gericht, nie die Staatsanwaltschaft. (vgl. Abschn. 2.3)
4. Es heißt „Durchsuchungs*beschluss*". Nicht Durchsuchungsbefehl. (vgl. Abschn. 2.3)
5. Es heißt „Vorteils*annahme*". Nicht „Vorteilsnahme". (vgl. Abschn. 2.2)
6. Der Unterschied von Mord und Totschlag lautet nicht: Mord ist „mit Absicht", Totschlag „im Affekt". (vgl. Abschn. 3.4)
7. Wer unsicher ist, ob „Berufung" oder „Revision" eingelegt werden kann – einfach „Rechtsmittel" schreiben. Das ist als Oberbegriff immer richtig. (vgl. Kap. 3)
8. Wer unsicher ist, ob es ein „Urteil" oder ein „Beschluss" war – einfach „Entscheidung" schreiben. Das ist als Oberbegriff immer richtig. (vgl. Abschn. 3.1)

© Der/die Autor(en), exklusiv lizenziert an Springer Fachmedien Wiesbaden GmbH, ein Teil von Springer Nature 2023
F. Bräutigam, *Recht richtig formulieren*, Journalistische Praxis, https://doi.org/10.1007/978-3-658-41771-0_1

9. Nicht sofort die Höchststrafe für eine Straftat nennen („ihm drohen bis zu fünf Jahre Haft"). Sie wird fast nie verhängt. Stattdessen den Strafrahmen nennen („Geldstrafe oder bis zu ... Jahre Haft"). (vgl. Abschn. 2.2)

10. Es heißt „lebenslang", nicht „lebenslänglich". (vgl. Kap. 3)

11. Es heißt „Sicher*ungs*verwahrung". Nicht Sicherheitsverwahrung. (vgl. Abschn. 3.2)

12. Es heißt „Der Generalbundesanwalt" oder: „Die Bundesanwaltschaft". Nicht „Die Generalbundesanwaltschaft". (vgl. Abschn. 4.1)

13. Bei Fotos vom Bundesverfassungsgericht prüfen: Hat der *Erste Senat* oder der *Zweite Senat* entschieden? Das richtige und aktuelle Foto nehmen. Im Zweifel ein neutrales Bild (Rote Roben, Gebäude. Keinen Hammer.) (vgl. Abschn. 8.1)

14. Vorsicht mit den richtigen Artikeln bei Gerichten. *Der* Bundesgerichtshof (BGH). *Das* Bundesverfassungsgericht (BVerfG, nicht BVG). *Der* Europäische Gerichtshof (EuGH). (vgl. Abschn. 6.2)

15. Der „Europäische Gerichtshof" (EuGH) sitzt in Luxemburg. Der „Europäische Gerichtshof für Menschenrechte" (EGMR) sitzt in Straßburg. Gericht und Ort sollte man korrekt bezeichnen. Und auch das richtige Foto auswählen. (vgl. Abschn. 6.2)

Wenn Staatsanwaltschaft und Polizei ermitteln

Die Rolle von Staatsanwaltschaft und Polizei In Fernsehkrimis hat man manchmal den Eindruck, dass nur die Polizei für die Ermittlungen zuständig ist. Dabei geht unter, dass laut Gesetz die Staatsanwaltschaft bei strafrechtlichen Ermittlungen den Hut aufhat. Sie leitet das Ermittlungsverfahren ein, beantragt bei Gericht wichtige Maßnahmen wie Durchsuchungen und erhebt später Anklage vor Gericht. Die Polizei ist unter Leitung der Staatsanwaltschaft für die konkrete Ermittlungsarbeit zuständig. Sie vernimmt in der Regel die Zeugen, durchsucht Wohnungen und sammelt weitere Beweise.

- Der Staatsanwalt ist allerdings nicht der dienstliche Vorgesetzte des Polizisten, der in seinem Auftrag ermittelt. Polizei und Staatsanwaltschaft sind getrennte Behörden. Die Strafprozessordnung regelt ihr Verhältnis zueinander.
- Staatsanwaltschaft und Polizei arbeiten – anders als in Krimis – so gut wie nie im selben Gebäude, erst recht nicht im selben Büro oder gegenüber auf dem Flur.

Staatsanwaltschaft leitet die Ermittlungen, die Polizei ermittelt vor Ort Die Staatsanwaltschaft leitet die Ermittlungen, die Polizei setzt sie um und übernimmt den größten Teil der praktischen Ermittlungsarbeit. Beide Behörden haben in einem Ermittlungsverfahren jeweils eine wichtige Rolle. Deswegen sitzen bei Pressekonferenzen nach einer Straftat in der Regel auch Vertreter von beiden Institutionen auf dem Podium. Eine Strafanzeige kann man als Bürgerin oder Bürger allerdings nicht nur bei der Staatsanwaltschaft, sondern auch bei der Polizei erstatten.

© Der/die Autor(en), exklusiv lizenziert an Springer Fachmedien
Wiesbaden GmbH, ein Teil von Springer Nature 2023
F. Bräutigam, *Recht richtig formulieren*, Journalistische Praxis,
https://doi.org/10.1007/978-3-658-41771-0_2

2.1   Was eine „Strafanzeige" bedeutet, und was nicht

Basics zur Strafanzeige Rund um den Begriff der Strafanzeige gibt es viele Missverständnisse, auch in der Berichterstattung. Zunächst muss man wissen, was eine „Anzeige" genau ist, und was nicht. Im Kern geht es darum: Mit einer Anzeige meldet man der Polizei einen bestimmten Sachverhalt, den man für strafbar hält. Man zeigt also im wahrsten Sinne des Wortes etwas an. Nicht mehr und nicht weniger. Beispiel: A zeigt B an, dass er ihm etwas gestohlen habe. Oder A zeigt an, dass ihm etwas gestohlen wurde. Dann ist es eine Anzeige „gegen unbekannt".

▶   Das Wichtigste zur „Strafanzeige": Mit einer Anzeige „verklagt" man niemanden. Eine Anzeige ist keine Sanktion der Polizei gegenüber einem Bürger. Die Anzeige allein führt nicht automatisch zu einem Ermittlungsverfahren. Eine Anzeige ist in der Regel keine Bedingung dafür, dass Staatsanwaltschaft und Polizei ermitteln dürfen. Ein „Zurückziehen der Anzeige" hat keine Auswirkungen.

Anzeige erstatten ist kein „verklagen" Stellt A gegen B Strafanzeige, darf man auf keinen Fall formulieren, A habe B „verklagt". Ein Bürger „verklagt" den anderen in einem Zivilprozess, wenn der eine vom anderen zum Beispiel Schadensersatz haben möchte. Eine Strafanzeige bewegt sich dagegen im Bereich des Strafrechts. Man teilt der Staatsanwaltschaft oder Polizei etwas mit. Die Behörden prüfen dann, ob dies zu strafrechtlichen Ermittlungen führen muss.

Eine Anzeige ist keine Sanktion Manchmal entsteht der Eindruck, eine Anzeige sei so etwas wie ein Strafzettel, den jemand bekommt. Das stimmt aber nicht. Es geht allein darum, den Behörden einen Sachverhalt mitzuteilen. Eine reale Schlagzeile wie „Bilanz: 2200 Strafanzeigen gegen Klimaaktivisten in Berlin" hat daher keinerlei Aussagekraft. Sie vermittelt aber den Eindruck, dass es sich um verhängte Sanktionen handelt. Das wären z. B. Geldbußen oder Geldstrafen. Ähnliche Schlagzeilen gab es nach den Krawallen der Silvesternacht in Berlin Anfang 2023.

Eine Anzeige führt nicht automatisch zu einem Ermittlungsverfahren „A zeigt Politiker B wegen Vorteilsannahme an". Bevor man diese Schlagzeile schreibt, sollte man sich bewusst machen: Der Nachrichtenwert so einer Meldung kann begrenzt sein. Denn: Eine Anzeige allein hat keine unmittelbaren Folgen für die Person, die angezeigt wurde. Sie informiert Staatsanwaltschaft oder Polizei über einen Sachverhalt. Und zwar aus Sicht der Person, die Anzeige erstattet. Mehr erstmal nicht. Man muss sich bewusst machen, dass im Prinzip jeder jeden wegen irgendetwas „anzeigen" kann. In vielen Situationen haben die Behörden von dem Fall ohnehin schon von selbst mitbekommen. Ob an den Vorwürfen des Anzeigeerstatters etwas dran ist, ist zu diesem Zeitpunkt noch unklar. Damit ist nicht gemeint, dass die Behörden mit einer Anzeige machen können, was sie wollen. Natürlich müssen sie diese prüfen. Nur insofern hat die Anzeige eine Folge. Aber: Mit der Anzeige steht der zentrale Punkt noch nicht fest – nämlich ob die Staatsanwaltschaft wirklich ein Ermittlungsverfahren einleitet. Dazu muss die Staatsanwaltschaft eine gesonderte eigene Entscheidung treffen. Beispiel: Eine Bürgerin zeigt nach der Flutkatastrophe im Ahrtal den Landrat eines betroffenen Landkreises an. Dieser habe Fehler bei der Organisation der akuten Hilfsmaßnahmen begangen und sich strafbar gemacht. Über ein mögliches Fehlverhalten wurde bereits in den Medien berichtet und diskutiert, was die Staatsanwaltschaft von selbst mitbekommen hat. Entscheidend ist hier nicht die Strafanzeige der Bürgerin, sondern ob die Staatsanwaltschaft ein Ermittlungsverfahren einleitet.

- Genau prüfen, ob die Information „A zeigt B an" nach journalistischen Kriterien eine Meldung wert ist.
- Wenn ja: Zusätzlich erklären, dass die Staatsanwaltschaft nach der Anzeige erst prüfen muss, ob sie Ermittlungen einleitet oder nicht.
- Genau im Blick behalten, um welche Vorwürfe es geht, und ob die Staatsanwaltschaft später ein Ermittlungsverfahren einleitet oder nicht.

Anzeige kann über bisher Unbekanntes informieren Strafanzeigen sind vor allem dann interessant, wenn die Behörden dadurch von einem neuen Sachverhalt oder Vorwurf erfahren, den sie vorher gar nicht kannten. Beispiel: Ein Mitarbeiter zeigt den städtischen Kämmerer an, Geld aus der Stadtkasse veruntreut zu haben. Oder: A zeigt B an, sie vergewaltigt zu haben.

▶

- Auch in so einem Fall gilt: Die Anzeige *kann* eine Nachricht sein, weil es um einen neuen Sachverhalt oder neue Vorwürfe geht. Zur Nachricht gehört aber die Information, ob die Staatsanwaltschaft bereits ein Ermittlungsverfahren eingeleitet hat oder nicht. Die Grundsätze der „Verdachtsberichterstattung" muss man unbedingt einhalten.

Anzeige ist keine Bedingung für Ermittlungen – Staatsanwaltschaft muss von sich aus ermitteln Auch in diesem Punkt gibt es häufig Missverständnisse. Eine Anzeige ist nicht die Voraussetzung dafür, dass Polizei und Staatsanwaltschaft ermitteln. Wenn die Behörden von sich aus von einem verdächtigen Sachverhalt erfahren, müssen sie – auch ohne Anzeige – *von sich aus* den Fall prüfen und bei einem Anfangsverdacht ein Ermittlungsverfahren einleiten. Beispiel: Ein betrunkener Autofahrer fährt einen Fußgänger an und verletzt ihn. Die Polizei nimmt den Unfall auf. Natürlich kann der Fußgänger Strafanzeige stellen. Aber auch wenn er das nicht tut, muss und wird die Staatsanwaltschaft ein Ermittlungsverfahren gegen den Autofahrer einleiten. Das Opfer hat es also in der Regel nicht in der Hand, ob ermittelt wird oder nicht (Zur Ausnahme eines nötigen „Strafantrags" weiter unten).

- Beispiel: Die Regionalzeitung berichtet über einen Arzt, der eine „virtuelle Impfung" gegen Corona anbietet. Ein Patient hat sich an die Zeitung gewandt. Die Staatsanwaltschaft vor Ort liest den Artikel und ist verpflichtet, bei einem „Anfangsverdacht" von sich aus Ermittlungen einzuleiten. Sie braucht dafür keine Strafanzeige. Dass einige Bürger nach dem Artikel Anzeige erstatten, spielt keine Rolle.

„Anzeige zurückziehen" spielt keine Rolle Weil die Behörden bei einem Verdacht einer Straftat von sich aus ermitteln müssen, spielt es in der Regel auch keine Rolle, wenn der Fußgänger seine „Anzeige zurückzieht". So etwas kommt z. B. beim umstrittenen Verdacht einer Vergewaltigung manchmal vor. Die Staatsanwaltschaft darf dann nicht allein deswegen die Ermittlungen einstellen. Womöglich hat sie in so einem Fall am Ende aber nicht genügend Beweise für den Vorwurf und muss deswegen die Ermittlungen einstellen.

Unterschied von „Strafanzeige" und „Strafantrag" Diese beiden Begriffe sind ein Beispiel dafür, dass kleine Unterschiede in der Formulierung wichtig sein können. Mit der Strafanzeige meldet man den Behörden einen bestimmten Sachverhalt. Sie hat keine unmittelbaren Folgen und ist auch keine Bedingung dafür, dass ein Ermittlungsverfahren eingeleitet wird. Ausnahmsweise kann es aber eine Bedingung für Ermittlungen geben: Den „Strafantrag".

„Strafantrag" bei bestimmten Delikten Bedingung für Ermittlungen Bei bestimmten Delikten verlangt das Gesetz ausdrücklich: Die Staatsanwaltschaft darf nur dann ermitteln, wenn das mögliche Opfer einen „Strafantrag" stellt. In diesen Fällen hat das Opfer einer Straftat dann ausnahmsweise doch Einfluss darauf, ob die Staatsanwaltschaft ermittelt oder nicht. Man spricht von „Antragsdelikten".

Beispiel: „Beleidigung" wird nur auf Antrag verfolgt Typisches Beispiel für ein Antragsdelikt ist der Straftatbestand der „Beleidigung". Nur wenn das Opfer einer möglichen Beleidigung einen Strafantrag stellt, darf die Staatsanwaltschaft ein Ermittlungsverfahren einleiten. Sonst nicht. Beispiel: Per E-Mail nennt ein Bürger eine Politikerin eine „Drecksfotze". Die Politikerin leitet die Mail an die Polizei oder Staatsanwaltschaft weiter und stellt einen „Strafantrag". Sonst kann die Staatsanwaltschaft kein Ermittlungsverfahren gegen den Absender der Mail einleiten. Wenn die Äußerung öffentlich erfolgt wäre und die Staatsanwaltschaft sie von selbst mitbekommen hätte, könnte sie trotzdem nicht von Amts wegen ein Ermittlungsverfahren einleiten. Sondern nur, wenn die Adressatin einen Strafantrag stellt.

▶

- Genau prüfen, ob man den richtigen Begriff gewählt hat: „Strafanzeige" oder „Strafantrag"? Man hat nicht unbedingt im Kopf, ob für das Delikt im konkreten Fall ein Strafantrag nötig ist. Umso genauer sollte man die Pressemitteilungen der Behörden lesen oder im konkreten Fall nachfragen. Braucht man hier einen „Strafantrag" oder nicht?

Weitere Beispiele zum „Strafantrag" Im Strafgesetzbuch ist ausdrücklich geregelt, bei welchen Delikten ein Strafantrag nötig ist. Weitere praxisrelevante Beispiele sind der „Hausfriedensbruch" und der „Diebstahl geringwertiger Sachen". Die Grenze für eine Geringwertigkeit wird derzeit bei ca. 25 bis 30 € angesetzt. In Supermärkten liest man dagegen häufig auf abschreckend gemeinten Schildern, dass „jeder Diebstahl zur Anzeige gebracht" werde. Gemeint ist damit in der Regel: Auch wenn nur drei Joghurts für insgesamt zwei Euro gestohlen wurden, wird der Supermarkt einen Strafantrag stellen. Und damit die Bedingung dafür erfüllen, dass die Staatsanwaltschaft ermitteln kann.

Einen Strafantrag kann man zurücknehmen Das mögliche Opfer eines „Antragsdelikts" kann den Strafantrag wieder zurücknehmen. Wer sich nach einem Hausfriedensbruch des Nachbarn mit diesem wieder vertragen hat, kann einfach auf einen Strafantrag verzichten oder ihn zurücknehmen. Und hat damit (anders als bei der Strafanzeige) Einfluss darauf, ob die Staatsanwaltschaft ermittelt oder nicht.

Ermittlungen auch ohne Strafantrag bei „öffentlichem Interesse" Bei bestimmten Delikten steht im Gesetz ausdrücklich: Im Prinzip wird es nur verfolgt, wenn das Opfer einen Strafantrag stellt. Aber: Falls aus Sicht der Behörde ein „öffentliches Interesse" an einer Strafverfolgung besteht, kann die Staatsanwaltschaft auch ohne Strafantrag von sich aus ermitteln. Sogar dann noch, wenn der ursprünglich gestellte Strafantrag zurückgenommen wurde.

Beispiel für Ermittlungen wegen „öffentlichen Interesses" § 201 a Strafgesetzbuch stellt das Filmen und zur Schau stellen hilfloser Personen unter Strafe und ist ein Antragsdelikt. Das heißt: Im Prinzip ist ein Strafantrag die Bedingung dafür, dass die Staatsanwaltschaft ermittelt. Ein Youtuber hat auf der Autobahn den Verletzten eines Unfalls gefilmt und die Bilder ins Netz gestellt. Nachdem sich der Youtuber entschuldigt hat, stellt das Unfallopfer dann doch keinen Strafantrag oder zieht ihn zurück. Zu diesem Paragrafen regelt das Strafgesetzbuch aber ausdrücklich: Wenn die Staatsanwaltschaft ein „öffentliches Interesse" bejaht, kann sie auch ohne Strafantrag von sich aus ermitteln und später anklagen. Weil der konkrete Fall für großes Aufsehen gesorgt hat und beispielhaft für das Phänomen der „Gaffer" im weiteren Sinne steht, klagt die Staatsanwaltschaft den Youtuber an, obwohl das Opfer keinen Strafantrag gestellt hat.

Was eine „Selbstanzeige" bedeutet Manchmal kommt es auch vor, dass sich jemand selbst anzeigt. Etwa wenn jemand nach einem Fehlverhalten, das bislang unbekannt war, „reinen Tisch" machen möchte und die Tat den Behörden meldet. Das kann am Ende zu einer milderen Sanktion führen. Oder jemand möchte klären lassen, ob das eigene Verhalten strafbar war oder nicht. Zum Beispiel ein Amtsträger, dem intern ein Fehlverhalten vorgeworfen wird. Auch bei einer Selbstanzeige geht es nur darum, den Behörden einen bestimmten Sachverhalt mitzuteilen. Beispiel: In den Schlagzeilen war der Begriff der Selbstanzeige im Zusammenhang mit den Klimaaktivisten der „Letzten Generation" und dem umstrittenen Vorwurf, es handele sich um eine „kriminelle Vereinigung" nach dem Strafgesetzbuch. Zahlreiche Personen zeigten sich selbst an, Mitglied dieser vermeintlichen „kriminellen Vereinigung" zu sein. Dies führte dazu, dass die Staatsanwaltschaft bei mehr Personen als zuvor prüfen muss, ob sie im strafrechtlichen Sinne zu dieser möglichen kriminellen Vereinigung gehören. Andere unmittelbare Folgen hatte diese Selbstanzeige nicht.

Steuerrecht: Selbstanzeige kann zu Straffreiheit führen Eine spezielle Bedeutung hat die Selbstanzeige im Steuerstrafrecht. Dort kann sie laut Gesetz unter bestimmten Bedingungen dazu führen, dass eine Steuerhinterziehung komplett straffrei bleibt. Voraussetzung ist unter anderem, dass die Behörden noch keinen Verdacht geschöpft haben, und dass man die Steuern nachzahlt. Uli Hoeneß hatte zum Beispiel so eine Selbstanzeige gestellt. Allerdings lagen bei ihm laut Landgericht München die Voraussetzungen für eine strafbefreiende Wirkung nicht vor, weil die Behörden schon vorher von den Vorwürfen erfahren hatten.

2.2   Die Staatsanwaltschaft ermittelt

Überblick: Der Weg zum Strafprozess
Ermittlungsverfahren einleiten (StA) – Anklage erheben (StA) – Anklage zulassen/
Hauptverfahren eröffnen (Gericht) – Prozessauftakt

Staatsanwaltschaft *muss* **bei Anfangsverdacht ermitteln** *„Staatsanwaltschaft ermittelt wegen Vorteilsannahme (falsch übrigens: „Vorteilsnahme") gegen Oberbürgermeister XY".* Der Beginn eines Ermittlungsverfahrens hat je nach Vorwurf und beschuldigter Person das Potenzial von der kleinen Meldung bis zum Breaking-News-Fall. Weil die Nachricht „Staatsanwaltschaft ermittelt" enorme Folgen für einzelne Personen haben kann, ist sorgfältiges Arbeiten und die Nachfrage wichtig, ob sie wirklich schon ermittelt. Wenn aus ihrer Sicht ein „Anfangsverdacht" besteht, muss die Staatsanwaltschaft von Amts wegen ein Ermittlungsverfahren einleiten. Eine Strafanzeige ist dafür nicht nötig. Das nennt man das „Legalitätsprinzip".

Ermittlungsverfahren wird bei „Anfangsverdacht" eingeleitet Die Einleitung eines Ermittlungsverfahrens ist eine wichtige Schwelle. Die Staatsanwaltschaft muss ein Ermittlungsverfahren einleiten, wenn sie einen „Anfangsverdacht" für eine Straftat sieht. „Anfangsverdacht" bedeutet laut Strafprozessordnung: Es müssen „zureichende tatsächliche Anhaltspunkte" für eine Straftat vorliegen. Vage Vermutungen reichen dafür nicht aus. Trotzdem muss man sich merken: Der „Anfangsverdacht" ist eine eher niedrige Schwelle. Und bei Weitem noch keine erwiesene Straftat. Viele Ermittlungsverfahren werden wieder eingestellt, weil sich der Anfangsverdacht nicht erhärtet hat. Deshalb ist bei der Berichterstattung in diesem Stadium Vorsicht geboten.

Richtige Bezeichnung: „Der Beschuldigte" Die Person, gegen die ermittelt wird, ist nun „Beschuldigter". Wenn der Name der Person nur teilweise oder gar nicht genannt werden darf, kann man in Texten also „der Beschuldigte" schreiben.

- Wichtig ist, dass es sich um einen *Vorwurf* handelt. Entweder man formuliert also in indirekter Rede: „Der Beschuldigte habe 10.000 € aus der Stadtkasse entwendet". Oder mit Quelle und „soll": „Laut Staatsanwaltschaft soll er …".
- Auf keinen Fall darf man vom Täter, vom Vergewaltiger oder vom Mörder sprechen. Sondern vom „mutmaßlichen" oder „möglichen" Täter, Vergewaltiger oder Mörder.

„Vorprüfung" ist noch kein Ermittlungsverfahren In der Praxis kommt es immer wieder vor, dass sich die Staatsanwaltschaft einen Fall (z. B. nach einer Strafanzeige) zunächst genau anschaut und prüft, ob sie den Anfangsverdacht für eine Straftat sieht und dann Ermittlungen einleitet. Dieses sehr frühe Stadium nennt man eine „Vorprüfung" oder einen „Prüfvorgang" der Staatsanwaltschaft. Dieses Stadium kann je nach Fall sehr kurz oder auch lang dauern. Der Ablauf ist also im Überblick: Die Staatsanwaltschaft erfährt durch Strafanzeige oder aus anderen Quellen (z. B. Medien) von einem Sachverhalt, der einen Anfangsverdacht begründen könnte. Sie beginnt ihre Vorprüfung und entscheidet danach, ob sie einen Anfangsverdacht sieht und deswegen ein Ermittlungsverfahren einleitet oder nicht.

- In einer solchen Situation sollte man unbedingt bei der Pressestelle der Staatsanwaltschaft nachfragen, um welches Stadium es gerade geht.
- Wenn es um eine „Vorprüfung" geht, ist die Formulierung „Staatsanwaltschaft *ermittelt* gegen …" falsch. Richtig ist: „Staatsanwaltschaft prüft, ob sie gegen XY ermittelt/ein Ermittlungsverfahren einleitet". Oder: „Staatsanwaltschaft prüft Ermittlungen gegen …."

Beispiel 1: Ex-Bundespräsident Christian Wulff Gegen den ehemaligen Bundespräsidenten Christian Wulff standen 2011 Vorwürfe der Vorteilsannahme (nicht: „Vorteilsnahme") im Raum, von denen er 2014 rechtskräftig freigesprochen wurde. Die Staatsanwaltschaft Hannover hat lange und intensiv geprüft, *ob* sie ein Ermittlungsverfahren einleitet. In diesem Stadium wäre es falsch gewesen, den Satz „Staatsanwaltschaft ermittelt gegen Christian Wulff" zu schreiben. Im Februar 2012 hat die Staatsanwaltschaft dann die Aufhebung der Immunität beantragt, weil sie einen Anfangsverdacht bejaht hat. Einen Tag später trat Wulff zurück. Daran merkt man, welche Bedeutung die Schwelle haben kann.

Beispiel 2: Bundesfinanzminister Lindner Die Generalstaatsanwaltschaft Berlin begann im Herbst 2022 nach einem Medienbericht mit der Prüfung, ob der Anfangsverdacht einer „Vorteilsannahme" besteht. Dies teilte die Behörde auf Anfrage öffentlich mit. Lindner hatte von einer Bank einen Kredit erhalten und für sie als Minister ein Grußwort gesprochen. Falsch wäre hier die Meldung gewesen: „Staatsanwaltschaft ermittelt gegen Lindner". Richtig dagegen: „Staatsanwaltschaft prüft Ermittlungen gegen Lindner." Ende Januar veröffentlichte sie dann eine Pressemitteilung, dass die Prüfung keinen Anfangsverdacht ergeben habe, also kein Ermittlungsverfahren eingeleitet werde.

Beispiel 3: Flutkatastrophe im Ahrtal Seit der Flutkatastrophe im Ahrtal 2021 steht die Frage im Raum, ob sich verantwortliche Personen wegen fahrlässiger Tötung strafbar gemacht haben könnten. Die Staatsanwaltschaft Koblenz teilte Anfang August 2021 in einer Pressemitteilung mit, sie „prüfe" die Einleitung eines Ermittlungsverfahrens, weil womöglich zu spät vor der Katastrophe gewarnt worden sei. Falsch wäre die Meldung gewesen: „Die Staatsanwaltschaft ermittelt wegen des Anfangsverdachts …" Falsch war auch die reale Meldung: „Die Staatsanwaltschaft prüft die Einleitung eines Ermittlungsverfahrens. Es liege der Anfangsverdacht einer fahrlässigen Tötung vor." Denn der zweite Satz passt hier nicht zum ersten. Die Staatsanwaltschaft prüft ja gerade, ob der Anfangsverdacht vorliegt oder nicht. Das alles ist keine Wortklauberei. Die Einleitung eines Ermittlungsverfahrens z. B. gegen einen hohen Landesbeamten kann politisch und persönlich gravierende Folgen haben.

- Richtig ist also die Überschrift: „Staatsanwaltschaft prüft Ermittlungen". Und der Text: „Die Staatsanwaltschaft prüft derzeit, ob sie ein Ermittlungsverfahren wegen fahrlässiger Tötung gegen XY einleitet. Sie untersucht, ob die bisherigen Erkenntnisse für einen Anfangsverdacht ausreichen."
- Einige Tage später hat die Staatsanwaltschaft dann mitgeteilt, dass sie ein Ermittlungsverfahren wegen fahrlässiger Tötung und fahrlässiger Köperverletzung u. a. gegen den Landrat eingeleitet hat. Jetzt ist die Meldung richtig: „Staatsanwaltschaft ermittelt gegen XY. Es liege der Anfangsverdacht einer fahrlässigen Tötung vor." Ob sich dieser erhärtet und zu einer Anklage führt oder nicht, müssen die weiteren Ermittlungen ergeben. Auch das gehört in die Meldung und den Text hinein, weil die Schwelle des Anfangsverdachts niedrig ist.

Nicht allein die mögliche Höchststrafe nennen! Eine typische Meldung über ein Ermittlungs- oder Strafverfahren lautet: „Dem Beschuldigten/Angeklagten wird XY vorgeworfen. Ihm drohen bis zu zehn Jahre Haft." Beispiel: Gegen den ehemaligen Vorstandchef eines Autokonzerns wird wegen „besonders schweren Betrugs" wegen Manipulationen an der Abgassoftware ermittelt. Der Journalist hat für seine Meldung ins Strafgesetzbuch geschaut und gesehen, dass für dieses Delikt eine Höchststrafe von zehn Jahren droht. Die Meldung ist also formal korrekt. Man sollte sie trotzdem so nicht schreiben. Auch nicht in einem späteren Stadium, z. B. bei Erhebung der Anklage oder zum Prozessauftakt. Denn: In der Praxis wird die Höchststrafe so gut wie nie verhängt. Ganz besonders, wenn Menschen sich zum ersten Mal im Leben etwas zu Schulden kommen lassen. Meistens gibt es bei Vorgeschichte oder Person des Angeklagten mindestens *einen* Grund, bei der Höhe der Strafe die gesetzlichen Möglichkeiten nicht komplett auszureizen. In vielen Fällen bleiben Gerichte auch am unteren Rand oder setzten die Strafe zur Bewährung aus.

Strafrahmen „von … bis …" verwenden   Die Höchststrafe zu nennen, führt also bei Lesern, Usern und Zuschauern zu unrealistischen Erwartungen über den Ausgang des Verfahrens. Besser ist folgender Ansatz: Es gibt in jedem Paragrafen einen sogenannten „Strafrahmen". Dieser geht von … bis …. Man findet ihn zum Beispiel, indem man die in einer Pressemitteilung genannte Vorschrift im Strafgesetzbuch nachschaut, oder bei der Pressestelle von Staatsanwaltschaft oder Gericht nachfragt. Am besten nennt man dann diesen Strafrahmen und zitiert nicht allein die Höchststrafe, sondern auch die Mindeststrafe. Die ist meistens viel wichtiger. Die niedrigste zeitlich begrenzte Freiheitsstrafe ist ein Monat, die höchste 15 Jahre. Auf Mord steht zwingend eine lebenslange Freiheitsstrafe.

- Beispiel: „Für Diebstahl sieht das Gesetz eine Geldstrafe oder eine Freiheitsstrafe bis zu fünf Jahren vor." Oder: „Auf besonders schweren Betrug steht (laut Gesetz) eine Freiheitsstrafe von sechs Monaten bis zu zehn Jahren."

Immunität von Bundestagsabgeordneten   Bundestagsabgeordnete genießen laut Artikel 46 Grundgesetz „Immunität", also Schutz vor Strafverfolgung. Die Immunität kann aber aufgehoben werden. In der journalistischen Praxis ist es eine Standardsituation, dass nach Vorwürfen gegen einen Bundestagsabgeordneten die Möglichkeit von strafrechtlichen Ermittlungen im Raum steht. In solchen Fällen ist die Vorprüfung der Staatsanwaltschaft, ob sie ein Ermittlungsverfahren einleitet oder nicht, oft besonders intensiv. Wichtig zum Ablauf: Die Immunität wird in der Praxis vom Bundestag aber nicht in einem separaten Beschluss aufgehoben. Der Bundestag hat schon vor langer Zeit beschlossen, dass Ermittlungen gegen seine Abgeordnete generell genehmigt werden, also pauschal im Vorhinein. Bejaht die Staatsanwaltschaft einen Anfangsverdacht, *informiert* sie die Bundestagspräsidentin oder den -präsidenten darüber. Nach einer Frist von 48 h darf sie dann das Ermittlungsverfahren einleiten. Für die Recherche ist also die Frage zentral, ob die Staatsanwaltschaft das entsprechende Schreiben über das geplante Ermittlungsverfahren an den Bundestag abgeschickt hat. Damit ist klar, dass sie von einem „Anfangsverdacht" ausgeht.

- Bei Bundestagsabgeordneten ist der Satz „Staatsanwaltschaft beantragt Aufhebung der Immunität" nicht richtig, weil der Bundestag die Aufhebung nicht extra beschließen muss. Richtig ist: „Staatsanwaltschaft sieht Anfangsverdacht gegen die Bundestagsabgeordnete …" Fortsetzen kann man: „Darüber hat sie nun den Bundestag informiert. Nach Ablauf von 48 h kann sie dann ein Ermittlungsverfahren einleiten."

Für bestimmte Maßnahmen Einzelentscheidung des Bundestags nötig Wenn die Staatsanwaltschaft eine Durchsuchung oder einen Haftbefehl beantragen oder später Anklage gegen einen Abgeordneten erheben möchte, muss der Bundestag dies in einem separaten Beschluss genehmigen. Die Einleitung des Ermittlungsverfahrens und die Genehmigung von einzelnen Maßnahmen durch den Bundestag ist kein Schuldspruch. Auch am Mandat des Abgeordneten ändert sich dadurch nichts.

Ausnahmsweise ist die „Ermächtigung" einer Behörde erforderlich In aller Regel ist die einzige Voraussetzung für die Einleitung eines Ermittlungsverfahrens der Anfangsverdacht für eine Straftat. Bei manchen Delikten muss ein Strafantrag hinzukommen (s. o.) Wenige Paragrafen im Strafgesetzbuch sehen aber vor, dass zusätzlich die „Ermächtigung" einer Behörde nötig ist, damit die Staatsanwaltschaft ermitteln darf. Beispiel ist das Delikt der „Verletzung des Dienstgeheimnisses", das in der Berichterstattung immer mal wieder vorkommt. In der Vorschrift ist für verschiedene Situationen festgelegt, welche Behörde die Genehmigung erteilen muss. Das ist kein Verstoß gegen die Gewaltenteilung, weil der Gesetzgeber diese Möglichkeit ausdrücklich geregelt hat. Dennoch erregt dieser Punkt oft Misstrauen, weil der Eindruck entsteht, eine Behörde verhindere Ermittlungen.

Beispiel 1: Ermittlungen gegen BW-Innenminister Strobl Die Staatsanwaltschaft Stuttgart wollte (zunächst gegen unbekannt, dann gegen Innenminister Strobl) wegen Verletzung des Dienstgeheimnisses ermitteln, nachdem ein internes Schreiben an einen Journalisten gelangt war. Das zuständige Innenministerium erteilte die nötige Ermächtigung aber nicht. Die Staatsanwaltschaft leitete dann jedoch ein Verfahren wegen eines anderen Deliktes ein, für das keine Genehmigung nötig war. Die Ermittlungen gegen den Minister wurden später gegen Zahlung einer Geldauflage eingestellt.

Beispiel 2: „Schmähgedicht" über Erdogan Der inzwischen abgeschaffte Tatbestand der „Beleidigung ausländischer Staatsoberhäupter" erforderte die Genehmigung der Bundesregierung, damit eine Staatsanwaltschaft Ermittlungen einleiten durfte. 2016 erteilte Bundeskanzlerin Merkel der Staatsanwaltschaft Mainz diese Ermächtigung im Fall des sogenannten „Schmähgedichts" von Jan Böhmermann über den türkischen Präsidenten Erdogan. Zu einer Anklage kam es später aber nicht, das Ermittlungsverfahren wurde eingestellt.

Was die „Unschuldsvermutung" bedeutet Der „Anfangsverdacht" für die Einleitung eines Ermittlungsverfahrens ist keine hohe Hürde. Es kommt häufig vor, dass er sich am Ende nicht bestätigt. Gleichzeitig können die Ermittlungen samt Berichterstattung für die Beschuldigten eine erhebliche Belastung sein. Deswegen gehört es zur journalistischen Sorgfaltspflicht, auf die Unschuldsvermutung hinzuweisen. Sie bedeutet: Jeder Beschuldigte gilt bis zu einem rechtskräftigen Gerichtsurteil als unschuldig. Erst mit dem rechtskräftigen Urteil gilt man als schuldig. Trotzdem sind bestimmte Maßnahmen wie Durchsuchungen oder ein Haftbefehl unter bestimmten Voraussetzungen schon im Ermittlungsverfahren zulässig und stellen keinen Verstoß gegen die Unschuldsvermutung dar.

Ermittelt wird immer gegen Personen, nie gegen Unternehmen! Manchmal liest man Meldungen wie „Staatsanwaltschaft ermittelt gegen die XY AG". Das ist falsch. Unternehmen oder Behörden können sich nach deutschem Recht nicht strafbar machen. Pläne für ein „Unternehmensstrafrecht" sind bislang politisch gescheitert. Straftaten können nur von „natürlichen Personen" (also von Menschen), nicht aber von „juristischen Personen" begangen werden. Das muss man auch in Überschriften beachten. Beispiel: VW soll mit einer „Abschalteinrichtung" Abgaswerte manipuliert haben. Der Verdacht eines Betrugs steht im Raum.

- Falsch: „Die Staatsanwaltschaft hat Ermittlungen wegen Betruges gegen VW eingeleitet." Ebenso falsch wäre die Überschrift: „Ermittlungen gegen VW."
- Richtig: „Die Staatsanwaltschaft hat Ermittlungen wegen Betrugs gegen mehrere Vorstandsmitglieder/leitende Mitarbeiter der VW AG eingeleitet." Überschrift: „Staatsanwaltschaft ermittelt gegen VW-Vorstände."

Die „Verdachtsberichterstattung" Bei Berichten über den Verdacht von Straftaten muss man sich immer bewusst machen, dass es sich um einen sensiblen Bereich handelt. Journalisten dürfen auch über den Verdacht von Straftaten berichten. Ihre Recherchen erfüllen eine wichtige Aufgabe. Dennoch geht es um einen Vorwurf, nicht um eine erwiesene Straftat. Deshalb muss man die rechtlichen Grundsätze der sogenannten „Verdachtsberichterstattung" einhalten. Sie sind ein eigenes Thema aus dem Bereich des Medienrechts und können hier nicht ausführlich dargestellt werden. Bei Unsicherheiten sollte man sich Rat beim eigenen Justitiariat holen. Oft gibt es zwischen Medien und Beschuldigten bzw. ihren Anwälten Streit darüber, ob die Grundsätze der Verdachtsberichterstattung eingehalten oder überschritten wurden. Das kann auch zu gerichtlichen Auseinandersetzungen führen. Gerade, wenn es um Fälle von beschuldigten Prominenten geht.

Checkliste Verdachtsberichterstattung
Welche Verdachtsstufe liegt vor? Anfangsverdacht oder dringender Tatverdacht? An die Einschübe „mutmaßlicher Täter" oder „möglicher Täter" denken. Wenn die Verdachtslage sehr umstritten ist, kann auch die Einschränkung vom „mutmaßlichen" Täter sehr weitgehend sein. Am einfachsten und immer korrekt ist es in diesem Stadium, „der Beschuldigte" zu sagen oder zu schreiben. Genau prüfen, ob man den Namen des Beschuldigten nennen darf. In der Regel wird man ihn abkürzen. In vielen Fällen gibt es auch journalistisch keinen Grund, den Namen zu nennen. Genau prüfen, ob man Fotos von Beschuldigten verpixeln muss. Das wird sehr oft der Fall sein. Dem Beschuldigten Gelegenheit zur Stellungnahme geben und diese einbauen. Darauf hinweisen, dass für ihn oder sie die Unschuldsvermutung gilt.

*   **Beispiel:** „Die Staatsanwaltschaft hat gegen einen Mitarbeiter der Gemeinde ein Ermittlungsverfahren eingeleitet. Sie wirft ihm vor, einen Dienstwagen ohne Genehmigung für private Urlaubsreisen verwendet zu haben. Der Beschuldigte bestreitet den Vorwurf. Für ihn gilt die Unschuldsvermutung."

Unterschied zwischen Straftaten und Ordnungswidrigkeiten „Fußballprofi XY geblitzt – hohe Geldstrafe droht." Diese Meldung ist nicht korrekt. Dem Autofahrer droht nämlich eine Geld*buße*, keine -*strafe*. Zu schnelles Fahren ist ein typisches Beispiel für eine Ordnungswidrigkeit. In vielen Gesetzen und Verordnungen steht in den hinteren Paragrafen drin: Wer gegen diese Vorschriften verstößt, begeht eine Ordnungswidrigkeit (z. B. in der Straßenverkehrsordnung). Ordnungswidrigkeiten werden mit Geld*bußen* geahndet. Geld*strafen* können nur bei wirklichen „Straftaten" verhängt werden. Diese sind vor allem in den Delikten des Strafgesetzbuchs festgehalten.

Konkrete Unterschiede Das Ordnungswidrigkeitsverfahren unterscheidet sich in mehreren Punkten vom Strafverfahren. Es wird nicht von der Staatsanwaltschaft, sondern von Verwaltungsbehörden geführt („Bußgeldstelle"). Die Behörde hat mehr Spielraum als die Staatsanwaltschaft. Sie kann ein Verfahren aus Ermessensgründen einstellen, während die Staatsanwaltschaft prinzipiell ermitteln muss. Außerdem sind die Sanktionen unterschiedlich. Überschneidungen gibt es bei der reinen Folge eines Verstoßes, nämlich dass der Betroffene Geld zahlen muss. Das kann – wie beschrieben – je nach Verfahren eine Geldstrafe oder Geldbuße sein. Gegen einen Bußgeldbescheid kann man „Einspruch" einlegen (nicht „Widerspruch"). Wenn man das tut, landet der Fall vor dem Amtsgericht. Sollte dort also ein Pressetermin in einer Verkehrssache anstehen, sollte man sich immer informieren, um was für ein Verfahren es sich handelt. Besonders bei Verkehrsverstößen kann es zu unterschiedlichen Sanktionen und daher zu begrifflicher Verwirrung kommen.

Geldbuße, Geldstrafe oder Geldauflage?
- Geld*buße* (oder Bußgeld): Sanktion einer Verwaltungsbehörde nach einer Ordnungswidrigkeit, z. B. für zu schnelles Fahren.
- Geld*strafe*: Sanktion eines Gerichts wegen einer Straftat, z. B. wegen „Trunkenheit im Verkehr".
- Geld*auflage*: Beschuldigter zahlt Geld als Bedingung für die Einstellung eines Ermittlungsverfahrens der Staatsanwaltschaft in bestimmten Fällen.

Die Struktur der Staatsanwaltschaft Für jeden Bezirk eines Landgerichts gibt es eine eigene Staatsanwaltschaft. Also z. B. die Staatsanwaltschaft Karlsruhe, Hannover oder Dresden. In München gibt es sogar die Staatsanwaltschaft München I und München II. Die Staatsanwaltschaft leitet die Ermittlungen und erhebt Anklage beim Landgericht oder bei den Amtsgerichten des Bezirks. Die Staatsanwaltschaft ist eine von den Gerichten getrennte Behörde. Sie gehört nicht zur Justiz, sondern zur Exekutive. In jedem Bezirk eines Oberlandesgerichts (OLG) gibt es außerdem eine „Generalstaatsanwaltschaft". Sie ist unter anderem für die fachliche Aufsicht der Staatsanwaltschaften in ihrem Bezirk zuständig. Größere Bundesländer haben mehrere OLGs, also auch mehrere Generalstaatsanwaltschaften. Beispiel NRW: Köln, Düsseldorf und Hamm.

Staatsanwaltschaft ist hierarchisch organisiert Bei den Gerichten lautet der zentrale Grundsatz, dass jeder Richter die „richterliche Unabhängigkeit" genießt. Der Direktor des Amtsgerichts kann der Amtsrichterin also nicht vorschreiben, „entscheiden Sie diesen Fall bitte mal so". Eine Korrektur erfolgt nur über den Instanzenzug, indem z. B. das Landgericht ein Urteil des Amtsgerichts aufhebt. Bei der Staatsanwaltschaft ist das anders. Innerhalb der Behörde gilt ein Weisungsrecht vom Behördenleiter (dem „Leitenden Oberstaatsanwalt") nach unten. Wenn ein Staatsanwalt der Ansicht ist, „der Fall liegt 50:50, ich erhebe keine Anklage", kann der Behördenleiter ihn dazu anweisen. Auch im Verhältnis der Behörden untereinander gilt das Prinzip „oben schlägt unten". Die Generalstaatsanwaltschaft hat ein Weisungsrecht gegenüber den einzelnen Staatsanwaltschaften. Umgekehrt besteht bei wichtigen Fällen eine „Berichtspflicht" nach oben.

Weisungsrecht des Landesjustizministeriums Das Landesjustizministerium hat laut Gesetz auch ein fachliches Weisungsrecht gegenüber der Staatsanwaltschaft. Das ist ein umstrittenes Thema. Für die einen ist es das Einfallstor für politische Einflussnahme auf die Ermittler. Andere betonen, dies sei notwendig für die demokratische Legitimation der Staatsanwaltschaft und ihrer Entscheidungen. In der Praxis kommen schriftliche Weisungen eines Justizministeriums an die Staatsanwaltschaft so gut wie nicht vor. Den Akteuren ist bewusst, dass dies zwar vom Gesetz erlaubt, aber ein heikles Thema in der Öffentlichkeit ist. Allerdings braucht man nicht zwingend ein Schriftstück, um Einfluss auszuüben. Die Akteure in den Ländern versichern immer wieder, dass es auch außerhalb von schriftlichen Weisungen keine Einflussnahme gebe. Ihnen ist bewusst, was es für Folgen in der Berichterstattung haben kann. Komplett ausschließen lässt sich eine Weisung natürlich nicht. Und verboten ist sie ebenfalls nicht.

Kein Weisungsrecht des Ministeriums gegenüber Gerichten Dieser Satz ist eine Selbstverständlichkeit. Es gilt die Trennung von Judikative und Exekutive und der Grundsatz der richterlichen Unabhängigkeit. Immer wieder hört und liest man Statements von Justizministern und Justizministerinnen, die nach öffentlich wahrgenommenen Straftaten eine „harte Bestrafung" oder ähnliches fordern. Die Höhe der Strafe hängt von Schuld und Täter im konkreten Fall ab und ist Sache der Justiz.

2.3 Haftbefehl, Untersuchungshaft, Durchsuchung

Ein Beschuldigter wird nicht automatisch verhaftet Bei einem „Anfangsverdacht" leitet die Staatsanwaltschaft ein Ermittlungsverfahren ein. Die betroffene Person bezeichnet man dann als „Beschuldigten". Ein Beschuldigter kommt aber nicht automatisch in Untersuchungshaft. Dafür gibt es laut Gesetz bestimmte Voraussetzungen: (1) Es muss ein „dringender Tatverdacht" vorliegen. (2) Und es muss ein „Haftgrund" gegeben sein, z. B. Fluchtgefahr. Wenn schon eine dieser beiden Voraussetzungen nicht vorliegt, bleibt der Beschuldigte während des Ermittlungsverfahrens und während des möglichen Strafprozesses auf freiem Fuß. Das ist übrigens der Regelfall, die U-Haft ist die Ausnahme.

Der typische Ablauf beim Haftbefehl Rund um das Thema Haftbefehl und Untersuchungshaft gibt es zahlreiche inhaltliche Fehlvorstellungen und Fehlerquellen. Wann wird ein Haftbefehl erlassen? Was bedeutet das? Warum lässt die Justiz einen Verdächtigen nach seiner Festnahme manchmal „einfach laufen"? Ist der

Haftbefehl eine Art vorgezogenes Urteil? Nach einem Verbrechen können typischerweise drei Schritte folgen, die oft Thema einer Berichterstattung sind: (1) Ein Tatverdächtiger wird festgenommen. (2) Er wird einem Richter vorgeführt. (3) Das Gericht entscheidet, ob der Tatverdächtige in Untersuchungshaft kommt oder auf freiem Fuß bleibt.

Überblick: Ablauf von der Festnahme bis zum Prozess
Festnahme – Vorführung beim Ermittlungsrichter – Untersuchungshaft – Anklage wird erhoben – Anklage wird zugelassen – Prozessbeginn.

Der Staatsanwalt erlässt nie einen Haftbefehl – das macht ein Richter! Immer wieder liest man Überschriften wie „Staatsanwaltschaft erlässt Haftbefehl". Bitte merken: Das ist falsch. Und wird auch in Fernsehkrimis gerne falsch dargestellt. Die Staatsanwaltschaft *beantragt* den Haftbefehl. Den Haftbefehl erlässt *immer* ein Richter. In der Regel ist das ein Richter am Amtsgericht, in dessen Bezirk die Festnahme erfolgt ist. Wenn der Generalbundesanwalt die Ermittlungen leitet, ist der Bundesgerichtshof für den Haftbefehl zuständig.

- Falsch: „Staatsanwaltschaft erlässt Haftbefehl". Richtig: „Gericht erlässt Haftbefehl".
- Die für Haftsachen zuständigen Richter nennt man „Ermittlungsrichter". Man kann auch den Begriff „Haftrichter" verwenden.
- Eine typische Meldung kann lauten: „Nach der Festnahme eines Verdächtigen im Mordfall X hat das Amtsgericht Y Haftbefehl gegen den Verdächtigen erlassen".

Untersuchungshaft ist keine vorgezogene Strafe Sie dient in der Regel allein dazu, das Strafverfahren zu sichern; also zu verhindern, dass der Beschuldigte flüchtet oder Beweise vernichtet. Ein Verdächtiger in U-Haft gilt zwar in diesem Moment als „dringend tatverdächtig", ist aber noch nicht schuldig gesprochen. Auch für ihn gilt weiterhin die Unschuldsvermutung.

Zwei Voraussetzungen: „Dringender Tatverdacht" *und* „Haftgrund" Die Staatsanwaltschaft kann für einen Verdächtigen gleich zu Beginn oder im Laufe der Ermittlungen einen Haftbefehl beantragen und ihn in Untersuchungshaft bringen. Unter bestimmten Voraussetzungen erlässt ein Richter dann den Haftbefehl und ordnet U-Haft an. Voraussetzung (1): Ein „dringender Tatverdacht". Das ist eine sehr hohe Verdachtsstufe. Voraussetzung (2): Ein „Haftgrund". Mögliche

Haftgründe sind laut Gesetz: „Fluchtgefahr", „Verdunklungsgefahr", und bei bestimmten Straftaten wie Sexualdelikten oder schwerer Körperverletzung auch „Wiederholungsgefahr". Damit ein Haftbefehl ergehen darf, müssen beide Voraussetzungen (dringender Tatverdacht *und* Haftgrund) vorliegen.

Haftgrund bei Schwerkriminalität Bei einigen Straftaten aus dem Bereich der Schwerkriminalität (z. B. Mord, Mitgliedschaft in einer terroristischen Vereinigung) reicht laut Strafprozessordnung ein dringender Tatverdacht aus. Ein Haftgrund ist nicht nötig. Allerdings hat das Bundesverfassungsgericht diese Regel eingeschränkt. Auch bei den genannten schweren Straftaten müsse ein Haftgrund vorliegen. Die Voraussetzungen sind bei Schwerkriminalität allerdings nicht so hoch wie sonst. Wenn man einen Haftgrund wie z. B. Fluchtgefahr aber absolut ausschließen kann, darf die U-Haft auch bei Schwerkriminalität nicht angeordnet werden.

U-Haft darf nicht unverhältnismäßig sein Laut Gesetz muss der Haftrichter neben „dringendem Tatverdacht" und „Haftgrund" auch prüfen, ob die Untersuchungshaft im konkreten Fall verhältnismäßig ist. Oder ob sie ein zu hartes Mittel ist, um das Verfahren gegen den Beschuldigten zu sichern. Dann wäre sie unverhältnismäßig. Dabei kann z. B. der Gesundheitszustand des Beschuldigten oder die Dauer des Verfahrens eine Rolle spielen.

Wichtig: Auch ohne Haftbefehl drohen Konsequenzen „Alle Randalierer der Berliner Silvesternacht wieder auf freiem Fuß", lautete Anfang 2023 eine Schlagzeile. Wenn die Ermittler keinen Haftbefehl erwirken, heißt das aber nicht, dass sie den Verdächtigen „laufen lassen". Es kann z. B. sein, dass beim Verdächtigen zwar ein „dringender Tatverdacht", aber kein „Haftgrund" vorliegt. Etwa weil er in festen Familienverhältnissen lebt und daher keine Fluchtgefahr besteht. Die wenigsten Verdächtigen von Ermittlungsverfahren sitzen in U-Haft. Trotzdem werden sie später bestraft, wenn man die Tat nachweisen kann.

- Bevor man die Überschrift „Justiz lässt Verdächtigen laufen" schreibt, sollte man bei den zuständigen Pressestellen genau nachfragen, aus welchem Grund ein Haftbefehl nicht erlassen oder aufgehoben wurde. Und dies dann im Beitrag erklären.
- Die zentralen Fragen sind: Fehlt es am „dringenden Tatverdacht"? Dann hatte man womöglich die Falschen festgenommen. Oder fehlt nur ein Haftgrund für die U-Haft? Dann besteht weiterhin ein dringender Tatverdacht und es ist gut möglich, dass der Verdächtige vor Gericht kommt und bestraft wird.

Haftbefehl kann „außer Vollzug gesetzt" werden Auch wenn ein Beschuldigter zunächst in Untersuchungshaft war und später auf freien Fuß kommt, hat sich nicht zwingend der dringende Tatverdacht erledigt. Es kann z. B. sein, dass es ein milderes Mittel zur Sicherung des Verfahrens gibt als die U-Haft. Bei Fluchtgefahr kann das z. B. eine regelmäßige Meldepflicht bei der Polizei sein. Oder der Beschuldigte muss eine Sicherheitsleistung hinterlegen, auch „Kaution genannt". Das Gericht setzt dann den Haftbefehl „außer Vollzug" und ordnet die genannten Maßnahmen an.

- „Der Beschuldigte XY ist heute aus der Untersuchungshaft entlassen worden. Das Amtsgericht hat den Haftbefehl gegen Zahlung einer Kaution (in Höhe von …) außer Vollzug gesetzt. Der dringende Tatverdacht gegen XY bleibt aber bestehen."

Eilmeldung nach Festnahme: „Verhaftet" oder „festgenommen"? Eine klassische Eilmeldung lautet, dass eine bestimmte Person verhaftet oder festgenommen wurde. Aber welcher Begriff ist korrekt? Die Antwort hängt von der konkreten Situation ab:

Situation 1 Wenn die Staatsanwaltschaft schon vor der Festnahme einen Haftbefehl gegen eine verdächtige Person beim Gericht erwirkt hat, wurde der oder die Verdächtige „verhaftet".

Situation 2 Wenn eine verdächtige Person ohne vorherigen Haftbefehl spontan festgenommen wird (z. B. „auf frischer Tat ertappt"), wurde die Person „festgenommen", nicht „verhaftet". Weil es noch keinen *Haft*befehl gab.

- Wichtig: Wer in einer Breaking News-Situation unsicher ist und noch nicht genug Informationen hat: *Im Zweifel „festgenommen" schreiben.* Das ist der allgemeinere Begriff und immer richtig.

Nach der Festnahme: Vorführung beim Ermittlungsrichter Nach der Festnahme haben die Ermittler bis zum Ablauf des folgenden Tages Zeit, die Person einem Richter vorzuführen und von ihm einen Haftbefehl zu erwirken. Auch wenn es schon vor der Festnahme einen Haftbefehl gab, muss der Verdächtige innerhalb dieser Frist einem Richter vorgeführt werden. Der entscheidet dann, ob der Verdächtige in U-Haft kommt.

Beispiel für die Frist Manchmal liest man, die festgenommene Person müsse innerhalb von 48 h einem Richter vorgeführt werden. Das ist meistens falsch, denn die Frist läuft bis zum Ende des Tages, der auf die Festnahme folgt. Beispiel: Die Festnahme erfolgt am Samstag um 21 Uhr. Die Frist läuft dann bis Sonntag um 24 Uhr. Es besteht also ein gewisser Zeitdruck. Falls die festgenommene Person auf freien Fuß kommt, sollte man erneut die Begründung dafür prüfen. Liegt es daran, dass es keinen dringenden Tatverdacht (mehr) gibt? Oder fehlt der Haftgrund? Das ist wichtig für die Einschätzung des Falles.

▶ Eine typische Meldung kann lauten: „Nach Festnahme muss der Verdächtige nun (bis ...) dem Ermittlungsrichter (beim Amtsgericht XY) vorgeführt werden. Der wird entscheiden, ob er in Untersuchungshaft kommt."

Gegen U-Haft wehren: Haftprüfung und Haftbeschwerde Ein Beschuldigter in U-Haft kann jederzeit „Haftprüfung" beantragen. Dann muss der Ermittlungsrichter erneut entscheiden, ob die Voraussetzungen der U-Haft vorliegen. Außerdem kann der Beschuldigte „Haftbeschwerde" einlegen. Der Unterschied besteht vor allem darin, dass man die Haftbeschwerde nur einmal einlegen kann, und dass eine höhere Instanz über sie entscheidet. Drei Ergebnisse sind bei beiden Rechtsbehelfen möglich: Die U-Haft bleibt bestehen; sie wird außer Vollzug gesetzt; sie wird aufgehoben.

▶ Wenn der Verteidiger eine Überprüfung der U-Haft ankündigt, sollte man erfragen, welcher Rechtsbehelf geplant ist – Haftprüfung oder Haftbeschwerde. Wer unsicher ist, kann auch schreiben: Der Verteidiger will überprüfen lassen, ob die U-Haft weiterhin rechtmäßig ist.

Begrenzte Dauer der Untersuchungshaft Weil U-Haft eine Freiheitseinschränkung ohne rechtskräftiges Urteil ist – also gerade keine Strafe – darf sie nicht unbegrenzt dauern. Laut Gesetz darf sie nur dann länger sechs Monate dauern, wenn die Ermittlungen besonders schwierig oder umfangreich sind. Wenn sechs Monate vorbei sind, muss ein Gericht ausdrücklich anordnen, dass die U-Haft weitergeht. In langen und umfangreichen Strafverfahren wird die U-Haft oft mehrfach verlängert.

Verstoß gegen „Beschleunigungsgrundsatz" – Haftbefehl aufgehoben Wenn in einem laufenden Verfahren Beschuldigte in U-Haft sitzen, darf es nicht zu vermeidbaren Verzögerungen kommen. Der Beschleunigungsgrundsatz folgt aus dem Rechtsstaatsprinzip. Wenn Ermittlungsbehörden oder Gerichte dagegen verstoßen, kann der Haftbefehl aufgehoben werden, weil die Untersuchungshaft wegen der Verzögerungen nicht mehr verhältnismäßig ist. Ein Beispiel, das schon vorgekommen ist: Ein Beschuldigter sitzt wegen dringenden Tatverdachts des Mordes in U-Haft. Die Ermittlungen der Staatsanwaltschaft verzögern sich wegen Personalmangels stark. Sie hat deswegen immer noch keine Anklage erhoben. Oder die Hauptverhandlung im Prozess geht zu langsam voran. Auf Antrag des Beschuldigten kann ein Gericht den Haftbefehl aufheben. Das Ermittlungsverfahren oder der Prozess gehen zwar weiter, es ist kein Freispruch. Der Verdächtige kommt aber zunächst auf freien Fuß. Solche Fälle führen dann zu großen Schlagzeilen und Diskussionen.

> ▶ Wichtig: Ein aufgehobener Haftbefehl bedeutet nicht, dass der Beschuldigte ohne Strafe bleibt. Das Strafverfahren läuft weiter und kann mit einer empfindlichen Strafe enden. Das muss man in einem Bericht erklären. Gleichzeitig sollte man kritisch hinterfragen, welche Gründe die Verzögerung innerhalb der Justiz hat.

Nicht schuldfähig: Psychiatrie statt U-Haft Nach der Festnahme eines Tatverdächtigen kann es sein, dass Zweifel an seiner Schuldfähigkeit auftauchen; z. B. weil er oder sie womöglich psychisch gestört ist. Beispiel: Bei einem Messerangriff in einem Kaufhaus in Würzburg im Juni 2021 tötete und verletzte ein Mann mehrere Menschen. Eine Breaking-News-Situation, in der ein Terroranschlag im Raum stand. Üblicherweise würde nach der Festnahme des Beschuldigten ein Haftbefehl erlassen, und er käme in U-Haft. Nach einer ersten Begutachtung gab es aber Hinweise darauf, dass eine psychische Störung vorliegt. Der Verdächtige berichtete davon, dass ihm eine Stimme eingeflüstert habe, er solle die Taten begehen. Er wurde dann ebenfalls dem zuständigen Ermittlungsrichter vorgeführt, der die Unterbringung in einem psychiatrischen Krankenhaus angeordnet hat.

> ▶ Der Richter erlässt dann keinen Haftbefehl, sondern einen „Unterbringungsbefehl". Ob der Beschuldigte auf Dauer in der Einrichtung untergebracht wird, entscheidet sich später in einem eigenen Gerichtsverfahren.

Durchsuchungs*beschluss* statt -*befehl* Der Beginn eines Ermittlungsverfahrens ist oft auch mit der Durchsuchung von Wohnungen oder Geschäftsräumen verbunden; umgangssprachlich auch „Razzia" genannt. Eine klassische Situation ist, dass

man als Reporterin oder Reporter am frühen Morgen von einer Durchsuchung erfährt und sehr schnell darüber berichten muss. Für eine Durchsuchung braucht die
Staatsanwaltschaft in der Regel eine richterliche Anordnung. Hier lauert ein typischer Fehler beim Formulieren, bekannt aus zahlreichen Fernsehkrimis. Denn der
richtige Begriff dafür lautet *nicht*: „Durchsuchungsbefehl".

▶   Der korrekte Begriff lautet „Durchsuchungs*beschluss*". Die richtige Mel-
    dung lautet also: „Seit den frühen Morgenstunden durchsuchen Polizei
    und Staatsanwaltschaft die Wohnungen von fünf Tatverdächtigen. Ih-
    nen wird Drogenhandel im großen Stil vorgeworfen. Das Amtsgericht
    XY hatte zuvor einen Durchsuchungsbeschluss erlassen."

Ausnahme: „Gefahr im Verzug"   Wenn es mal schnell gehen muss für die Polizei
und Staatsanwaltschaft darf sie ausnahmsweise auch mal ohne vorherigen Beschluss eine Wohnung durchsuchen. Die Voraussetzung: Es muss „Gefahr im Verzug" sein. Die genaue Bedeutung dieses Begriffs ist kaum bekannt. Gemeint ist
nicht, dass eine *Gefahr droht,* also irgendwie im Anmarsch ist. Die Betonung liegt
auf dem Wort *Verzug* und meint: Wenn wir nicht *sofort* in die Wohnung gehen, sondern den richterlichen Beschluss abwarten, würde das die Ermittlungen gefährden.

2.4   Staatsanwaltschaft stellt Verfahren ein oder erhebt Anklage

Alternativen: Anklage erheben, Verfahren einstellen   Am Ende ihrer Ermittlungen hat die Staatsanwaltschaft mehrere Möglichkeiten: (1) Sie kann die Ermittlungen einstellen. (2) Sie kann Anklage erheben. (3) Oder sie kann einen Strafbefehl
beantragen. Alle drei Situationen können in der Berichterstattung eine Rolle spielen. Deswegen ist es wichtig, die Voraussetzungen und Fallstricke zu kennen.

Einstellung des Verfahrens kann mehrere Gründe haben   Hier muss man zwei
Situationen auseinanderhalten. Erstens: Wenn der Verdacht sich nicht bestätigt hat,
stellt die Staatsanwaltschaft das Verfahren aus diesem Grund ein. Zweitens: Die
Staatsanwaltschaft kann das Verfahren trotz eines weiter bestehenden Tatverdachts
einstellen, z. B. gegen eine Geldauflage. Das kommt in der Praxis häufig vor und
ist manchmal umstritten.

Einstellung, weil „kein hinreichender Tatverdacht" Wie für den Beginn des Ermittlungsverfahrens spielt auch für seinen Abschluss eine bestimmte Verdachtsstufe eine wichtige Rolle. Voraussetzung für die Einleitung des Ermittlungsverfahrens war die relativ niedrige Schwelle des „Anfangsverdachts". Die nächste Frage ist dann, ob die Staatsanwaltschaft Anklage erhebt oder nicht. Im Laufe der Ermittlungen prüft sie, ob sie genügend Beweise für einen „hinreichenden Tatverdacht" hat. Der ist die Voraussetzung für eine Anklage. „Hinreichender Tatverdacht" bedeutet: Die Staatsanwaltschaft geht nach Aktenlage davon aus, dass der Angeklagte wahrscheinlich vom Gericht verurteilt wird. Aus ihrer Sicht muss die Wahrscheinlichkeit einer Verurteilung höher als 50 % liegen. Für diese Prognose gibt es keinen Automaten, in den man den Fall hineinwirft, und es kommt ein Prozentsatz dabei heraus. Es geht darum, die Beweislage zu bewerten. Das Ergebnis kann auch lauten, dass aus dem Anfangsverdacht kein „hinreichender Tatverdacht" geworden ist. Dann stellt die Staatsanwaltschaft das Ermittlungsverfahren aus diesem Grund ein.

Mitteilung an Beschuldigte Die Staatsanwaltschaft teilt diesen Beschluss dem Beschuldigten schriftlich mit. Je nach Größe des Falles ist es aus Fairnessgründen journalistisch geboten, auch die Einstellung des Verfahrens zu melden. Erst recht, wenn über die Einleitung des Ermittlungsverfahrens groß berichtet wurde.

- „Die Staatsanwaltschaft hat das Ermittlungsverfahren wegen des Verdachts der Untreue gegen den Stadtkämmerer XY eingestellt, weil sie keinen hinreichenden Tatverdacht gegen ihn sieht".
- „Die Staatsanwaltschaft wird keine Anklage gegen den Stadtkämmerer X wegen Untreue erheben. Sie hat das Ermittlungsverfahren eingestellt, weil sie keinen hinreichenden Tatverdacht gegen ihn sieht".

Erneute Ermittlungen nicht ausgeschlossen Die Einstellung mangels hinreichenden Tatverdachts ist nicht zwingend ein absoluter Schlussstrich. Sie ist nicht mit einem rechtskräftigen Freispruch vor Gericht vergleichbar, nach dem es im Prinzip keine neuen Ermittlungen in derselben Sache geben darf. Ergeben sich nach der Einstellung neue Verdachtsmomente, kann die Staatsanwaltschaft ohne besondere Hürden erneut die Ermittlungen aufnehmen.

Mitteilung an Anzeigeerstatter – für Opfer Beschwerde möglich Wenn jemand Strafanzeige oder Strafantrag gestellt hat, muss die Staatsanwaltschaft dieser Person schriftlich mitteilen, wenn das Verfahren mangels hinreichenden Tatverdachts eingestellt wurde. Für das mögliche Opfer einer Straftat kann dies eine große Enttäuschung sein. Opfer, die Strafanzeige oder Strafantrag gestellt haben, können gegen den Einstellungsbeschluss Beschwerde einlegen.

- Eine Meldung könnte z. B. lauten: „Die Staatsanwaltschaft hat das Ermittlungsverfahren gegen XY wegen sexueller Nötigung eingestellt, weil aus ihrer Sicht kein hinreichender Tatverdacht besteht. Seine ehemalige Mitarbeiterin YZ hatte das Verfahren mit ihrer Aussage ins Rollen gebracht. Sie kann nun gegen die Einstellung Beschwerde einlegen."

OLG kann Anklage erzwingen   Nach einer erneuten Prüfung durch die (General-)Staatsanwaltschaft entscheidet dann auf Antrag des Opfers das zuständige Oberlandesgericht (OLG) darüber, ob nicht doch Anklage erhoben werden muss. Wenn ja, erhebt das OLG selbst die Anklage beim zuständigen Gericht. Dieses Prozedere nennt man das „Klageerzwingungsverfahren". In der Praxis ist es nicht besonders oft erfolgreich.

Wichtiger Praxisfall: Die Einstellung eines Verfahrens gegen Geldauflage   Zwischen Einstellung und Anklage gibt es auch noch eine Art Mittelweg, der häufig Thema in der Berichterstattung ist. Die Staatsanwaltschaft kann das Ermittlungsverfahren in bestimmten Fällen gegen Auflagen oder Weisungen einstellen. Typisches Beispiel für eine Auflage ist die „Geldauflage". Das ist die Zahlung eines bestimmten Betrags an die Staatskasse oder eine gemeinnützige Einrichtung; oder die Wiedergutmachung des verursachten Schadens. Der Beschuldigte und das für den Fall zuständige Gericht müssen der Einstellung zustimmen. In diesem Zusammenhang hört man auch immer wieder den einschlägigen Paragrafen, der all dies regelt: § 153 a Strafprozessordnung.

Voraussetzungen für die Einstellung   Laut Gesetz muss die Auflage oder Weisung geeignet sein, das „öffentliche Interesse" an der Strafverfolgung zu beseitigen. Mit „öffentlichem Interesse" ist dabei nicht das Interesse der Bevölkerung, der Medien oder der möglichen Opfer an der beschuldigten Person oder dem Verfahren gemeint. Es geht um darum, ob zur Abschreckung der Allgemeinheit oder der verdächtigen Person eine Sanktion nötig ist. Außerdem darf „die Schwere der Schuld" einer Einstellung nicht entgegenstehen. Das sind recht schwammigen Begriffe. Typische Anwendungsfälle sind: Jemand begeht zum ersten Mal einen kleineren Diebstahl, einen Betrug oder ein Verkehrsdelikt. Wichtig ist: Es muss aus Sicht der Staatsanwaltschaft ein Tatverdacht vorliegen. Wenn sie den Beschuldigten für komplett unschuldig hält, muss sie das Verfahren mangels Tatverdacht einstellen, und nicht gegen Geldauflage.

Einstellung erst vorläufig, später endgültig Wenn der Beschuldigte die Auflage oder Weisung erfüllt hat (z. B. das Geld an die gemeinnützige Einrichtung bezahlt hat) wird das Ermittlungsverfahren per Beschluss endgültig eingestellt. Rechtsmittel dagegen gibt es nicht. Wenn das Verfahren nach der Geldzahlung eingestellt ist, kann es nicht wieder aufgenommen werden.

Diskussion bei prominenten Verfahren Diese Art der Verfahrenseinstellung gegen eine Geldzahlung spielt in der Praxis eine wichtige Rolle. Und damit auch für die Berichterstattung, egal ob lokal oder bundesweit. Diese Variante wird auch immer wieder im Ermittlungsverfahren gegen bekannte Personen angewandt. So war es zum Beispiel beim baden-württembergischen Innenminister Strobl, als es die Weitergabe eines internen Schreibens an einen Journalisten ging. Oder beim ehemaligen Bundeskanzler Helmut Kohl, beim Profi-Radfahrer Jan Ullrich oder dem früheren Formel-1-Chef Bernie Ecclestone. Dann hört man häufig den Vorwurf, hier kaufe sich ein prominenter oder ein reicher Mensch frei.

Einstellung gegen Geldauflage häufig auch für „Normalbürger" Wichtig zur journalistischen Einschätzung ist aber: Die Einstellung gegen Geldauflage ist vom Gesetz ausdrücklich als Möglichkeit vorgesehen und nicht per se anrüchig. Es profitieren auch viele „normale" Bürgerinnen und Bürger davon. Denn es ist eine Möglichkeit für Menschen, die zum ersten Mal einer Straftat verdächtigt werden, ohne eine Anklage und einen Gerichtsprozess mit einem Denkzettel davon zu kommen. Dieser Hinweis gehört zu Reaktionen wie „das hätte ein einfacher Bürger niemals bekommen" dazu. Bei der Höhe der Geldauflage spielen die beschuldigte Person und ihr Vermögen eine zentrale Rolle. Wer mehr hat, muss auch mehr zahlen. Ein Problem ist allerdings oft die mangelnde Transparenz des Verfahrens, die Anlass zu Spekulationen gibt; gerade wenn es prominente Menschen betrifft. In der Regel weiß man nicht, welche Gespräche zwischen Staatsanwaltschaft und Verteidigung stattgefunden haben.

Einstellung gegen Geldauflage nur bei „Vergehen" möglich, nicht bei „Verbrechen" „Kinderpornografie ist jetzt Verbrechen", titelten die Zeitungen vor einigen Jahren. „Ja was denn sonst?" mag man sich spontan fragen. Der Hintergrund: Im Strafgesetzbuch (StGB) gibt es die beiden Kategorien „Vergehen" und „Verbrechen", in die die einzelnen Delikte eingeteilt werden können. Ein „Verbrechen" ist laut StGB jede Straftat mit einer Mindeststrafe von einem Jahr Freiheitsstrafe. Alle anderen Delikte sind „Vergehen". In bestimmten Situationen haben diese Kategorien konkrete Auswirkungen. Seit bestimmte Delikte aus dem Bereich der Kinderpornografie bzw. des Kindesmissbrauchs als „Verbrechen" gelten, kann man

Ermittlungsverfahren hier nicht mehr gegen Geldauflage einstellen. Das gilt auch für Fälle, in denen Eltern zum Beispiel einschlägige Bilder auf einem Handy finden und an andere betroffene Eltern weiterleiten, ohne dass es ihnen auf den Besitz ankommt. Ein Beispiel dafür, dass gut gemeinte Strafverschärfungen vom Gesetzgeber nicht immer gut durchdacht sind.

Wichtige Formulierungen bei der Einstellung gegen Geldauflage
- Oft ist in dieser Situation von einem „Deal" die Rede. Der Begriff „Deal" meint rechtlich eigentlich eine andere Situation, und zwar eine Absprache zwischen Gericht, Angeklagten und Staatsanwalt *in einem laufenden Strafprozess.* Nach dem Motto: „Geständnis gegen geringere Strafe". Der Begriff „Deal" ist also bei einer Einstellung nicht falsch, aber nicht ganz passend.
- Der Beschuldigte muss eine „Geld*auflage*" zahlen. Falsch ist es, von einem „Bußgeld", einer „Geldbuße" oder einer „Geldstrafe" zu sprechen oder zu schreiben.
- Richtig: „Die Staatsanwaltschaft hat das Ermittlungsverfahren gegen XY gegen Zahlung einer Geldauflage eingestellt." Alternative: „… gegen eine Geldzahlung".

Einstellung gegen Auflagen auch noch im Prozess möglich   Eine Einstellung eines Strafverfahrens gegen Geldauflage ist nicht nur während der Ermittlungen der Staatsanwaltschaft möglich, sondern auch noch in einem laufenden Gerichtsprozess. Dort müssen die Staatsanwaltschaft und der Angeklagte einer Einstellung zustimmen. Dies kommt auch nach mehrwöchigen oder mehrmonatigen Prozessen in der Praxis durchaus vor. Zum Beispiel wenn sich die Beweislage als schwierig erweist oder einzelne Vorwürfe wegfallen oder sich nicht bestätigen. Dann schlägt das Gericht manchmal von sich aus eine Einstellung des Verfahrens gegen Geldauflage vor. Oder die Verteidigung des Angeklagten bringt dies ins Spiel. Beispiel: Der Strafprozess gegen den ehemaligen Bundestagsabgeordneten Sebastian Edathy.

Unschuldsvermutung gilt weiter   Wichtig: der Beschuldigte ist nach einer Einstellung des Verfahrens gegen Geldauflage nicht rechtskräftig verurteilt. Er gilt im rechtlichen Sinne weiterhin als unschuldig. Das ist nicht auf den ersten Blick nachvollziehbar. Einerseits geht die Staatsanwaltschaft von einem Tatverdacht aus. Manchmal gibt es sogar ein Geständnis. Andererseits gilt weiterhin die Unschuldsvermutung. Man muss sich klar machen: Rechtlich gilt man nur als schuldig, wenn man von einem Gericht rechtskräftig verurteilt wurde. Und das ist bei einer Einstellung gegen Geldauflage eben nicht der Fall. Nach einer Einstellung gegen Geldauflage betont der Beschuldigte daher häufig die weiter geltende Unschuldsvermutung. Anklage, Opfer und Medien weisen darauf hin, dass es aber einen hinreichenden Tatverdacht oder sogar ein Geständnis gab. Beides ist in diesem Fall richtig.

Einstellung wegen „Geringfügigkeit" Die Strafprozessordnung sieht auch die Möglichkeit vor, ein Ermittlungsverfahren trotz eines bestehenden Tatverdachts ganz ohne Konsequenzen einzustellen. Und zwar wenn die Schuld des Täters als gering anzusehen wäre und auch ohne Auflagen oder Weisungen „kein öffentliches Interesse an der Verfolgung" besteht. Typisches Beispiel ist der erstmalige Ladendiebstahl kleinerer Dinge. Das Ermittlungsverfahren kann dann eine Art Warnschuss gewesen sein. Gleichzeitig entlastet die Einstellung Staatsanwaltschaften und Gerichte von Fällen der Kleinstkriminalität.

Einstellung wegen Geringfügigkeit auch noch im Prozess möglich Beispiel: Das Landgericht stellte 2020 im „Loveparade-Prozess" das Verfahren gegen mehrere Angeklagte wegen fahrlässiger Tötung bzw. fahrlässiger Körperverletzung nach 184 Prozesstagen wegen Geringfügigkeit ein. Damit sollte nicht das katastrophale Ende der Loveparade 2010 mit 21 Todesopfern bagatellisiert werden. Es ging allein um die aus Sicht des Gerichts geringe persönliche Schuld der Angeklagten bei einer späteren Verurteilung.

Typischer Fall: Die Staatsanwaltschaft erhebt Anklage Statt das Ermittlungsverfahren einzustellen, kann die Staatsanwaltschaft als Abschluss ihrer Ermittlungen Anklage erheben. Voraussetzung für eine Anklageerhebung ist, dass aus Sicht der Staatsanwaltschaft ein „hinreichender Tatverdacht" besteht. Sie hält es also nach Aktenlage für wahrscheinlich, dass der Beschuldigte vor Gericht verurteilt wird, sieht also eine Chance von mehr als 50 %.

- Richtig: Die Staatsanwaltschaft hat XY wegen versuchten Mordes angeklagt. Sie wirft ihm vor …"
- Falsch: „Die Staatsanwaltschaft hat XY wegen versuchten Mordes verklagt." Dieser Fehler kommt häufig vor. Im Strafrecht klagt der Staat an. Wenn ein Bürger gegen den anderen vor Gericht zieht, dann „verklagt" er ihn. Dann sind wir im Zivilrecht (siehe Kap. 6)

Eingang bei Gericht entscheidend Die Anklage ist offiziell „erhoben", wenn die Anklageschrift beim zuständigen Gericht eingeht. In der Praxis gibt es bei wichtigen Prozessen manchmal die Situation, dass nach Informationen von Medien die Anklageschrift von der Staatsanwaltschaft ans Gericht abgeschickt wurde. Entscheidender Zeitpunkt dafür, dass die Anklage „erhoben" wurde, ist aber der Eingang beim Gericht.

- Wer erfahren hat, dass die Anklageschrift gegen den Lokalpolitiker die Staatsanwaltschaft verlassen hat, schreibt nicht: „Staatsanwaltschaft hat Anklage erhoben". Richtig wäre: „Staatsanwaltschaft bringt Anklage auf den Weg."
- Wenn die Pressestelle des zuständigen Gerichts den Eingang bestätigt, lautet die Meldung dann: „Staatsanwaltschaft hat Anklage erhoben."
- Anschließend wird die Anklageschrift dann noch den Beteiligten zugestellt, also dem Angeschuldigten bzw. seinem Verteidiger und möglichen Nebenklägern. In der Regel veröffentlichen Staatsanwaltschaften erst nach dieser Zustellung an die Beteiligten ihre Pressemitteilung zur erhobenen Anklage. Mit dem Argument, dass die Beteiligten die Inhalte „nicht aus der Presse erfahren sollen".

Anklage zum Amtsgericht oder Landgericht? Die Staatsanwaltschaft kann die Anklage je nach Fall und Vorwurf bei unterschiedlichen Gerichten erheben. Das zentrale Kriterium dafür lautet, wie schwer der Tatvorwurf ist. Zum Amtsgericht kommen Fälle, bei denen keine höhere Strafe als vier Jahre Freiheitsstrafe zu erwarten ist. Zum Landgericht die Fälle mit einer Straferwartung von mehr als vier Jahren, oder wenn das Gesetz dessen Zuständigkeit für bestimmte Straftaten ausdrücklich festlegt (z. B. bei Mord oder weiteren Delikten mit Todesfolge). Die Staatsanwaltschaft hat aber auch die Möglichkeit, bestimmte Fälle z. B. wegen ihres Umfangs oder der besonderen Bedeutung des Falles direkt beim Landgericht anzuklagen. Beispiel: Die Staatsanwaltschaft Hannover hätte von den Vorwürfen her den ehemaligen Bundespräsidenten Christian Wulff auch vor dem Amtsgericht anklagen können. Sie wählte aber die gesetzliche Möglichkeit, direkt zum Landgericht zu gehen, das einem Prozess dieser Größenordnung besser gewachsen ist.

▶   Es heißt „Landgericht". Nicht „Landesgericht". Die Fehlergefahr existiert, weil es eine Etage höher das „Oberlandesgericht" gibt.

Vorsicht beim Zitieren aus der Anklageschrift Nicht selten finden Journalistinnen und Journalisten einen Weg, die Anklageschrift im Volltext zu bekommen. Sie ist immer wieder auch die Basis und Gegenstand von Berichterstattung. Dazu muss man als Berichterstatter wissen: Nach § 353 d Strafgesetzbuch ist es strafbar, größere Teile aus Anklageschriften zu zitieren.

• Wer so eine Berichterstattung plant, sollte sich gut mit dem Justitiariat seines Mediums abstimmen. Gleiches gilt auch für die Berichterstattung über den Inhalt von Haftbefehlen.

Sonderfall „Strafbefehl" In bestimmten Fällen kann die Staatsanwaltschaft, statt Anklage zu erheben, auch bei Gericht einen „Strafbefehl" beantragen. Das ist eine Art schriftliches Gerichtsverfahren ohne Hauptverhandlung im Gerichtssaal. Zum Beispiel, wenn es um einfach gelagerte Fälle geht und die Beweislage klar ist. Das Gericht prüft dann den Antrag und entscheidet darüber, ob es den Strafbefehl erlässt. Wie in einem Urteil nach der Hauptverhandlung wird darin eine Strafe für ein bestimmtes Delikt festgesetzt. Per Strafbefehl ist eine Geldstrafe oder eine Freiheitsstrafe von bis zu einem Jahr auf Bewährung möglich. Das Strafbefehlsverfahren kann eine Möglichkeit sein, um einen „Auftritt" im Gerichtssaal mit jeder Menge Medienrummel herumzukommen. Beispiel: Der Trainer eines Vereins aus der 2. Fußball-Bundesliga hatte einen gefälschten Impfausweis vorgelegt. Er wurde per Strafbefehl zu 90 Tagessätzen zu je 400 € verurteilt.

▶
    • Die Begriffe „Strafbefehl" und „Haftbefehl" sollte man nicht verwechseln.

Einspruch gegen Strafbefehl möglich Der Beschuldigte kann innerhalb von zwei Wochen nach Zustellung des Strafbefehls Einspruch einlegen (nicht „Widerspruch"). Dann kommt es doch noch zur Hauptverhandlung im Gerichtssaal. Ein Grund dafür kann zum Beispiel sein, dass der Beschuldigte die Tat bestreitet und die Beweislage anders sieht als die Staatsanwaltschaft. Oder die geforderte Strafe ist ihm zu hoch.

Schadensersatz im Strafverfahren – das „Adhäsionsverfahren" Ein Strafprozess und eine Klage auf Schadensersatz oder Schmerzensgeld sind in aller Regel zwei unterschiedliche Baustellen mit zwei unterschiedlichen Prozessen. Einmal vor dem Strafgericht, einmal vor dem Zivilgericht. Es gibt allerdings auch die Möglichkeit, als mögliches Opfer einer Straftat den Strafprozess direkt mit einer

Klage auf Schadensersatz zu verbinden. Der Fachbegriff dafür lautet „Adhäsionsverfahren". Beispiel: Das OLG Stuttgart hat einen sogenannten „Reichsbürger" im März 2023 zu zehn Jahren Haft wegen versuchten Mordes verurteilt, weil er bei einer Verkehrskontrolle auf einen Polizisten zugerast war. Gleichzeitig sprach es dem Polizisten Schadensersatz und Schmerzensgeld zu.

2.5   Lässt das Gericht die Anklage zu?

Das „Zwischenverfahren" am Gericht   Zwischen dem Ermittlungsverfahren der Staatsanwaltschaft und dem Prozessauftakt gibt es einen Zwischenschritt: Das sogenannte „Zwischenverfahren". Das Gericht prüft darin die Vorwürfe der Anklageschrift auf Basis der Aktenlage. Die Frage für das Gericht lautet nun: Eröffnet es das „Hauptverfahren", indem es die Anklage zulässt und einen Termin zur Hauptverhandlung anordnet? Für Journalistinnen bedeutet die Frage: Kommt es zu einem Prozess im Gerichtssaal oder nicht? In den meisten Fällen ist das der Fall. Es gibt aber auch immer wieder besonders umstrittene Fälle, in denen dieser Schritt durchaus eine Hürde ist. Maßstab für das Gericht ist (vereinfacht gesagt) eine Prognose: Ist es nach Aktenlage wahrscheinlich, dass der Angeklagte am Ende verurteilt wird? Das Gericht überprüft also die Prognose der Staatsanwaltschaft in ihrer Anklageschrift.

▶   Vorsicht: Das Gericht lässt die „Anklage" zu, nicht die „Klage".

Situation 1: Gericht lässt die Anklage nicht zu   Wenn die Wahrscheinlichkeit einer späteren Verurteilung aus Sicht des Gerichts nicht über 50 % liegt, lässt das Gericht die Anklage nicht zu. Wenn Rechtsmittel gegen diese Entscheidung keinen Erfolg haben, ist das Verfahren damit beendet. Es kommt nicht zu einem Prozess im Gerichtssaal. In der Praxis ist dies der seltenere Fall. Er kommt aber durchaus vor.

•   Beispiel für eine Meldung: „Im Strafverfahren gegen XY hat das Amtsgericht/ Landgericht die Anklage der Staatsanwaltschaft nicht zugelassen, weil es eine Verurteilung nicht für wahrscheinlich hält. Die Staatsanwaltschaft kann gegen diese(n) Beschluss/Entscheidung Beschwerde/Rechtsmittel einlegen."

Rechtsmittel möglich   Die nicht zugelassene Anklage muss aber nicht das letzte Wort sein. Die Staatsanwaltschaft kann in so einem Fall nämlich noch Beschwerde (in aller Regel) beim Oberlandesgericht einlegen. Wenn dieses Gericht die Anklage anders bewertet, kann es anordnen, dass die Anklage zugelassen wird und es doch zum Prozess kommt. Beispiel 1: Im Fall des ehemaligen Bundeswehrsoldaten Franco A. hatte das OLG Frankfurt die Anklage der Bundesanwaltschaft nicht zugelassen. Der in diesem Fall zuständige Bundesgerichtshof ließ die Anklage dann aber zu, weil er die Erfolgsaussichten anders beurteilte. Beispiel 2: Das Landgericht Duisburg hatte 2016 die Anklage im „Loveparade-Verfahren" nicht zugelassen. Nach der Beschwerde der Staatsanwaltschaft ließ das OLG Düsseldorf die Anklage 2017 zu und eröffnete das Hauptverfahren vor einer anderen Strafkammer des Landgerichts Duisburg.

▶　Der richtige Begriff lautet „Beschwerde". Wenn man sich unsicher ist, einfach „Rechtsmittel" schreiben.

Situation 2: Gericht lässt die Anklage zu und eröffnet das „Hauptverfahren" Wenn die Wahrscheinlichkeit einer Verurteilung für das Gericht nach Aktenlage über 50 % liegt, lässt es die Anklage zu und eröffnet das Hauptverfahren. Das ist in der Praxis der Regelfall. In umstrittenen Fällen argumentieren die Richterinnen und Richter nach Studium der Aktenlage oft, dass man sich erst nach genauer Prüfung der Beweismittel im Gerichtssaal ein abschließendes Urteil erlauben kann. Das bedeutet: Ob man dem Zeugen X oder der Zeugin Y glaubt, lässt sich erst nach deren persönlicher Aussage im Gerichtssaal beurteilen. Auch wenn das Gericht die Anklage zugelassen hat, ist am Ende des Prozesses natürlich ein Freispruch möglich, wenn sich die Vorwürfe dann nicht bestätigt haben.

Gericht kündigt Prozessauftakt an Lässt das Gericht die Anklage zu, wird es in wichtigen und für die Öffentlichkeit relevanten Fällen eine Pressemitteilung verfassen, in der sinngemäß steht: „Das Landgericht hat die Anklage der Staatsanwaltschaft zugelassen, das Hauptverfahren eröffnet und einen Termin für den Beginn der Hauptverhandlung festgesetzt"; meistens verbunden mit weiteren Verhandlungsterminen. Dann weiß man als Journalist, wann der Prozessauftakt ist, und man kann planen. Manchmal sind in der Pressemitteilung über den Prozessauftakt schon Hinweise über die Bedingungen zur Akkreditierung enthalten. Möglich ist auch, dass das Gericht die Eröffnung des Hauptverfahrens mitteilt, den genauen Termin des Prozessauftakts und weitere Termine aber erst später bekanntgibt.

Ein typischer Strafprozess steht an

3

3.1 Prozessauftakt und Urteilsverkündung

Überblick: Ablauf eines Strafprozesses
Anklage verlesen – Vernehmung des Angeklagten – Beweisaufnahme – Plädoyers – letztes Wort des/der Angeklagten – Urteil

Prozess komplett verfolgen nicht immer möglich Medien eilt innerhalb der Justiz das Urteil voraus, dass sie ohnehin nur zum Prozessauftakt und zum Urteil in den Gerichtssaal kommen. Leider stimmt das oft. Es hat viel mit Kapazitäten in den Redaktionen zu tun und nicht mit mangelndem Interesse. Es gibt aber auch Prozesse, die vom ersten bis zum letzten Tag begleitet wurden. Im NSU-Prozess haben zahlreiche Medienvertreter fünf Jahre lang jeden einzelnen Prozesstag besucht und dokumentiert, woraus sogar Wortprotokolle und Dokumentarhörspiele geworden sind. Auch viele Lokaljournalistinnen und -journalisten versuchen mit viel Engagement, bei wichtigen Prozessen vor Ort möglichst viele Tage abzudecken. Trotzdem sind der Prozessauftakt und der Tag des Urteils die Tage mit dem höchsten Medieninteresse. Am Amtsgericht kann ein kompletter Strafprozess vom Auftakt bis zur Urteilsverkündung auch mal innerhalb von einer oder wenigen Stunden abgeschlossen sein.

Organisatorisches: Akkreditierung, Bilder, Pixeln etc Worauf man als Gerichtsreporter neben den inhaltlichen Fragen achten muss, dazu enthält Abschn. 11.4. ausführliche Informationen. Hier die wichtigsten Punkte im Überblick: Das Akkreditierungsverfahren für einen Platz im Gerichtssaal sollte man sehr ernst nehmen, die Regeln genau studieren (z. B. Laptop, Handy, Online-Arbeit im Gerichtssaal erlaubt?) und den Antrag auf Akkreditierung fristgerecht abschicken. Bei großem Platzmangel kann das Gericht entscheiden, dass die Verhandlung oder das Urteil per Ton in einen Nebenraum für Medienvertreter übertragen wird. Medien haben einen Anspruch darauf, Bilder vom Einzug des Gerichts zu machen. Alle Fragen rund ums Drehen und Fotografieren im Gerichtssaal sollte man frühzeitig mit der Pressestelle besprechen; wenn nötig, kritische Punkte offen ansprechen. Klären muss man auch, ob es eine Pool-Lösung gibt, welcher Sender oder welcher Fotograf Poolführer ist, und wie man an die Pool-Bilder kommt. Schon vorher sollte man geklärt haben, ob man den Angeklagten verpixeln und den Namen abkürzen muss. Oft wird das der Fall sein.

Checkliste vor Prozessauftakt
Akkreditiert? Fester Platz im Saal oder Prinzip Schlange? Gibt es einen Nebenraum mit Tonübertragung? Pool-Lösung für Kameras? Wer ist Poolführer? Wie bekomme ich Bilder vom Poolführer? Muss ich Pixeln? Arbeitsmöglichkeiten geklärt (Laptop im Saal, Arbeitsraum etc.)? Statements/Interviews verabredet (Gerichtssprecher, Staatsanwaltschaft, Verteidigung, Nebenklage)? Wie lange ist nachmittags der Presseraum geöffnet?

Die Akteure im Gerichtssaal: Gericht. Staatsanwaltschaft. Angeklagter/Verteidigung. Nebenklage. Zeugen und Sachverständige Das *Gericht* ist dafür zuständig, die Verhandlung zu leiten und das Urteil zu sprechen. Je nach Instanz besteht es aus bis zu fünf Richterinnen und Richtern. Darunter können Schöffinnen und Schöffen sein. Die *Staatsanwaltschaft* hat im Vorfeld Anklage erhoben und ist im Gerichtssaal die Vertreterin der Anklage. In der Regel sitzt dort ein Staatsanwalt oder eine Staatsanwältin, in größeren Verfahren können es auch zwei oder drei sein. Gegenüber sitzt ihnen der oder die *Angeklagte* und die *Verteidigung*. *Nebenkläger* sind das oder die (möglichen) Opfer der angeklagten Tat oder ihre Angehörigen. Auch sie können von Anwälten vertreten werden. Zeuginnen und Zeugen werden erst dann in den Saal gerufen, wenn sie ihre Aussage machen. Vorher dürfen sie dort nicht sein, damit sie vom bisherigen Prozessverlauf nichts mitbekommen. *Sachverständige* treten in der Regel ebenfalls erst dann auf, wenn sie ihre Aussage machen. Manchmal sitzt ein psychiatrischer Gutachter aber während des ganzen Prozesses im Saal, um am Ende zur Angeklagten ein Gutachten erstatten zu können. In den folgenden Abschnitten tauchen diese zentralen Akteure eines Strafprozesses immer wieder auf.

Vorsitzender. Kammer. Senat Für einen Bericht kann es wichtig sein, die Vorsitzenden Richterin oder den Vorsitzenden Richter (jeweils mit großem „V") zu zitieren. Am Amtsgericht kann es sein, dass nur eine Person auf der Richterbank sitzt. Oft sind aber – gerade an den höheren Gerichten – mehrere Richterinnen und Richter beteiligt. Möchte man die Einheit des jeweiligen Gerichts richtig bezeichnen, muss man drauf achten, an welchem Gericht man ist.

- Kammern und Senate können je nach Fall aus drei oder fünf Personen bestehen (kleine und große Strafkammer). Bei großen Verfahren kommen noch Ersatzrichter hinzu für den Fall, dass jemand erkrankt oder wegen Besorgnis der Befangenheit abgelehnt wird.
- Beim Landgericht heißt die Einheit „Kammer". In einem Strafprozess sagt man auch „Strafkammer". Beim Oberlandesgericht ist es ein „Senat" bzw. „Strafsenat". An den obersten Bundesgerichten ist es ebenfalls ein „Senat".

„Schwurgericht" Als „Schwurgericht" bezeichnet man eine große Strafkammer am Landgericht, die mit drei Berufsrichtern und zwei Schöffen besetzt ist und für die Verhandlung von Kapitalverbrechen zuständig ist (z. B. Mord oder Totschlag). Der Begriff stammt noch aus der Zeit nach der Reichsgründung 1871, als das Schwurgericht tatsächlich aus zwölf Geschworenen und drei Berufsrichtern bestand.

Die Rolle der Schöffen Schöffinnen und Schöffen sind ehrenamtliche Richter, die an Strafprozessen mitwirken. Sie tragen anders als die Berufsrichter keine Roben und kommen an zwei Instanzen zum Einsatz: Am Amtsgericht, wenn es bei größeren Fällen als „Schöffengericht" (ein Berufsrichter, zwei Schöffen) tagt. Am Landgericht bei der „kleinen Strafkammer" (ein Berufsrichter, zwei Schöffen) und der „großen Strafkammer" bzw. der „Schwurgerichtskammer" (drei Berufsrichter und zwei Schöffen). Anders als die Berufsrichter kennen die Schöffen nicht den Inhalt der Prozessakten. Sie müssen sich also aus dem reinen Inhalt der Verhandlung ein Urteil bilden. Bei der Urteilsfindung zu Schuldspruch und Strafe haben sie die gleichen Rechte wie ein Berufsrichter. Beispiel: In einer „großen Strafkammer" können die drei Berufsrichter die zwei Schöffen nicht mit „drei zu zwei" überstimmen. Für eine Verurteilung braucht es „vier zu eins" Stimmen. Eine Verurteilung gegen den Willen beider Schöffen ist also nicht möglich.

Der erste Prozesstag – die Anklage wird verlesen Ein Strafprozess hat laut Gesetz einen bestimmten Ablauf. Nach dem Einzug des Gerichts stellt der oder die Vorsitzende die Anwesenheit der Beteiligten fest. Dann verliest die Staatsanwaltschaft die Anklageschrift. Gerade bei großen Strafprozessen mit viel Medienrummel stellt sich aber für Medienvertreter immer wieder die Frage: Klappt es an Tag eins mit der Verlesung der Anklage, oder stellt die Verteidigung zunächst verschiedene Anträge? Oft ist der erste Prozesstag ein großes hin und her von Anträgen der Verteidigung und Unterbrechungen der Verhandlung. Medienvertreter müssen also eine gewisse Unsicherheit bei der Planung einkalkulieren.

• Beispiele: Am ersten Tag des NSU-Prozesses im Mai 2013 wurde die Anklage wegen zahlreicher Anträge noch nicht verlesen, sondern erst am zweiten Prozesstag eine Woche später. Beim Prozessauftakt des Loveparade-Prozesses erst am späten Nachmittag.

Anträge als „Verzögerungstaktik"? Nicht selten hat das Gericht gerade platzgenommen, da leuchten die Lichter am Mikrofon der Verteidigung schon rot. Oder es gehen erste Hände hoch und bitten um das Wort, um einen „unaufschiebbaren Antrag" zu stellen. Dazu muss man wissen: In den ersten Minuten und Stunden geht es oft auch darum zu testen, wer die „Lufthoheit" im Saal hat. Wie gelassen oder gereizt reagiert der oder die Vorsitzende, wenn es nicht so läuft wie geplant? Welchen Ton schlägt die Verteidigung an?

• Beispiele für typische Anträge zu Beginn sind: Einzelne Richter oder das Gericht ablehnen wegen „Besorgnis der Befangenheit"; Die Rüge, das Gericht sei nicht richtig besetzt; Antrag auf Einstellung des Verfahrens wegen Vorverurteilung des Mandanten durch die Medien.

Befangenheitsanträge Es ist normal, dass es am Beginn zu Befangenheitsanträgen und anderen Anträgen kommen kann. Dies sind Rechte, die dem Angeklagten und der Verteidigung zustehen. Nicht immer ist dies sofort ein „Skandal auf dem Rücken der Opfer". Wichtig zu wissen: Manche Anträge muss die Verteidigung auch bis zu einem bestimmten Zeitpunkt gestellt haben, sonst sind sie nicht mehr zulässig. Dennoch gibt es immer wieder Situationen, in denen gerade die Länge der Anträge die Nerven der Anwesenden im Gerichtssaal durchaus strapaziert.

Dass es am ersten Prozesstag „holprig" losgeht und es häufiger Unterbrechungen gibt, sollte man bei der Planung und am Tag selbst einkalkulieren. Auch im Gespräch mit den Redaktionen.

„Gegenerklärung" der Verteidigung? Nach der Anklage folgt eigentlich – wenn er nicht von seinem Recht zu Schweigen Gebrauch macht – die Vernehmung des oder der Angeklagten. Manchmal möchte die Verteidigung aber vermeiden, dass am ersten Prozesstag allein die Vorwürfe der Anklage im Raum stehen, und mögliche Gegenargumente noch nicht öffentlich vorgetragen sind. Deshalb bitten sie darum, schon jetzt eine „Gegenerklärung" abgeben zu können, um ihre Gesamtsicht der Dinge zusammenzufassen. Meistens lässt das Gericht dies zu.

Vernehmung des Angeklagten Wenn die Anklage verlesen ist, und spätestens nach der möglichen Gegenerklärung der Verteidigung, kommt als nächstes die Vernehmung des Angeklagten. Erst zu den persönlichen Verhältnissen, dann zur Sache. Das kann schnell gehen, aber auch mehrere Tage in Anspruch nehmen. An dieser Stelle gibt es mehrere Szenarien. Entweder der Angeklagte (bzw. die Verteidigung) spricht sofort mehr oder weniger ausführlich über seine Sicht der Dinge. Oder er verweigert nach entsprechender Belehrung durch das Gericht die Aussage. In der Praxis kommt es auch oft vor, dass ein Angeklagter zum Prozessauftakt schweigt, sich aber im Verlauf des Prozesses äußert. So war es zum Beispiel bei Beate Zschäpe im NSU-Prozess oder beim Hauptangeklagten im Lübcke-Prozess. Oft besteht der (verständliche) Wunsch, besonders von Seiten der Opfer einer Straftat oder ihrer Angehörigen, die Hintergründe und Motive einer Straftat zu erfahren. Manchmal äußert sich ein Angeklagter auch nur zu seinen persönlichen Verhältnissen, während er zur Sache schweigt. Die Aussage zu verweigern, ist ein wichtiges Recht für einen Angeklagten. „Nemo tenetur se ipsum accusare" – niemand ist verpflichtet, sich selbst zu belasten, so lautet ein zentraler Grundsatz im Rechtsstaat.

• Man sollte deshalb vorsichtig mit Formulierungen sein, dass der oder die Angeklagte „nicht an der Aufklärung mitwirken will". Das müssen sie nicht.

„Auf schuldig/nicht schuldig plädieren" gibt es so nicht Aus Berichten über den Auftakt eines Strafverfahrens in den USA kennt man den typischen Satz „der/die Angeklagte plädierte auf nicht schuldig". Das ist eine Übersetzung von „he pleaded guilty/not guilty". Diesen Satz sollte man in Texten über deutsche Strafverfahren nicht benutzen. Das Plädieren auf schuldig/nicht schuldig zu Beginn eines Strafprozesses ist eine Besonderheit im anglo-amerikanischen Recht. Wenn dort jemand auf „schuldig" plädiert, verzichtet er darauf, dass ihm die Tat nachgewiesen werden muss. In einem deutschen Strafprozess kann es zwar sein, dass der Angeklagte nach Verlesung der Anklage selbst oder über seine Verteidigung eine Erklärung abgibt, dass er unschuldig sei. Und am Ende des Prozesses kommt das Plädoyer der Verteidigung und das letzte Wort des Angeklagten. Aber selbst wenn der Angeklagte ein Geständnis ablegt, muss das Gericht dessen Wahrheitsgehalt überprüfen und in die Beweisaufnahme einsteigen.

▶ Die bessere Formulierung lautet zu Beginn, während und am Ende des Prozesses: „Der Angeklagte bestreitet, dass er die Tat begangen hat." Oder: „Der Angeklagte erklärte, er sei unschuldig."

Die Beweisaufnahme beginnt Nach der (möglichen) Vernehmung des Angeklagten beginnt das Gericht mit der Beweisaufnahme. Das heißt, es vernimmt nach und nach Zeugen und Sachverständige, zum Beispiel Gutachter. Für Prozessbeobachter ist wichtig zu erfahren, wann welcher wichtige Zeuge oder Gutachter dran ist. Je nach Gericht und Fall wird dies mehr oder weniger offen kommuniziert. Verteidigung, Staatsanwaltschaft und Nebenklage können beantragen, dass bestimmte Beweismittel zum Zuge kommen. Ob das geschieht, entscheidet aber allein das Gericht.

• Anders als in amerikanischen Serien oder Filmen gibt es im deutschen Strafprozess keinen „Zeugen der Anklage" oder „Zeugen der Verteidigung".
• Ein Zeuge ist (nicht) „glaub*würdig*". Seine Aussage ist (nicht) „glaub*haft*".

Kein Wortlautprotokoll am Landgericht Auf oder neben der Richterbank sitzt die Protokollbeamtin. Wichtig zu wissen: Nur am Amtsgericht wird der Inhalt der Aussagen von Zeugen und Angeklagten protokolliert. Am Landgericht und am Oberlandesgericht geschieht das nicht, also z. B. bei großen Mord- oder Terrorismusprozessen. Das Gericht und alle anderen Beteiligten machen sich Notizen stützen. Rechtspolitisch ist die bislang fehlende Dokumentation der Hauptverhandlung umstritten. In der Politik gibt es Pläne, eine Dokumentation einzuführen.

(Pflicht-)Verteidigung in bestimmten Fällen Oft haben Angeklagte im Strafprozess einen Verteidiger. In bestimmten Fällen wird ihnen ein „Pflichtverteidiger" zugeordnet. Über diesen Begriff gibt es ein Missverständnis. Die Bestellung eines Pflichtverteidigers hat nichts mit den finanziellen Verhältnissen des Angeklagten zu tun (anders als im Zivilprozess, wo es eine „Prozesskostenhilfe" gibt). Die Strafprozessordnung regelt in einem Katalog, wann ein Pflichtverteidiger bestellt werden muss. Beispiele: Wenn die erste Instanz das Land-oder das Oberlandesgericht ist; wenn auf die angeklagte Tat eine Mindeststrafe von einem Jahr steht; wenn der Beschuldigte in Untersuchungshaft sitzt. Allgemeiner heißt es dann noch, wenn wegen der „Schwere der Tat" oder der „Schwierigkeit der Sach- und Rechtslage die Mitwirkung eines Verteidigers geboten erscheint, oder wenn ersichtlich ist, dass sich der Beschuldigte nicht selbst verteidigen kann". Die Pflichtverteidigung ist also Element eines fairen und rechtsstaatlichen Verfahrens.

- Den Pflichtverteidiger bezahlt nicht automatisch der Staat. Wird der Angeklagte verurteilt, muss er selbst die Verfahrenskosten tragen. Wird er freigesprochen, trägt sie der Staat.
- Allerdings legt der Staat die Kosten erst einmal aus. Ob er sie nach einer Verurteilung vom Täter eintreiben kann, hängt von dessen finanziellen Verhältnissen ab.

Opfer der Straftat oder ihre Angehörigen als „Nebenkläger" Im Strafprozess übernimmt der Staat die Rolle des Anklägers. Im Gerichtssaal durch den Vertreter oder die Vertreterin der Staatsanwaltschaft. Opfer der Straftat (bei Tötungsdelikten auch die nahen Angehörigen) können als „Nebenkläger" am Prozess teilnehmen. Im Gesetz gibt es einen Katalog von schweren Straftaten, bei denen eine Nebenklage möglich ist, zum Beispiel: Vergewaltigung, (versuchter) Mord/Totschlag oder Körperverletzung. Bei anderen Taten außerhalb des Katalogs kann das Gericht die Nebenklage zulassen, wenn das zum Beispiel wegen der schweren Folgen der Straftat geboten erscheint.

Verfahrensrechte der Nebenkläger Nebenkläger können in der gesamten Verhandlung anwesend sein und aktiv am Strafprozess teilnehmen. Wenn Opfer einer Straftat nicht Nebenkläger sind, dürfen sie als Zeugen erst nach ihrer Aussage im Saal Platz nehmen. Nebenkläger haben ein Rede- und Fragerecht, können eigene Beweisanträge stellen und am Ende ein Plädoyer halten. Ein Nebenkläger muss laut Gesetz auf jeden Fall einen Anwalt haben. Die Kosten dafür trägt entweder am Ende der verurteilte Straftäter oder der Staat. Früher hatten Opfer von Straftaten im Prozess eine reine Nebenrolle. In den vergangenen Jahrzehnten sind ihre Rechte deutlich erweitert worden.

Die „Schlussvorträge" bzw. Plädoyers Wenn alle Zeugen und Sachverständige gehört und alle anderen Beweismittel in den Prozess eingebracht wurden, schließt das Gericht die Beweisaufnahme. Dann stehen die „Schlussvorträge" an, wie es im Gesetz heißt. Man kann auch den Begriff „Plädoyer" verwenden. Die Reihenfolge: Staatsanwaltschaft, Nebenklage, Angeklagter/Verteidigung. In größeren Prozessen ist dies erneut ein möglicher Anlass zur Berichterstattung. Die Staatsanwaltschaft fasst den Prozessverlauf zusammen und stellt dann ihren Antrag. Entweder sie fordert die Verurteilung wegen bestimmter Delikte zu einer bestimmten Strafe, oder sie fordert einen Freispruch. Die Vertreter der Nebenkläger können dasselbe machen, müssen dies aber nicht. Auch die Nebenkläger selbst (also die Opfer oder ihre Angehörigen) dürfen das Wort ergreifen. Die Verteidigung fasst in ihrem Plädoyer ebenfalls das Ergebnis des Prozesses aus ihrer Sicht zusammen. Sie beantragt entweder einen Freispruch oder eine bestimmte Strafe, meist weniger hoch als die Staatsanwaltschaft.

- Auch nach den Plädoyers sollte man Formulierungen wie „die Staatsanwaltschaft plädierte auf schuldig" oder „die Verteidigung plädierte auf nicht schuldig" lieber vermeiden, weil sie aus dem US-Rechtssystem stammen.
- Eine typische Meldung könnte lauten: „Die Staatsanwaltschaft hat in ihrem Plädoyer gefordert, den Angeklagten wegen schwerer Vergewaltigung zu zehn Jahren Haft zu verurteilen. Außerdem hat sie eine anschließende Sicherungsverwahrung (nicht: Sicherheitsverwahrung) beantragt."
- Wenn einer der Akteure eine Bewährungsstrafe fordert, darauf achten, dass man nicht „Haft auf Bewährung" schreibt, sondern „Freiheitsstrafe auf Bewährung". Oder: „Eine Freiheitsstrafe, die zur Bewährung ausgesetzt wird."

Der/die Angeklagte hat das „letzte Wort" Es gibt so manchen Mythos über Gerichtsverhandlungen aus Fernsehserien oder Filmen. Aber ein Grundsatz ist Realität: „Dem Angeklagten gebührt das letzte Wort." So steht es in Paragraf 258 Absatz 2 der Strafprozessordnung. Der Angeklagte soll die Möglichkeit haben, nach den Schlussvorträgen unmittelbar vor der Beratung des Gerichts einen letzten Eindruck zu hinterlassen und womöglich noch etwas klarzustellen. Der Angeklagte *kann* das letzte Wort ergreifen, er *muss* das aber nicht. Selbstverständlich gilt auch hier sein Schweigerecht. Das letzte Wort ist ein höchst-persönliches Recht. Anders als beim Plädoyer kann die Verteidigung das letzte Wort nicht stellvertretend übernehmen.

Inhalt des „letzten Wortes" frei Man darf auch einen schriftlich vorbereiteten Text ablesen. Inhaltlich geht es beim letzten Wort je nach Fall häufig darum, die Vorwürfe der Anklage abschließend zu bestreiten, um eine milde Strafe zu bitten oder auch Reue zu zeigen. Wenn das Gericht nach dem letzten Wort des An-geklagten die Verhandlung schließt, muss es laut Gesetz spätestens am elften Tag danach das Urteil verkünden.

Die Urteilsverkündung – ein typischer Tag Bei der Vorbereitung auf den Tag der Urteilsverkündung sollte man ähnliche Dinge beachten wie für den Prozess-auftakt. Die Akkreditierung hat schon vor Prozessbeginn stattgefunden. Hat man keinen Platz im Gerichtssaal sicher, ist oft frühes Aufstehen angesagt. Er-neut muss man prüfen, ob man Bilder vom Angeklagten verpixeln muss. Für Bildmedien ist wichtig, welcher Sender oder welcher Fotograf „Poolführer" ist. Daraus folgt, ob man selbst ein Kamerateam oder einen Fotografen in den Ge-richtssaal schickt, oder von wem und auf welchem Weg man die Bilder be-kommt. Am besten schaut man nochmal in die Verfügung des Gerichts über die Arbeitsbedingungen vor Ort. Darf man Laptop und Handy mit in den Saal neh-men? Verliere ich meinen Platz, wenn ich den Saal kurz verlasse, um eine Mel-dung abzusetzen?

Typischer Ablauf der Urteilsverkündung Urteilsverkündungen in großen Strafprozessen können lange dauern, manchmal mehrere Stunden. Als Repor-terin oder Reporter steht man oft unter großem Druck, schon früh erste Mel-dungen abzusetzen. Das kollidiert mit dem Wunsch, möglichst lange im Ge-richtssaal zuzuhören. Die Urteilsverkündung hat einen bestimmten Aufbau, den man für die Planung der Berichterstattung am Urteilstag kennen sollte. Die einzelnen Bausteine sind in dieser Reihenfolge: Der Tenor (das reine Er-gebnis), festgestellter Sachverhalt, Beweiswürdigung, rechtliche Würdigung, Strafzumessung, Belehrung über Rechtsmittel. Wichtig: Das reine Ergebnis samt Höhe der Strafe erfährt man also gleich zu Beginn. Aber warum der An-geklagte genau diese Strafe bekommen hat, erfährt man erst ganz zum Schluss. Häufig braucht man diese Begründung für den Artikel oder auch für Antwor-ten in Live-Gesprächen.

▶ Deswegen sollte man immer versuchen, so lange wie möglich im
   Gerichtssaal zu bleiben und zuzuhören. Bei allen Zwängen, die man als
   Reporterin oder Reporter hat.

Überblick: Ablauf einer Urteilsverkündung
Ergebnis („Tenor") – Vorbemerkung? – Festgestellter Sachverhalt („Tat-
bestand") – Beweiswürdigung – rechtliche Würdigung – Strafzumessung –
Belehrung über Rechtsmittel
Der Urteilstenor – das reine Ergebnis. Ganz am Anfang steht der
„Urteilstenor" (mit Betonung auf dem -*te*, nicht auf dem -*nor*). Das ist das
reine Ergebnis, wegen welchen Delikts der oder die Angeklagte zu welcher
Strafe verurteilt wird. Oder ob er oder sie freigesprochen wird.

* Beispiel: „Im Namen des Volkes ergeht folgendes Urteil: Der Angeklagte
  wird wegen Vergewaltigung zu einer Freiheitsstrafe von 5 Jahren verurteilt."
* Beispiel: „Der Angeklagte wird wegen Steuerhinterziehung zu einer Freiheitsstrafe von einem Jahr und sechs Monaten verurteilt. Die Freiheitsstrafe wird zur Bewährung ausgesetzt."

Kurz nach Beginn der Urteilsverkündung weiß man also, ob der Angeklagte ins Gefängnis muss oder nicht. Daraus lässt sich die erste Eilmeldung formulieren.

* Für die richtige Formulierung der Eilmeldung sollte man darauf achten,
  ob es Bewährung gibt oder nicht. Und bei Bewährung nicht den Begriff
  „Haft" oder „Haftstrafe" verwenden. Denn der Angeklagte kommt ja
  nicht ins Gefängnis.
* Beispiel Eilmeldung „ohne Bewährung": „XY wegen Steuerhinterziehung zu dreieinhalb Jahren Haft verurteilt."
* Beispiel Eilmeldung „mit Bewährung": „XY wegen Steuerhinterziehung
  zu einem Jahr (Freiheitsstrafe) auf Bewährung verurteilt." Wer unsicher
  ist – immer „Freiheitsstrafe" schreiben. Das ist in beiden Fällen richtig.
* Bei einer Geldstrafe: „Der Angeklagte wird zu einer Geldstrafe von 90
  Tagessätzen in Höhe von 200 € verurteilt."

Allgemeine Vorbemerkung des Vorsitzenden Vor allem in größeren Prozessen kommt es immer wieder vor, dass der Vorsitzende Richter zunächst mit einigen allgemeinen Vorbemerkungen beginnt. Etwa zu den besonderen Belastungen für die Opfer oder den Herausforderungen dieses Gerichtsverfahrens. Manchmal erwähnen Richterinnen und Richter hier auch die (aus ihrer Sicht meist problematische) Arbeit der Medien vor und während des Prozesses.

„Tatbestand" beschreibt den festgestellten Sachverhalt Nach dem Tenor kommt der sogenannte „Tatbestand". Das Gericht nennt dabei die Tatsachen zum Fall, die es aus seiner Sicht festgestellt hat. Gerade in besonders umstrittenen Fällen (Was ist genau passiert?) erfährt man nun, von welchem Sachverhalt das Gericht nach Abschluss der Beweisaufnahme ausgeht. Was nicht ausschließt, dass nach dem Urteil von den Verfahrensbeteiligten weiter über den Ablauf der Tat diskutiert wird.

> Beispiel: Im Mordfall Walther Lübcke war hoch umstritten, ob der Angeklagte E. allein am Tatort war, oder zusammen mit dem Mitangeklagten H. Im Tatbestand der Urteilsverkündung hat das OLG Frankfurt dann sinngemäß ausgeführt: Am Abend des … fuhr E. allein zum Haus des Kasseler Regierungspräsidenten Lübcke.

„Beweiswürdigung" – welchen Zeugen glaubt das Gericht? Nach dem „Tatbestand" folgt die Beweiswürdigung. Darin begründet das Gericht, *wie* es zum festgestellten Sachverhalt gekommen ist. Welchem Zeugen hat es geglaubt und warum? Welchem nicht? Was hat der Sachverständige zur DNA-Spur am Messer gesagt? Glaubt das Gericht dem Angeklagten oder nicht? Und warum? Diese Passage kann spannend sein, zum Beispiel wenn die Aussage des Angeklagten besonders umstritten war. Bei einem Freispruch kann nach der Beweiswürdigung schon Schluss sein, wenn man dem Angeklagten die Tat nicht nachweisen konnte.

• Erinnerung: Ein Zeuge ist (nicht) „glaubwürdig". Seine Aussage ist (nicht) „glaubhaft".

Rechtliche Würdigung In der rechtlichen Würdigung, erklärt das Gericht, warum sich der Angeklagte wegen welchem Delikt strafbar gemacht hat. Manchmal liegt der Fokus mehr auf der Frage, „war er's oder war er's nicht?" Dann kann die rechtliche Würdigung auch mal kurz ausfallen, wenn völlig klar ist, dass es rechtlich gesehen ein Betrug oder ein versuchter Mord war. Es kann aber auch umstritten gewesen sein, ob die angeklagte Tat überhaupt strafbar ist, oder unter welchen Paragrafen sie genau fällt. Dann kann die rechtliche Würdigung spannend und länger sein. Sie kann auch zu einem Freispruch führen.

Strafzumessung – warum welche Strafe? Zum Schluss begründet das Gericht die Strafe (ausführlich dazu Abschn. 3.2). Welchen Strafrahmen gibt das Gesetz vor? Ist es ein „minderschwerer" oder „besonders schwerer Fall"? Was spricht für den Angeklagten (keine Vorstrafen, hat sich entschuldigt etc.), was gegen ihn (jede Menge Vorstrafen, etc.)? Warum setzt es die Freiheitsstrafe zur Bewährung aus, oder warum war das hier nicht mehr möglich? Stellt das Gericht in seinem Mordurteil auch die „besondere Schwere der Schuld fest?" Ordnet es für den Vergewaltiger die „Sicherungsverwahrung" an, sodass der Angeklagte auch nach verbüßter Haft nicht auf freien Fuß kommt? Danach folgt dann noch die Belehrung des Angeklagten, welche Rechtsmittel er einlegen kann.

Nicht (die ganze Zeit) im Saal dabei? Unbedingt die Pressemitteilung lesen! Natürlich kann es vorkommen, dass man nicht im Gerichtssaal sein kann (weil der Ort zu weit weg ist oder man keinen Platz bekommen hat), aber trotzdem eine Meldung oder einen Bericht über das Urteil schreiben muss. Eine wichtige Quelle dafür sind die Pressemitteilungen des Gerichts. Manchmal sind sie ausführlich, manchmal aber auch sehr knapp gehalten. Für einen genauen Blick auf das Urteil und die wesentlichen Züge der Begründung sollte man aber unbedingt diese Art von Originalquelle lesen und sich nicht nur auf andere Meldungen stützen. Ein Problem kann allerdings sein, dass die Pressemitteilung erst einige Zeit nach Ende der Urteilsverkündung versendet oder online gestellt wird. Für Nachfragen zu einzelnen Punkten kann sich man unter der angegebenen Telefonnummer bei der Pressestelle des Gerichts melden. Gute Pressestellen sind nach wichtigen Urteilen den ganzen Tag erreichbar.

Gericht muss von der Schuld des Angeklagten „überzeugt" sein War er's oder war er's nicht? Wann darf das Gericht einen Angeklagten verurteilen? Wann muss es ihn freisprechen? Das ist in vielen medienträchtigen Prozessen die entscheidende Frage. Ausgangspunkt ist, dass das Gericht dem Angeklagten seine Schuld nachweisen muss. Der Angeklagte muss nicht seine Unschuld beweisen. Laut Strafprozessordnung muss das Gericht von der Schuld des Angeklagten „überzeugt" sein, um ihn verurteilen zu können. Gemeint ist damit „ein nach der Lebenserfahrung ausreichendes Maß an Sicherheit, demgegenüber vernünftige und nicht bloß auf denktheoretische Möglichkeiten gegründete Zweifel nicht mehr aufkommen", so die etwas sperrige typische Formel in Gerichtsurteilen. Das klingt nicht nur abstrakt, das ist es auch. Man merkt daran: Es gibt keinen Automaten, in den das Gericht den Fall und die Beweiswürdigung hineinwirft, und unten kommt das klare Ergebnis raus: Schuldig oder nicht. Das Gericht muss genau begründen, warum es am Ende von der Schuld des Angeklagten überzeugt ist. Zur Ehrlichkeit gehört dazu: Eine absolute Sicherheit, dass die Überzeugung des Gerichts richtig ist, gibt es nicht. Das zeigen bekannte Fälle wie der von Harry Wörz, der zunächst verurteilt wurde und erst nach jahrelanger Odyssee einen rechtskräftigen Freispruch erwirken konnte.

Was „in dubio pro reo" bedeutet „Im Zweifel für den Angeklagten", diesen Satz kennt fast jeder. Wichtig ist seine genaue Bedeutung im Strafprozess. Der Zweifelssatz ist die andere Seite der Medaille der richterlichen Überzeugung. Er kommt ganz am Ende des Prozesses zu Einsatz, nachdem das Gericht jeden einzelnen Beweis gewürdigt hat. Wenn das Gericht dann nicht von der Schuld des Angeklagten „überzeugt" ist, sondern weiterhin Zweifel hat, dann muss die für den Angeklagten jeweils günstigste Rechtsfolge gelten. Bei der Frage „War er's oder nicht?" also der Freispruch. Für „Zweifel" reicht nicht aus, dass der Ablauf rein theoretisch auch anders gewesen sein könnte. Das Gericht muss seine Zweifel begründen können. Auch hier gehört dazu: Selbstverständlich kann man im konkreten Fall darüber streiten, ob noch Zweifel bestehen oder nicht. Das kann Kern der Berichterstattung sein. Beispiel: Der Hauptangeklagte im Mordfall Lübcke gab an, dass der Mitangeklagte H. mit ihm gemeinsam vor Ort war und die beiden die Tat gemeinsam verübt hätten. Das OLG Frankfurt sah zwar gewisse Anhaltspunkte für diese Version, hatte aber am Ende Zweifel, ob sie stimmt. Es sprach den Mitangeklagten in diesem Punkt frei.

> Wenn das Gericht sich auf den Zweifelssatz berufen hat, kann man z. B. formulieren: „Das Gericht war am Ende nicht (voll) überzeugt davon, dass A den B umgebracht hat, (sondern hatte weiterhin Zweifel). Deshalb hat es A freigesprochen." Nicht richtig wäre in diesem Fall: „Laut Gericht hat A den B nicht umgebracht. Deshalb wurde er freigesprochen."

Vorsicht mit „Freispruch aus Mangel an Beweisen" Eine typische Formulierung lautet, dass ein Gericht den Angeklagten „aus Mangel an Beweisen" freigesprochen habe. Damit sollte man vorsichtig sein. Denn diese Formulierung kann schnell so klingen wie: „Eigentlich war er's, das Gericht hatte nur nicht genug Beweise dafür". So hat es das Gericht aber in der Regel nicht gemeint.

Gibt es einen „Freispruch zweiter Klasse"? Ein Gericht kann einen Freispruch auf unterschiedliche Art begründen. Es kann feststellen, dass der Angeklagte aus

Sicht des Gerichts nicht der Täter war. Das ist ein Freispruch wegen erwiesener Unschuld. So hat es z. B. das Landgericht Mannheim am Ende im Prozess gegen Harry Wörz gemacht. Oder es kann erklären, warum es nicht von der Schuld des Angeklagten überzeugt ist und aus seiner Sicht Zweifel an der Schuld bestehen. Das ist ein Freispruch „im Zweifel für den Angeklagten". Das kommt z. B. bei Anklagen wegen Sexualdelikten immer wieder vor. In Reaktionen und Berichten ist in diesem Fall häufig von einem „Freispruch zweiter Klasse" zu lesen. Gemeint ist: Das Gericht hätte ja auch die erwiesene Unschuld feststellen können, hat aber den Zweifelssatz genommen. Wichtig zu wissen: Es gibt nicht mehrere Kategorien von Freisprüchen, die rechtlich gesehen unterschiedlich viel wert sind. Freispruch ist Freispruch. Mit dem Begriff ist schnell ein Unterton verbunden mit der Richtung „eigentlich war er's ja doch".

> Mit dem Begriff „Freispruch zweiter Klasse" lieber zurückhaltend sein. Wenn man ihn benutzt, sollte man ihn nicht einfach in den Raum stellen, etwa als Zitat eines Verfahrensbeteiligten. Sondern den Hintergrund des Begriffs erklären und einordnen.

„Aussage gegen Aussage" – hohe, aber überwindbare Hürde „Am Ende stand Aussage gegen Aussage", so endet mancher Artikel über einen Freispruch in einem Vergewaltigungsprozess. Wenn nur der Angeklagte und das möglich Opfer dabei waren, ist der Nachweis einer Straftat besonders schwer. Wenn „Aussage gegen Aussage" steht, muss das Gericht besonders gut begründen, warum es einer von beiden Aussagen glaubt. Wichtig ist aber: Die Konstellation „Aussage gegen Aussage" bedeutet nicht automatisch, dass man eine Straftat nicht nachweisen kann. Das Gericht kann auch sagen: Ich glaube der Aussage des Opfers und der des Angeklagten nicht; oder umgekehrt. Das muss es allerdings sehr genau begründen.

Was ein „Indizienprozess" bedeutet „Das wird ein schwieriger Indizienprozess", lautet manchmal die Prognose für ein Strafverfahren. Es bedeutet in der Regel: Klassische und völlig eindeutige Beweismittel gibt es in diesem Fall nicht. Etwa einen absolut glaubwürdigen Zeugen, der den Mord genau gesehen hat. Oder eine Kameraaufnahme der Tat. Ein Indiz ist eine Tatsache, aus der man bestimmte Schlüsse ziehen kann. Aus dem Fingerabdruck auf der Tatwaffe kann man schließen, dass der Angeklagte sie in der Hand hatte. Aus dem Zigarettenstummel am Tatort, dass er dort war. Am Ende muss das Gericht eine Gesamtwürdigung aller Indizien vornehmen. Entscheidend ist also der Denkprozess, der sich aus dem Indiz ergibt. Wichtig: Der Indizienbeweis ist ein vollwertiges Beweismittel. Wenn aus Sicht des Gerichts eine Fülle von Indizien auf A als Täter schließen lassen, ist seine Täterschaft „bewiesen".

► Vermeiden sollte man daher (häufig zu lesende) Sätze wie: „Der Angeklagte wurde verurteilt, obwohl es keine Beweise gab." Das klingt wie ein Willkürakt des Gerichts. Denn wenn es keine Beweise gibt, muss ein Gericht zwingend freisprechen. Besser: Aufgrund vieler Indizien war das Gericht am Ende davon überzeugt, dass A der Täter ist.

Typische Begriffe, die in einem Urteil vorkommen können
Vorsatz heißt nicht zwingend Absicht. Vorsatz wird im allgemeinen Sprachgebrauch oft so verstanden, dass eine absichtliche Tat nötig ist. Das stimmt aber nicht. Es reicht schon der „bedingte Vorsatz" aus. Das bedeutet: Man handelt schon dann mit Vorsatz, wenn man das Ergebnis der Tat für möglich hält und es billigend in Kauf nimmt.

Wie kann man „Vorsatz" nachweisen? „Vorsatz kann man nicht nachweisen, man kann dem Angeklagten ja nicht in den Kopf schauen." Diesen Satz habe ich schon häufig gehört. Wenn das so wäre, könnten die Gerichte kaum einen Angeklagten verurteilen. Denn Vorsatz ist in den meisten Fällen laut Gesetz die Voraussetzung dafür. Die Lösung ist, dass die Gerichte aus objektiven Indizien darauf schließen, ob jemand vorsätzlich gehandelt hat oder nicht. Beispiel: Wenn der Täter dem Opfer mit einem langen Messer in den Bauch sticht, schließt das Gericht aus diesem Umstand: Er nimmt dessen Tod zumindest billigend in Kauf. Der Angeklagte kann also wegen Totschlages verurteilt werden (der Vorsatz voraussetzt). In anderen Fällen ist die Abgrenzung schwieriger. Als Faustregel lernen Jurastudierende: Wenn der Täter sich bei der Tat denkt „Na wenn schon!", ihm der Tod des Opfers also egal ist, nimmt er ihn billigend in Kauf. Wenn der Täter aber denkt „Wird schon gutgehen!", liegt Fahrlässigkeit vor. Er kann dann (nur) wegen „fahrlässiger Tötung" verurteilt werden. Auch diese Faustregeln zeigen, wie schwierig die Abgrenzung zwischen Vorsatz und Fahrlässigkeit in der Praxis sein kann.

Vorsatz oder Fahrlässigkeit wichtig für die Höhe der Strafe Wenn die Voraussetzungen für eine (bedingt) vorsätzliche Tat nicht vorliegen, kann ein Angeklagter wegen einer fahrlässigen Tat verurteilt werden. Nicht wegen „Fahrlässigkeit" allein, sondern in Kombination mit einem Delikt. Beispiele: Statt „Totschlag" (Strafrahmen: Fünf bis 15 Jahre) kann die Tat eine „fahrlässige Tötung" (Geldstrafe oder Freiheitsstrafe bis zu fünf Jahren) sein. Statt „Körperverletzung" (Geldstrafe oder Freiheitsstrafe bis zu fünf Jahren) eine „fahrlässige Körperverletzung" (Geldstrafe oder Freiheitstrafe bis zu drei Jahren).

Knackpunkt Vorsatz bei den „Raserfällen" „Raser wegen Mordes angeklagt" – solche Schlagzeilen gab es deutschlandweit schon häufig nach tödlichen Unfällen in Verbindung mit massiv überhöhter Geschwindigkeit oder illegalen Autorennen. Zum Beispiel im „Berliner Raserfall" auf dem Kurfürstendamm aus dem Jahr 2016. Die Frage „vorsätzliche oder fahrlässige Tötung?" hat hier eine enorme Bedeutung für die Angeklagten. Sie entscheidet mit darüber, ob die Strafe „lebenslang" (Mord) oder „höchstens fünf Jahre" (fahrlässige Tötung) lautet. Ein riesiger Unterschied. Rechtlich ist deswegen im Strafprozess immer eine zentrale Weichenstellung: Hat der Fahrer den Tod des Opfers „billigend in Kauf genommen"? Ist es ihm wirklich egal, ob ein Mensch stirbt? Oder hat er gerade darauf vertraut, dass er alles im Griff hat? Der Bundesgerichtshof fordert von den Strafgerichten, dass sie einen bedingten Vorsatz im konkreten Fall sehr genau begründen. Wenn ein Gericht den Vorsatz am Ende bejaht, muss für eine Verurteilung wegen Mordes noch ein „Mordmerkmal" hinzukommen. Zum Beispiel, dass das Auto als „gemeingefährliches Mittel" eingesetzt wurde. Sonst wäre es „nur" Totschlag.

Neuer Paragraf für illegale Autorennen als „Mittelweg" Im Berliner Raserfall hat es am Ende für eine Verurteilung wegen Mordes „gereicht". In anderen Fällen waren die rechtlichen Voraussetzungen aber nicht erfüllt, es blieb bei einer Verurteilung wegen „fahrlässiger Tötung". Rechtspolitisch wurde es aber vielfach als unbefriedigend empfunden, dass es nur die extremen Alternativen „lebenslang" oder „höchstens fünf Jahre" gab. Deswegen hat der Gesetzgeber für alle Raser-Fälle ab Mitte Oktober 2017 einen speziellen Paragrafen mit der Überschrift „Verbotene Kraftfahrzeugrennen" eingeführt (§ 315 d Strafgesetzbuch). Der stellt schon illegale Autorennen an sich unter Strafe (Geldstrafe oder Freiheitsstrafe bis zu zwei Jahren). Wenn durch so ein Rennen ein Mensch getötet wird, ist eine Freiheitsstrafe von bis zu zehn Jahren möglich. Das ist dann eine Art „Mittelweg" für die Situation, dass eine Verurteilung wegen Mordes gescheitert ist, aber die Obergrenze von fünf Jahren für eine fahrlässige Tötung als zu milde empfunden wird.

„Anstiftung" und „Beihilfe" nur im Paket mit einer Straftat Man kann sich nicht nur als Täter strafbar machen, sondern auch als Teilnehmer an einer Straftat eines anderen. Wer jemanden zu einer Straftat anstiftet, für den gilt derselbe Strafrahmen wie für den Täter. Wer einem anderen bei einer Straftat Beihilfe geleistet hat, dessen Strafe kann im Vergleich zum Täter laut Gesetz vom Gericht gemildert werden. Wichtig ist: Man wird nicht wegen Anstiftung und Beihilfe allein verurteilt, sondern immer nur in Kombination mit einer Haupttat. Die muss man im Text oder Bericht nennen.

- Jemand ist also wegen „Anstiftung zum Mord" oder „Beihilfe zum Raub" angeklagt oder verurteilt. Nicht wegen „Anstiftung" oder „Beihilfe".

War es ein „Beschluss" oder ein „Urteil"? Gerichte fällen Urteile, das ist völlig klar. Es gibt aber auch hier in der Praxis bisweilen andere und unterschiedliche Begriffe, die einschlägig sein können. Es geht um rechtliche Feinheiten, bei denen man eine korrekte Berichterstattung aber mit wenig Aufwand gut demonstrieren kann. Die Faustregel lautet: Immer dann, wenn ein Gericht über einen Fall im Gerichtssaal mündlich verhandelt hat und anschließend eine Entscheidung verkündet, dann ist dies ein „Urteil". Immer wenn ein Gericht etwas rein schriftlich entscheidet, ist es ein „Beschluss".

- Die typische Entscheidung am Ende eines Strafprozesses am Amts- oder Landgericht ist in der Regel ein Urteil, weil es eine Hauptverhandlung im Gerichtssaal gab.
- Die Entscheidung über einen Haftbefehl oder die Freilassung eines Beschuldigten ist in der Regel ein „Beschluss", weil darüber nicht öffentlich verhandelt wurde.
- Wenn man im Eifer des Gefechts unsicher ist, ob „Urteil" oder „Beschluss" korrekt ist – einfach „Entscheidung" schreiben oder sagen. Denn die „Entscheidung" ist der Oberbegriff für beides und damit immer korrekt.

Aufgabe und Grenzen eines Strafprozesses Nach der Berichterstattung über den Inhalt eines wichtigen Urteils taucht häufig die Frage auf, ob der Strafprozess die Hintergründe des Falls ausreichend aufgearbeitet hat. Zum Beispiel, ob die Politik beim Kampf gegen Terrorismus oder der Verfassungsschutz im Vorfeld versagt haben oder nicht. Das sind sehr wichtige Fragen, für die sich eine intensive Recherche lohnt. Im Hinterkopf sollte man aber haben, welche Aufgabe ein Strafprozess hat. Im Wesentlichen geht es darum, die Schuld der Angeklagten zu klären. Über die Stimmen der Opfer als Nebenkläger und die Zeugenaussagen von Ermittlern kann man darüber hinaus oft auch einen Eindruck vom Leid der Opfer und von möglichen Ermittlungspannen bekommen. Für die politische Aufarbeitung der Hintergründe einer Straftat ist aber nicht das Gericht, sondern die Politik selbst zuständig. Zum Beispiel mit dem Mittel eines Untersuchungsausschusses.

3.2 Die Strafe: Geld- oder Freiheitsstrafe? Haft oder Bewährung?

Geldstrafe bemisst sich nach „Tagessätzen" Die Höhe einer Geldstrafe wird laut Gesetz anhand von „Tagessätzen" bestimmt. Das Gericht hat zu Beginn des Verfahrens bereits die Einkommensverhältnisse des Angeklagten erfragt. Aus dem Netto-Monatseinkommen wird dann das Einkommen pro Tag errechnet. Beispiel: Wenn der Angeklagte ein Monatseinkommen von 3000 € hat, ist die Höhe des Tagessatzes 100 €. Ein Tagessatz kann laut Gesetz zwischen einem und 30.000 € liegen. Es gibt also eine Obergrenze. Es hängt dann von der Schwere der Tat ab, wie viele Tagessätze das Gericht genau verhängt. Je mehr es sind, desto härter bestraft das Gericht den Angeklagten. Ein Gericht muss bei einer Geldstrafe mindestens fünf und darf höchstens 360 Tagessätze verhängen.

Geldstrafe: Nicht nur die Gesamtsumme nennen! In einem journalistischen Text sollte man nicht nur die Gesamtsumme der Geldstrafe nennen. Weil die Einkommensverhältnisse von Angeklagten unterschiedlich sind, kann man daraus nicht erkennen, wie hoch die verhängte Strafe ist. Beispiel: Die Gesamtsumme einer Geldstrafe beträgt 30.000 €. Hat der Angeklagte ein (eher) geringes Einkommen von 100 €, wurde er also zu 300 Tagessätzen verurteilt. Das ist eine harte Strafe. Hat er aber ein sehr hohes Einkommen von 3000 € pro Tag, sind es nur 10 Tagessätze und damit eine ehr milde Strafe. Beispiel: Ein bekannter Fußballprofi wurde 2021 vom Amtsgericht München wegen Körperverletzung zu einer Geldstrafe von insgesamt 1,8 Mio. € verurteilt. Sie setzte sich aus 60 Tagessätzen zum Höchstsatz von 30.000 € zusammen.

> - Wichtig: Entscheidend für die Höhe der Strafe ist die Zahl der Tagessätze, nicht die Gesamtsumme.
> - In einer Eilmeldung oder in einer Überschrift wird man manchmal nur Platz für die Gesamtsumme der Geldstrafe haben. Im Text oder im Beitrag selbst sollte man aber auf jeden Fall die konkrete Zusammensetzung nennen. „Das Gericht hat den Angeklagten zu 60 Tagessätzen in Höhe von jeweils 30.000 € verurteilt. Insgesamt also zu 1,8 Mio. €."

Beispiel Fall Boateng: Gesamtsumme und Höhe der Strafe nicht identisch In der Berufung hat das Landgericht München die Geldstrafe im November 2022 auf

120 Tagessätze zu je 10.000 festgelegt. An diesem Beispiel lässt sich gut aufzeigen, wie das System der Geldstrafe funktioniert und wie nicht. Amtsgericht und Landgericht haben unterschiedliche Geldstrafen verhängt. Amtsgericht: 60 Tagessätze zu 30.000 € (1,8 Mio.). Landgericht: 120 Tagessätze zu 10.000 € (1,2 Mio.). Welche Schlüsse kann man daraus für den Bericht über den Fall ziehen? Erstens: Die Einkommensverhältnisse müssen sich geändert haben, weil die Höhe des Tagessatzes reduziert wurde. Zweitens: Wenn man allein die beiden Summen vergleicht, könnte man meinen, die Strafe sei am Landgericht milder ausgefallen (1,2 statt 1,8 Mio. €). Das stimmt aber nicht. Das Gegenteil ist richtig. Denn entscheidend für die Höhe der Strafe ist die Anzahl der Tagessätze. Und die hat sich von 60 auf 120 verdoppelt. Das Landgericht hat also eine deutlich härtere Strafe verhängt als das Amtsgericht. Drittens: Es sind mehr als 90 Tagessätze. Daher gilt der Angeklagte als „vorbestraft".

Wann gilt man als „vorbestraft"? Häufig muss man gerade bei geringen Strafen im Beitrag oder im Live-Gespräch die Frage beantworten, ob der Angeklagte mit diesem Urteil nun als vorbestraft gilt. Diese Nachfrage kann einen auch mal schnell auf dem falschen Fuß erwischen. Im reinen Wortsinn ist man mit jeder noch so geringen Strafe vorbestraft. Jede Strafe wird auch ins Bundeszentralregister eingetragen. Der Begriff „vorbestraft" meint aber in der Regel, ob eine Strafe ins „polizeiliche Führungszeugnis" eingetragen wird.

• Die erste Verurteilung von bis zu 90 Tagessätzen oder zu einer Freiheitsstrafe von bis zu drei Monaten auf Bewährung taucht nicht im Führungszeugnis auf. Wer also zum ersten Mal zu 90 Tagessätzen oder weniger (egal in welcher Höhe) verurteilt wurde, gilt nicht als „vorbestraft" in diesem Sinne. Ab 91 Tagessätzen taucht die Geldstrafe im polizeilichen Führungszeugnis auf. Dann gilt man als „vorbestraft".

Weitere Verurteilungen und „erweitertes Führungszeugnis" Bei einer zweiten Verurteilung können die Strafen im Führungszeugnis auftauchen, auch wenn sie unterhalb von 90 Tagessätzen liegen. Für bestimmte Berufe benötigt man im Übrigen das „erweiterte Führungszeugnis", etwa für eine Tätigkeit in Kindergärten o. ä. Dort tauchen bestimmte Straftaten wie Sexualdelikte auch dann auf, wenn niedrigere Strafen verhängt wurden. Einträge im Bundeszentralregister werden nach bestimmten Fristen wieder gelöscht, die sich nach der Schwere der Tat richten. Frühestens nach fünf Jahren.

Geldstrafe geht auch auf Bewährung Manchmal taucht in Meldungen über ein Gerichtsurteil der Begriff auf, dass jemand vom Gericht eine „Verwarnung mit Strafvorbehalt" bekommen hat. Das ist weder eine Freiheits- noch eine klassische Geldstrafe. Unmittelbar wird der Angeklagte vom Gericht also verwarnt. Wenn er sich innerhalb eines bestimmten Zeitraums erneut eine Straftat zuschulden kommen lässt, müsste er eine Geldstrafe zahlen. Es wird also die von der Freiheitsstrafe bekannte Bewährung auf die Geldstrafe übertragen. Diese Art einer sehr milden Strafe wenden Gerichte zum Beispiel in sehr tragischen Fällen an, in denen sich jemand zwar strafbar gemacht hat, durch die Folgen aber aus Sicht des Gerichts schon genug gestraft ist.

▶   Eine gute Übersetzung des Begriffs „Verwarnung mit Strafvorbehalt" in
       Artikeln oder Berichten ist: „Das ist eine Art Geldstrafe auf Bewährung."
       Wer den Platz hat, kann ergänzen: „Nur wenn der Verurteilte innerhalb
       von x Jahren erneut eine Straftat begeht, muss er x Euro Geldstrafe
       bezahlen."

„Absehen von Strafe" ausnahmsweise möglich Die mildeste Variante bei einer Verurteilung ist das „Absehen von Strafe". Es gibt dann nur einen Schuldspruch, aber keine Strafe. Voraussetzung ist, dass die Folgen der Tat, die den Täter getroffen haben, so schwer sind, dass die Verhängung einer Strafe offensichtlich verfehlt wäre. Das kann in besonders tragischen Fällen angemessen sein. Beispiel 1: Ein Autofahrer überrollt in der Einfahrt seine Enkelin mit dem Auto und tötet sie. Das kann rechtlich eine strafbare fahrlässige Tötung sein. Durch die Folgen der Tat ist der Angeklagte aber schon „genug gestraft". Das Gericht spricht ihn wegen fahrlässiger Tötung schuldig, sieht aber von einer Strafe ab. Beispiel 2: Im Prozess zu den Polizistenmorden von Kusel hat das Gericht den Mitangeklagten zwar wegen gewerbsmäßiger Jagdwilderei verurteilt, aber von einer Strafe abgesehen, weil er als „Kronzeuge" massiv zur Aufklärung des Falles beigetragen habe.

Mildere Strafe für „Kronzeugen" möglich Manchmal sind Ermittler und Gerichte stark darauf angewiesen, dass ein Beschuldigter sein Wissen auspackt, um jemand anderes verurteilen zu können. Im Mordfall von Kusel war der wegen Jagdwilderei Mitangeklagte zum Beispiel neben dem Hauptangeklagten die einzige Person, die bei den tödlichen Schüssen auf die Polizeianwärterin und den Polizisten in der Nacht dabei war. Wenn jemand sein Wissen freiwillig offenbart und damit wesentlich dazu beiträgt, eine schwere Straftat aufzuklären oder weitere schwere Straftaten in diesem Zusammenhang zu verhindern, kann das Gericht laut Gesetz eine mildere Strafe verhängen. Den § 46b Strafgesetzbuch nennt man auch die „Kronzeugenregelung". Zum Beispiel kann das Gericht in einem Mordfall statt „lebenslang" eine Freiheitsstrafe von zehn bis fünfzehn Jahren verhängen. Je nach Fall kann es weitere Herunterstufungen geben, bis hin zu einem Absehen von Strafe. Voraussetzung ist, dass der Kronzeuge seine Aussage gemacht hat, bevor das Gericht die Anklage zugelassen und das Hauptverfahren eröffnet hat. Ein erstmaliges Auspacken im Gerichtssaal bringt zumindest mit Blick auf diese Vorschrift nichts, spielt aber am Ende bei der Höhe der Strafe trotzdem eine Rolle.

Der „Deal": Geständnis gegen mildere Strafe Im Ermittlungsverfahren wird die Möglichkeit der „Einstellung gegen eine Geldauflage" oft als „Deal" bezeichnet. Eigentlich bezeichnet der Begriff „Deal" aber eine Verständigung zwischen Gericht, Staatsanwaltschaft und Angeklagtem in einem laufenden Strafprozess. Mehrwert für Gericht und Anklage ist in der Regel ein Geständnis des Angeklagten, ohne das die Aufklärung des Falles oft schwierig ist. Mehrwert für den Angeklagten ist eine mildere Strafe. Auch wenn sie der klassischen Form eines Strafprozesses eigentlich nicht entsprechen – solche Verständigungen hat es in Strafprozessen schon immer gegeben. Sie hatten aber oft den Ruch eines Deals im Hinterzimmer, von dem die Öffentlichkeit nicht wirklich etwas mitbekam. Dies wurde als ein „Handel mit der Gerechtigkeit" kritisiert. Außerdem fühlten sich Angeklagte teilweise unter Druck gesetzt. Ein Urteil des Bundesverfassungsgerichts von 2013 hat die damalige Praxis von Absprachen im Strafprozess beanstandet. Daraufhin kam es zu einer gesetzlichen Regelung, unter welchen Bedingungen ein „Deal" im Gerichtssaal legal ist. Ein Gericht kann demnach einen legalen „Deal" abschließen. Es muss das aber natürlich nicht. Ob dies das angemessene Mittel ist, darüber kann man in jedem einzelnen Fall diskutieren.

Voraussetzungen für einen „Deal" Gegenstand des Deals können nur Rechtsfolgen einer Tat wie die Höhe der Strafe sein (und auch dies nur in gewissen Grenzen). Man darf sich also nicht über den Schuldspruch verständigen, sodass der Angeklagte wegen eines weniger schlimmen Delikts verurteilt würde, z. B. nur wegen Betrugs statt „schweren Betrugs". Wer den ersten Aufschlag macht und einen Deal anregt, kann in der Praxis unterschiedlich sein. Jedenfalls muss der konkrete Vorschlag für eine Verständigung vom Gericht ausgehen. Wichtig: Das alles darf nicht im Hinterzimmer bleiben. Der Vorschlag muss öffentlich im Gerichtssaal vorgetragen werden. Staatsanwaltschaft und Verteidigung können Stellung nehmen. Der Deal kommt zustande, wenn beide dem Vorschlag zustimmen. Er kann z. B. so aussehen, dass der Angeklagte ein Geständnis zusagt und das Gericht eine Ober- und eine Untergrenze für die zu erwartende Strafe nennt. Eine bestimmte, ganz genaue Strafhöhe darf es nicht zusagen. Der Angeklagte darf auch nicht im Deal zusagen, dass er auf Rechtsmittel gegen das spätere Urteil verzichten wird.

Ein Deal ist also nicht per se etwa Illegales, sondern unter bestimmten Bedingungen gesetzlich erlaubt. Für Gerichtsreporter ist zentral, dass der Inhalt der möglichen Absprache im Gerichtssaal öffentlich gemacht wird, so wie es das Gesetz verlangt. Wer den Eindruck bekommt, wesentliche Dinge würden nur im Hinterzimmer besprochen, sollte wachsam sein und nachfragen.

• Das Gericht muss auch ein Geständnis überprüfen und mit anderen Beweismitteln abgleichen. Es kommt auch vor, dass es zu falschen Geständnissen kommt.

Beispiel: Die Beute aus dem „Grünen Gewölbe" ist plötzlich zurück Im Dezember 2022 meldeten Polizei und Staatsanwaltschaft in Dresden, dass während des laufenden Strafprozesses die Beute aus dem Einbruch im „Grünen Gewölbe" wieder aufgetaucht sei. Viele Medien meldeten, das sei Folge eines „Deals" zwischen Staatsanwaltschaft und Verteidigung. Man konnte den Eindruck bekommen, dass im Hintergrund bereits ein „Deal" in trockenen Tüchern sei, z. B. Rückgabe der Beute gegen mildere Strafe. Wer die Regeln zum Deal kennt, weiß aber: Das wäre in dieser Form illegal gewesen. Denn Anklage und Verteidigung können nicht alleine „dealen". Sie brauchen dazu das Gericht. Bei genauer Lektüre der Pressemitteilung stand dort auch, dass das Gericht in die ersten Kontakte einbezogen war. Ein legaler fertiger Deal konnte dies aber noch gar nicht sein. Den Vorschlag dazu muss das Gericht öffentlich im Gerichtssaal machen. Außerdem soll laut Gesetz ein Geständnis Bestandteil einer Verständigung sein. Wichtige Schritte in Richtung eines Deals waren zu diesem Zeitpunkt also noch offen.

Freiheitsstrafe ist nicht automatisch „Haft" oder „Gefängnis" Gerade bei niedrigen Freiheitsstrafen bis zu zwei Jahren sollte man bei der Wortwahl aufpassen und die Freiheitsstrafe nicht mit den Begriffen „Haft" oder „Gefängnis" gleichsetzen. Denn: Eine Freiheitsstrafe kann hier auch zur „Bewährung" ausgesetzt werden. Der Angeklagte kommt dann nicht ins Gefängnis.

▶   Ungenau wäre also: „Der Angeklagte wurde zu einem Jahr Haft auf Bewährung verurteilt."

Bewährung nur bei Freiheitsstrafe bis zu zwei Jahren möglich Für die Betroffenen und auch für die Berichterstattung ist oft eine wichtige Frage, ob der Angeklagte ins Gefängnis muss oder nicht. Eine wichtige Schwelle liegt laut Gesetz bei zwei Jahren Freiheitsstrafe. Nur bis zu dieser Grenze kann ein Gericht die Strafe zur Bewährung aussetzen. Bei allen höheren Strafen muss der Angeklagte ins Gefängnis. Freiheitsstrafen bis zu einem Jahr sollen laut Gesetz zur Bewährung ausgesetzt werden, wenn zu erwarten ist, dass der Täter – auch ohne ins Gefängnis zu müssen – künftig keine Straftaten begehen wird. Wenn also die Verurteilung schon Warnung genug ist. Bei einer Strafe zwischen einem und zwei Jahren müssen bei einer Gesamtwürdigung von Tat und Täter „besondere Umstände" für eine Bewährung sprechen. Das Gericht kann zusätzlich „Auflagen" (z. B. den Schaden wiedergutzumachen, Geld an gemeinnützige Einrichtung zu zahlen) oder „Weisungen" anordnen (z. B. sich regelmäßig bei der Polizei zu melden). „Bewährung" bedeutet: Wenn der Täter während einer vom Gericht festgelegten Zeit von mindestens zwei und höchstens fünf Jahren erneut eine Straftat begeht, wird die Freiheitsstrafe „vollstreckt". Der Verurteilte muss dann also doch noch ins Gefängnis.

Wann man „früher wieder rauskommt"   Unabhängig von der Länge einer Haftstrafe ist es möglich, dass ein verurteilter Täter nicht die volle Zeit absitzen muss, sondern schon vorher auf Bewährung freikommt. Ausnahmsweise ist das bei guter Beurteilung und besonderen Umständen schon nach der Hälfte der Haftzeit möglich. Ein Beispiel dafür war Uli Hoeneß. Häufiger kommt es vor, dass nach zwei Dritteln verbüßter Haft der Rest zur Bewährung ausgesetzt wird. Voraussetzung ist in beiden Fällen, dass vom Täter keine Gefahr mehr ausgeht und eine Gesamtwürdigung von Tat, Täter und Verhalten in der Haft dafür spricht.

- „Nachdem XY zwei Drittel seiner Haftstrafe verbüßt hat, hat das Gericht den Rest der Strafe zur Bewährung ausgesetzt. Er kommt auf freien Fuß, muss 5000 Euro an eine gemeinnützige Einrichtung zahlen und sich einmal pro Monat bei der örtlichen Polizei melden."

„Strafzumessung": Höhe der Strafe mit pro und contra   Zur Berichterstattung aus dem Gerichtssaal gehört auch die Begründung des Gerichts, warum und in welcher Höhe es welche Strafe verhängt hat. Das nennt man auch die „Strafzumessung". Sie kommt immer am Ende der Urteilsbegründung. Ausgangspunkt dafür ist der gesetzliche Strafrahmen für die verurteilte Tat. Das Gericht wägt dann die Argumente gegeneinander, die für und gegen den Täter sprechen. Kriterien sind dabei laut Gesetz zum Beispiel: Die Beweggründe und Ziele des Täters (z. B. Rassismus), die Auswirkungen der Tat, das Vorleben des Täters (ist er vorbestraft?) und seine persönlichen und wirtschaftlichen Verhältnisse oder sein Verhalten nach der Tat; ob er sich entschuldigt und versucht hat, den Schaden wiedergutzumachen.

Gericht hat Spielraum   Es gibt also keine Tabelle, nach der für ein ganz bestimmte Tat eine ganz bestimmte Strafe herauskommt. Das Gericht hat Spielraum, um auf die konkrete Tat und den Täter eingehen zu können. Wer sich zum ersten

Mal strafbar gemacht hat, sich beim Opfer ausdrücklich entschuldigt und den Schaden beglichen hat, wird innerhalb des Strafrahmens jedenfalls eine milde Strafe bekommen. Wer als Wiederholungstäter einen enormen Schaden verursacht hat und bis zum Schluss die Opfer verhöhnt, wird eine Strafe im oberen Bereich bekommen.

„Gesamtstrafe" bei mehreren Taten In Strafprozessen kommt es häufig vor, dass jemand wegen einer ganzen Reihe von Straftaten angeklagt ist. Es kann zum Beispiel um mehrere, unterschiedliche Taten gehen, oder viele Taten desselben Delikts („Betrug in 84 Fällen"). Das Gericht bestimmt dann zunächst für jede einzelne Tat eine Strafe und benennt sie auch. Das kann in der konkreten Situation im Gerichtssaal zunächst verwirrend wirken. Womöglich beginnt man in Gedanken damit, die Einzelstrafen zu addieren (was zu einer enormen Strafe führen würde). Das muss man aber nicht. Am Ende bildet das Gericht nämlich eine „Gesamtstrafe". Sie ist nicht die Summe aller Einzelstrafen, sondern liegt (meist deutlich) darunter.

▶   Die einzelnen Strafen muss man in der Regel im Bericht oder Artikel nicht separat aufzählen. Es reicht aus, nur die Gesamtstrafe zu nennen.

Kombination aus Freiheits- und Geldstrafe möglich Es ist auch möglich, dass das Gericht eine Freiheitsstrafe mit einer Geldstrafe kombiniert. Beispiel: Der Unternehmer Anton Schlecker wurde 2017 wegen Insolvenzverschleppung zu einer Freiheitsstrafe von zwei Jahren auf Bewährung und zusätzlich zu einer Geldstrafe von 360 Tagessätzen à 150 € verurteilt.

Wer die Geldstrafe nicht zahlt – die Ersatzfreiheitsstrafe Wenn man die verhängte Geldstrafe nicht bezahlt, muss man ersatzweise ins Gefängnis. Diese Ersatzfreiheitsstrafe ist rechtspolitisch umstritten. Sie führt z. B. dazu, dass immer wieder wegen Schwarzfahrens verurteilte Menschen in Haft kommen und die Gefängniszellen füllen. Es gab auch schon medienträchtige Fälle, in denen Menschen wegen einer als ungerecht empfundenen Strafe lieber ins Gefängnis gingen, als eine Geldstrafe zu zahlen. Die Dauer der Ersatzfreiheitsstrafe entsprach lange der Anzahl der verhängten Tagessätze. Wer etwa zu 30 Tagessätzen verurteilt wurde, musste ersatzweise für 30 Tage ins Gefängnis. 2023 wurden die gesetzlichen Regeln verändert. Seitdem ist die Ersatzfreiheitsstrafe die Hälfte der verhängten Tagessätze. Bei 30 Tagessätzen müsste man also ersatzweise 15 Tage ins Gefängnis.

Zusätzlich „Sicherungsverwahrung"? In einem Mordprozess oder häufig auch in Verfahren zu Sexualdelikten taucht in Urteilen und Artikeln oft das Thema „Sicherungsverwahrung" auf. Es geht dabei um das – oft auch populistisch angehauchte – Thema „Wegsperren für immer?".

▶ Sehr wichtig: Es heißt „Sicher*ungs*verwahrung". Nicht „Sicher*heits*verwahrung". Dies ist einer der häufigsten Fehler in journalistischen Artikeln und Berichten. Bitte merken: „Sicherungsverwahrung".

Sicherungsverwahrung bedeutet: Auch nach Ablauf der Freiheitsstrafe, also obwohl der Täter seine Schuld verbüßt hat, bleibt er in staatlicher Verwahrung. Es geht um Prävention, also den Schutz der Gesellschaft vor weiterhin gefährlichen Menschen. Weil der Täter seine Strafe abgesessen hat, handelt es sich um einen massiven Eingriff in sein Freiheitsrecht. Deshalb ist die Sicherungsverwahrung ist nur unter strengen rechtlichen Voraussetzungen zulässig, teilweise auch nur für Wiederholungstäter. Sie wird in speziellen Anstalten verbüßt, die zumindest ein wenig mehr tägliches Leben erlauben und mit einem stärkeren Therapieangebot verbunden sind. Die rechtlichen Hürden für ihre Anordnung sind hoch, denn die Strafe ist ja bereits abgesessen.

Beispiel: Sicherungsverwahrung nach Vergewaltigung Ein Sexualstraftäter wird vom Landgericht zu 12 Jahren Haft verurteilt, plus anschließender Sicherungsverwahrung. Wenn die 12 Jahre Haft abgelaufen sind, kommt der Verurteilte nicht frei, sondern wird aus dem Gefängnis in eine Anstalt für Sicherungsverwahrte gebracht (die oft Haftanstalten angegliedert ist). Solange Gutachter ihm weiter Gefährlichkeit bescheinigen, wird er in Sicherungsverwahrung bleiben. Wenn nötig, sogar für immer. Wenn sich die Prognose ändert, kann er auf freien Fuß kommen. Das ist keine leichte Aufgabe für die Gutachter, denn bei Fehleinschätzungen droht die Schlagzeile: „Freigelassener Sexualtäter vergewaltigt erneut kleines Mädchen."

Mittelweg: Die „vorbehaltene" Sicherungsverwahrung Wenn das Gericht nicht schon direkt im Urteil eine Sicherungsverwahrung nach Verbüßen der Haftstrafe anordnet, gibt es noch einen Mittelweg, der in der Praxis immer wieder vorkommt. Das Gericht behält die Anordnung der Sicherungsverwahrung vor. Das bedeutet: Es wird erst am Ende der Haftzeit darüber entschieden, ob der Verurteilte anschließend in Sicherungsverwahrung kommt oder nicht.

- Eine Meldung kann z. B. lauten: „Das Landgericht hat den Angeklagten wegen schwerer Vergewaltigung zu 10 Jahren Haft verurteilt und eine spätere Sicherungs-verwahrung vorbehalten. Am Ende der Haft wird also geprüft, ob der Angeklagte in Sicherungsverwahrung kommt."

Unterbringung in psychiatrischem Krankenhaus Wenn ein Täter wegen psy-chischer Krankheit nicht schuldfähig ist und deswegen nicht verurteilt werden kann, sieht das Gesetz andere Möglichkeiten vor. Wenn von der Person weitere (rechtswidrige) Taten zu erwarten sind und sie deshalb eine Gefahr für die All-gemeinheit darstellt, kann das Gericht eine Unterbringung in einem psychiatri-schen Krankenhaus anordnen.

- Beispiel: Der Messerattentäter von Würzburg wurde von Gutachtern früh als schuldunfähig eingestuft. Trotzdem gab es ein Gerichtsverfahren gegen ihn. Am Ende ordnete das Gericht seine unbefristete Unterbringung in einem psychiatri-schen Krankenhaus an.

Unterbringung in einer Entziehungsanstalt Es kann sich auch herausstellen, dass ein Angeklagter wegen sehr starken Alkoholeinflusses während der Tat schuld-unfähig war. Ab 3,0 Promille aufwärts kommt das in der Regel in Betracht. Das Gericht kann dann unter bestimmten Bedingungen die Unterbringung in einer Ent-ziehungsanstalt anordnen.

Fahrverbot als Nebenstrafe Zusätzlich zu einer Geld- oder Freiheitsstrafe kann ein Gericht auch ein Fahrverbot zwischen einem und sechs Monaten verhängen. Dafür ist nicht zwingend Voraussetzung, dass die Straftat etwas mit dem Straßenverkehr zu tun hat. Ein Fahrverbot kann einen Straftäter manchmal empfindlicher treffen als die klas-sischen Strafen. Wer ein Fahrverbot bekommt, muss für diese Zeit den Führerschein abgeben. Man muss aber keine neue Prüfung machen und behält die Fahrerlaubnis.

Entzug der Fahrerlaubnis nach Verkehrsdelikten Wer wegen Verkehrsdelikten im weiteren Sinne verurteilt wird, dem kann das Gericht auch die Fahrerlaubnis entziehen. Aus der Tat muss sich für das Gericht ergeben, dass der Täter zum Auto-fahren ungeeignet ist. Gleichzeitig ordnet das Gericht eine Sperre von sechs Mona-ten bis zu fünf Jahren an, in der man keine neue Fahrerlaubnis erwerben darf.

- Fahrverbot und Entzug der Fahrerlaubnis sollte man nicht verwechseln. Beim Fahrverbot darf man für eine gewisse Zeit kein Auto fahren. Beim Entzug der Fahrerlaubnis hat man keinen Führerschein mehr und muss ihn nach einer ge-wissen Zeit neu machen, also mit Pflichtfahrstunden und Prüfungen.

3.3 Der Instanzenzug im Strafprozess

Der richtige Begriff ist wichtig Nach einem Strafurteil vor Ort stellt sich für die Berichterstattung regelmäßig die Frage, ob die verurteilte Person nun Rechtsmittel einlegen kann. Wenn ja, welches, und was das genau bedeutet. Die Regeln dafür erschließen sich nicht von selbst. Außerdem ist der Weg durch die Instanzen je nach Rechtsgebiet unterschiedlich. Er ist im Strafrecht zum Beispiel nicht der gleiche wie im Zivilrecht oder im Verwaltungsrecht.

▶ Wichtige Regel: Wer auf die Schnelle unsicher ist, welcher Begriff korrekt ist („Berufung" oder „Revision"?) – einfach *„Rechtsmittel"* schreiben. Das ist der Oberbegriff und immer korrekt. Beispiel: „XY ist vom Landgericht wegen Betrugs zu drei Jahren Haft verurteilt worden. Sein Verteidiger wird nun prüfen, ob er Rechtsmittel einlegt."

Zwei oder drei Instanzen möglich Im Strafprozess gibt es entweder zwei oder drei Instanzen. Der genaue Weg hängt davon ab, welches Gericht die erste Instanz ist. Die erste Instanz erkennt man daran, bei welchem Gericht die Staatsanwaltschaft Anklage erhoben hat. Der Angeklagte, die Staatsanwaltschaft und die Nebenkläger können Rechtsmittel einlegen.

• Wenn die erste Instanz im Strafrecht das *Amtsgericht* ist, gibt es drei Instanzen. Gegen das Urteil des Amtsgerichts gibt es die „Berufung" zum Landgericht (nicht: Land*es*gericht). Dagegen dann die „Revision" zum Oberlandesgericht (hier mit dem „es" dazwischen).
• Wenn die erste Instanz im Strafrecht das *Landgericht* ist, gibt es zwei Instanzen. Gegen das erstinstanzliche Urteil des Landgerichts gibt es nur die „Revision" zum Bundesgerichtshof. Und keine Berufung.

„Berufung" – rollt den Fall komplett neu auf „Berufung" bedeutet: Der Prozess beginnt am Landgericht noch einmal komplett von vorne. Die Fakten *und* die rechtliche Bewertung samt Strafe werden erneut geprüft. Beispiel: Das Amtsgericht hat XY wegen Betrugs zu einer Freiheitsstrafe von zwei Jahren auf Bewährung verurteilt. Angeklagter und Staatsanwaltschaft gehen dagegen in Berufung. Das Landgericht hört alle Zeugen und Sachverständigen im Gerichtssaal erneut an und stellt den Sachverhalt fest. Es bewertet die rechtlichen Fragen zum Betrug erneut, ebenso die Strafzumessung. Am Ende bestätigt es z. B. die Verurteilung wegen Betrugs, verhängt aber eine Freiheitsstrafe ohne Bewährung. Oder es kommt zu einer ganz anderen Strafhöhe. Die Berufung kann natürlich auch erfolglos bleiben. Dann gilt:

• Eine Berufung wird „zurückgewiesen". Nicht „abgewiesen".

„Revision" überprüft mögliche Rechtsfehler Revision bedeutet: Das Urteil der unteren Instanz wird nur daraufhin überprüft, ob es rechtliche Fehler enthält. Die Fakten aus der unteren Instanz stehen fest. Es findet keine neue Beweisaufnahme statt. Rechtliche Fehler prüfen – das wird oft so verstanden, dass es nur um Verfahrensfehler geht. Das stimmt aber nicht. Das Gericht überprüft auch, ob die untere Instanz aus den festgestellten Fakten die richtigen rechtlichen Schlüsse gezogen hat.

• Falsch: „Der Angeklagte hat Revision eingelegt. Dort wird das Urteil auf Verfahrensfehler überprüft."
• Richtig: „Der Angeklagte hat Revision eingelegt. Dort wird das Urteil auf Rechtsfehler überprüft."

Beispiel NSU-Prozess Der Bundesgerichtshof musste in der Revision z. B. folgende rechtliche Fragen überprüfen: War Beate Zschäpe, die bei den Morden der anderen beiden Angeklagten nicht mit am Tatort war und nicht selbst geschossen hat, aber in der Vorbereitung eine zentrale Rolle gespielt hat, rechtlich gesehen eine „Mittäterin"? Oder hat sie nur „Beihilfe" geleistet? Hier geht es also nicht um Fehler beim Ablauf des Verfahrens, sondern um die richtige Auslegung der Paragrafen zu Beihilfe und Mittäterschaft im Strafgesetzbuch.

• Hat eine Revision keinen Erfolg, wird sie „zurückgewiesen" oder „verworfen". Nicht „abgewiesen". Die sichere Variante ist: „Die Revision hatte keinen Erfolg."
• Hat eine Revision Erfolg, bitte nicht formulieren: „Das Gericht hat die Revision *zugelassen*." Den Schritt einer Zulassung der Revision gibt es im Strafprozess nicht.

Ablauf des Revisionsverfahrens am Bundesgerichtshof Wenn ein wichtiges Urteil an einem Landgericht vor Ort gefallen ist und Revision eingelegt wurde, blicken viele Redaktionen oft gespannt nach Karlsruhe. Wie läuft das nun ab? Wie bekommen wir das Ergebnis mit? Und wie lange wird das Ganze dauern? Für den Ablauf gibt es zwei Alternativen. (1) Der BGH setzt eine öffentliche Hauptverhandlung im Gerichtssaal an, in der mit den Beteiligten über die Rechtsfragen diskutiert wird. Das Revisionsurteil wird dann meistens einige Wochen später ebenfalls im Gerichtssaal verkündet. Bei medienträchtigen Verfahren werden in der Regel beide Termine per Pressemitteilung angekündigt, man bekommt sie also mit. (2) Der BGH entscheidet über die Revision im rein schriftlichen Verfahren per Beschluss. Bei medienträchtigen Verfahren wird der Inhalt des Beschlusses dann ebenfalls per Pressemitteilung bekannt gemacht. Das Problem: So eine Pressemitteilung wird vorher in aller Regel nicht angekündigt, sodass sie die Medien einen auch mal auf dem falschen Fuß treffen kann. Verhindern lässt sich das meistens auch durch Anfragen bei der Pressestelle leider nicht. Die Dauer des Revisionsverfahrens ist schwer zu prognostizieren und hängt auch vom konkreten Fall ab. Zwischen drei und 12 Monaten kann man sie erfahrungsgemäß grob umreißen.

▶   Auch hier gilt: Wenn es eine öffentliche Hauptverhandlung gab und die Entscheidung danach im Gerichtssaal verkündet wird, ist es ein „Urteil". Wenn die Entscheidung schriftlich veröffentlicht wird, ist es ein „Beschluss". Der Oberbegriff lautet „Entscheidung". Wer unsicher ist, verwendet ihn.

Bundesgerichtshof im Strafrecht an zwei Standorten: Karlsruhe und Leipzig Für ein Revisionsverfahren am BGH in Strafprozessen muss man beachten, dass der 5. und 6. Strafsenat ihren Sitz nicht in Karlsruhe, sondern in Leipzig haben. Die Verhandlungen und Urteilsverkündungen finden dort statt. Die Pressemitteilungen kommen aber zentral über den allgemeinen BGH-Presseverteiler. Die beiden Senate sind für Revisionen aus bestimmten Gerichtsbezirken zuständig. Der 5. Strafsenat des BGH für: Das Kammergericht Berlin und die Bezirke der Oberlandesgerichte Bremen, Dresden, Hamburg und Schleswig. Der 6. Strafsenat des BGH für: Die Bezirke der Oberlandesgerichte Bamberg, Brandenburg, Braunschweig, Celle, Naumburg, Nürnberg, Rostock und Saarbrücken.

▶   Die Strafsenate des BGH werden mit arabischen Ziffern nummeriert (6. Strafsenat). Die Zivilsenate des BGH mit römischen Ziffern (XII. Zivilsenat).

Hat eine Revision Erfolg, hebt das Gericht das Urteil der unteren Instanz auf und verweist die Sache in der Regel an das untere Gericht zurück. Das muss dann neu entscheiden. Entweder das Gericht muss bei null anfangen und alle Fakten neu feststellen, also die komplette Beweisaufnahme wiederholen. Oder es muss den Fall nur rechtlich neu bewerten und z. B. eine neue Strafe festsetzen. Ausnahmsweise kann das Revisionsgericht auch selbst das Urteil ändern und damit abschließend über den Fall entscheiden.

Neue Verhandlung am Instanzgericht ist nicht die „Revisionsverhandlung" Eine typische Situation im Journalistenalltag ist: Ein oberes Gericht hat in der Revision ein Gerichtsurteil aufgehoben und es an das untere Gericht zurückverwiesen. Dort beginnt die „zweite Runde". Beispiel: Der Bundesgerichtshof hatte ein Urteil des Landgerichts Baden-Baden gegen einen Schwimmlehrer wegen Sexualdelikten aufgehoben, weil das Landgericht bei der verhängten Sicherungsverwahrung rechtliche Fehler gemacht hatte. Nun begann die neue Verhandlung vor dem Landgericht. Eine reale Meldung lautete: „Sexuelle Gewalt gegen Kinder: Am Landgericht XY beginnt heute die Revisionsverhandlung. Ein ehemaliger Schwimmlehrer klagt gegen die Sicherheitsverwahrung, die sich laut erstem Urteil an seine Haftstrafe anschließen soll." Diese Meldung enthält drei Fehler: Es ist nicht die „Revisionsverhandlung". Die war am BGH. Der Schwimmlehrer *„klagt"* nicht. Er hat sich mit der *Revision* gewehrt, und zwar gegen die Siche*rungs*verwahrung.

- Die richtige Meldung lautet z. B.: „Vor dem Landgericht beginnt heute die zweite Runde im Prozess gegen … wegen … . Der Bundesgerichtshof hatte das Urteil mit der angeordneten Sicherungsverwahrung aufgehoben. Das Landgericht muss den Fall nun insoweit neu prüfen."

Neue Verhandlung ist keine „Wiederaufnahme" Wenn ein Urteil aufgehoben und zurückverwiesen wird, kann man dies auch leicht mit einer „Wiederaufnahme" des Strafverfahrens verwechseln (siehe dazu Kap. 3.6.). Gemeinsam haben beide Konstellationen, dass ein Fall nochmal neu aufgerollt bzw. entschieden werden muss. Der Unterschied ist aber: Bei einer Wiederaufnahme war das Verfahren schon komplett rechtskräftig abgeschlossen. Weil sich aber z. B. bestimmte neue Beweismittel ergeben haben, beginnt der Prozess ausnahmsweise noch einmal von vorne in der ersten Instanz. Die rechtlichen Hürden für die Wiederaufnahme eines Strafverfahrens sind hoch.

- Falsch: „Nachdem der BGH das Urteil aufgeboben hatte, wird das Verfahren nun am Landgericht wiederaufgenommen."

Revision ohne Erfolg – was ein „rechtskräftiges" Urteil bedeutet   Die Rechtskraft eines Strafurteils bedeutet, dass der Prozess endgültig abgeschlossen ist. Der Angeklagte ist endgültig verurteilt oder vom angeklagten Vorwurf freigesprochen. Die Rechtskraft verfolgt den Zweck, Rechtssicherheit und Rechtsfrieden zu schaffen. Rechtskraft kann in verschiedenen Phasen eines Strafprozesses eintreten, auch schon in der ersten Instanz. Nach einem Strafurteil haben der Angeklagte und die Staatsanwaltschaft eine Woche lang Zeit, ein Rechtsmittel einzulegen (begründen müssen sie die Revision erst, nachdem das schriftliche Urteil zugestellt wurde). Wenn kein Rechtsmittel eingelegt wird, wird das Urteil der ersten Instanz mit Ablauf der Wochenfrist rechtskräftig.

- Beispiel: Nach seiner Verurteilung zu dreieinhalb Jahren Haft hatte der Verteidiger von Uli Hoeneß direkt nach dem Urteil angekündigt, in Revision gehen zu wollen. Einen Tag später dann die Kehrtwende. Hoeneß akzeptierte das Urteil. Mit Ablauf der Wochenfrist wurde das Urteil gegen ihn rechtskräftig. Er musste die Haft antreten.

Rechtsmittel verhindern die Rechtskraft   Wenn der Angeklagte Rechtsmittel einlegt, wird das Urteil nicht rechtskräftig. Im laufenden Verfahren durch die Instanzen gilt der Verurteilte rechtlich weiter als unschuldig. Und der in erster Instanz Freigesprochene ist noch nicht rechtskräftig freigesprochen.

Untersuchungshaft weiter möglich   Wer in erster Instanz zum Beispiel wegen Totschlag oder Vergewaltigung zu einer Haftstrafe verurteilt wurde und Rechtsmittel einlegt, muss die Haft noch nicht antreten. Es kann aber sein, dass das Gericht weiterhin Untersuchungshaft anordnet, solange das Verfahren läuft. Dafür muss weiterhin ein dringender Tatverdacht und ein Haftgrund wie Flucht- oder Verdunkelungsgefahr bestehen. Sollte die Verurteilung später rechtskräftig werden, wird die Zeit der Untersuchungshaft auf die abzusitzende Haftstrafe angerechnet.

Rechtskraft, wenn Revision zurückgewiesen   Ein Strafurteil ist spätestens dann rechtskräftig, wenn die Revision des Angeklagten oder der Staatsanwaltschaft zurückgewiesen wurden, je nach Instanzenzug vom Oberlandesgericht oder vom Bundesgerichtshof. Wichtig zum Verständnis ist dabei: Das Revisionsgericht verurteilt den Angeklagten nicht selbst oder spricht ihn nicht selbst frei. Das hat die untere Instanz getan. Es überprüft das Urteil der unteren Instanz.

- Richtig: „Der Bundesgerichtshof hat die Revision von XY gegen seine Verurteilung zu drei Jahren Haft wegen Betrugs zurückgewiesen. Das Urteil ist damit rechtskräftig." Oder als Überschrift: „Bundesgerichtshof bestätigt Verurteilung von XY zu drei Jahren Haft wegen Betrugs."
- Falsch: „Der Bundesgerichtshof hat XY wegen Betrugs zu drei Jahren Haft verurteilt."
- Richtig: „Der Bundesgerichtshof hat die Revision der Staatsanwaltschaft gegen den Freispruch von XY (wegen …) zurückgewiesen. Der Freispruch ist damit rechtskräftig. Oder als Überschrift: „Bundesgerichtshof bestätigt Freispruch von XY."
- Falsch: „Bundesgerichtshof spricht XY frei."

Überblick: Instanzenzug Strafprozess
Amtsgericht (AG) – Landgericht (LG) – Oberlandesgericht (OLG)
   Landgericht (LG) – Bundesgerichtshof (BGH)
   Generalbundesanwalt leitet die Ermittlungen: Oberlandesgericht (OLG) –
Bundesgerichtshof (BGH)

3.4   Der Mordprozess am Landgericht – ein Klassiker mit Fallstricken

Viele Journalistinnen und Journalisten werden in ihrem Berufsleben einmal den Auftrag bekommen, über einen Mordprozess zu berichten. Oft hat das Verbrechen die regionale oder bundesweite Öffentlichkeit schon vor dem Prozessauftakt intensiv beschäftigt. Beispiel 1: Im Januar 2022 werden ein Polizist und eine Polizistin bei Kusel in Rheinland-Pfalz erschossen, als sie nachts zwei Wilderer auf frischer Tat ertappen. Die Tat sorgt bundesweit für Entsetzen. Ein halbes Jahr später ist Prozessauftakt am Landgericht Kaiserslautern. Der Tatverdächtige ist wegen Mordes angeklagt. Beispiel 2: An einer Tankstelle in Idar-Oberstein erschießt ein Mann den Kassierer, weil der ihn auf die Maskenpflicht hingewiesen hatte.

Zum Prozessauftakt und vor dem Urteilstag sollte man sich frühzeitig auf einige typische Knackpunkte für die Berichterstattung in Mordprozessen einrichten: Was bedeutet „Mord" rechtlich? Was bedeutet es, dass eine lebenslange

Haftstrafe droht? Was bedeutet es, wenn das Gericht eine „besondere Schwere der Schuld" feststellt? Und was heißt „Sicherungsverwahrung" in diesen Fällen genau? Welches Rechtsmittel ist möglich? Diese Punkte sind in diesem Buch zum Teil schon an anderer Stelle erklärt, aber in diesem Kapitel speziell für einen typischen Mordprozess im Zusammenhang dargestellt.

Unterschied von Mord und Totschlag Fragt man Menschen auf der Straße, was aus ihrer Sicht der Unterschied zwischen Mord und Totschlag ist, lautet sehr häufig die Antwort: „Mord ist, wenn man jemanden mit Absicht (oder geplant) tötet. Totschlag ist, wenn es im Affekt passiert". Bitte unbedingt merken: Das ist falsch! Richtig ist: Die Basis bei beiden Delikten Mord und Totschlag ist gleich. Man muss einen Menschen vorsätzlich getötet haben. Vorsätzlich kann Absicht bedeuten. Es reicht aber schon aus, dass man den Tod des anderen für möglich hält und „billigend in Kauf nimmt".

- Die Kurzformel lautet: Mord ist vorsätzlicher Totschlag plus gesetzliches „Mordmerkmal".

„Mordmerkmale" müssen zur Tötung hinzukommen Beim Mord muss zur in diesem Sinne vorsätzlichen Tötung laut Gesetz noch etwas hinzukommen: Die sogenannten „Mordmerkmale". § 211 Strafgesetzbuch zählt sie ausdrücklich auf. Mord bedeutet also eine Tötung plus: Mordlust, Befriedigung des Geschlechtstriebs, Habgier, niedrige Beweggründe, Heimtücke; oder man tötet grausam, mit gemeingefährlichen Mitteln; oder um eine andere Straftat zu ermöglichen oder zu verdecken, auch „Verdeckungsabsicht" genannt.

▶   Es heißt „niedriger", nicht „niederer" Beweggrund.

Typische Beispiele Für jedes Mordmerkmal haben die Gerichte Definitionen aufgestellt (Details würden hier zu weit gehen). Einige Mordmerkmale kommen in der Praxis häufiger vor als andere. Mit „Habgier" tötet z. B., wer dadurch ans Erbe des Opfers gelangen will. Ein „niedriger Beweggrund" ist z. B. das Tötungsmotiv Hass auf Ausländer. „Heimtückisch" tötet, wer einen anderen überraschend von hinten ersticht. Mit Verdeckungsabsicht tötet, wer mit der Tötung verhindern will, dass eine andere Straftat auffliegt. Beispiel: Beim Polizistenmord von Kusel in Rheinland-Pfalz sollen die Polizistin und der Polizist den Hauptangeklagten und seinen Begleiter beim nächtlichen Wildern überrascht haben. Laut Gericht erschoss er die beiden, damit seine strafbare Wilderei nicht auffliegt.

„Lebenslang", nicht „lebenslänglich" Auf Mord steht zwingend eine lebenslange Freiheitsstrafe, das steht ausdrücklich im Gesetz (§ 211 Strafgesetzbuch).
Wenn das Gericht am Ende des Prozesses einen Mord bejaht, *muss* es also lebenslange Haft verhängen. Es gibt nicht wie bei anderen Delikten einen Strafrahmen
von … bis …, innerhalb dessen sich die Strafe je nach Tat und Täter bewegen kann.
Wenn die Staatsanwaltschaft in ihrem Plädoyer am Ende eines Mordprozesses
„lebenslang" fordert, ist das also keine Überraschung.

▶   Wichtig: Man schreibt oder sagt „lebenslang" oder „lebenslange Frei-
    heitsstrafe". Nicht „lebenslänglich".

„Lebenslang" bedeutet nicht automatisch 15 Jahre Sehr häufig kommt dann
die Rückfrage an den Autor eines Artikels oder die Korrespondentin in einer
Schalte: Wie lange muss der oder die Verurteilte denn nun wirklich in Haft bleiben?
Denn wir wissen ja vermeintlich alle: Lebenslang, das heißt 15 Jahre. Bitte merken: Nein, das heißt es nicht!

**„Lebenslang" bedeutet: Spätere Prüfung, ob nach 15 Jahren Bewährung
möglich** Erst einmal gilt laut Gesetz: Lebenslang bedeutet wirklich lebenslang,
also eine Freiheitsstrafe bis zum Tod. Es gibt keine automatische Einschränkung.
Allerdings hat das Bundesverfassungsgericht entschieden: Auch ein zu „lebenslang" verurteilter Mörder muss in einem Rechtsstaat zumindest die Chance haben,
irgendwann wieder auf freien Fuß zu kommen. Deshalb regelt das Gesetz: Die
Gerichte sind verpflichtet, später zu *prüfen*, ob man den Täter nach 15 Jahren womöglich auf Bewährung vorzeitig entlassen kann. Daher stammt die berühmte Aussage der „15 Jahre" Bei dieser Prüfung müssen die Gerichte dann schauen: Geht
von dem Verurteilten noch eine Gefahr für die Allgemeinheit aus? Wie ist seine
Sozialprognose? Wenn die Prüfung zugunsten des Verurteilten läuft, dann *kann* er
oder sie nach 15 Jahren auf Bewährung freikommen. Das ist aber kein Automatis-
mus, sondern von bestimmten Kriterien abhängig, die der Täter erfüllen muss. Erfüllt er diese nach 15 Jahren oder bei späteren Überprüfungen nicht, bleibt er weiter im Gefängnis. Im Extremfall auch lebenslang.

• Falsch: „Lebenslang bedeutet, dass der Angeklagte nach 15 Jahren auf
  freien Fuß kommt."
• Richtig: „Die Gerichte werden später prüfen, ob er nach 15 Jahren auf
  Bewährung entlassen werden kann".

Was die „besondere Schwere der Schuld" ändert In einem typischen Mordprozess kommt aber oft ein weiterer Begriff ins Spiel, der an der Prüfung einer Entlassung nach 15 Jahren etwas ändert. Hat das Gericht neben der (zwingenden) Strafe lebenslang auch die „besondere Schwere der Schuld" festgestellt, dann bedeutet das: Ein Gericht prüft *nicht* wie sonst automatisch, ob der Verurteilte nach 15 Jahren auf Bewährung freikommt. Diese Möglichkeit fällt also weg. Er bleibt definitiv länger in Haft als 15 Jahre. Beispiel: Das OLG Frankfurt am Main hat den Angeklagten im Prozess um den Mord am Kasseler Regierungspräsidenten Walter Lübcke zu lebenslanger Haft verurteilt und die besondere Schwere der Schuld festgestellt.

- Richtig: „Das Gericht hat außerdem die „besondere Schwere der Schuld" festgestellt. Damit entfällt die Möglichkeit, schon nach 15 Jahren auf Bewährung entlassen zu werden."
- Vorsicht beim richtigen Begriff. Falsch: „die besonders schwere Schuld". Richtig: „die besonder*e* Schwer*e* der Schuld".

Der weitere Ablauf ist dann Nach ca. 13 Jahren wird ein Gericht eine sogenannte „Mindestverbüßungsdauer" festlegen, also wie lange er auf jeden Fall im Gefängnis bleiben muss. Im Fall des verurteilten Mörders Magnus Gäfgen wurden z. B. 23 Jahre festgelegt. Erst nach Ablauf dieser Zeit prüft das Gericht, ob der Verurteilte auf Bewährung freikommen kann. Daran sieht man: Eine Prognose am Urteilstag über die mögliche Haftdauer ist in so einem Fall nicht möglich. Durchschnittswerte wie „in der Regel sitzen zu lebenslang Verurteilte 19–20 Jahre lang im Gefängnis" sind zwar interessant, helfen für den konkreten Fall aber nicht weiter. Beispiel: Ein wegen zweifachen Mordes verurteilter Mann saß seit 1970 im Gefängnis, bis das BVerfG im März 2023 anordnete, dass die Gerichte vor Ort seine Entlassung auf Bewährung zu Unrecht abgelehnt haben und erneut prüfen müssen.

Lebenslang plus „Sicherungsverwahrung" möglich Auch in einem Mordprozess taucht manchmal das Thema „Sicherungsverwahrung" auf. Sicherungsverwahrung bedeutet: Auch nach Ablauf der Freiheitsstrafe, also obwohl der Täter seine Schuld verbüßt hat, bleibt er in staatlicher Verwahrung, weil er einen Hang zu den verurteilten Straftaten hat und von ihm weiterhin eine Gefahr ausgeht. Auch bei einer Verurteilung wegen Mordes zu lebenslanger Freiheitsstrafe kann rein rechtlich im Urteil eine anschließende Sicherungsverwahrung angeordnet werden.

Sie spielt aber in Mordfällen eine untergeordnete Rolle für die Frage, wie lange ein Straftäter nicht wieder auf freien Fuß kommt. Denn solange ein verurteilter Mörder noch als gefährlich gilt, wird er einfach nicht aus der lebenslangen Haft (auf Bewährung) entlassen.

- Bei einem Mordprozess ist die Frage „besondere Schwere der Schuld" ja oder nein? praktisch wichtiger als die Frage „Sicherungsverwahrung ja oder nein?"
- Wichtig: Es heißt „Siche*rungs*verwahrung". Nicht „Sicher*heits*verwahrung". Dies ist einer der häufigsten Fehler in journalistischen Artikeln und Berichten.

Rechtsmittel: Bei Mord gibt es nur die „Revision", keine Berufung Am Schluss eines schnell verfassten Artikels oder einer Nachrichtenminute muss man aus journalistischer Sorgfalt oft berichten, dass das Urteil noch nicht rechtskräftig ist, also noch nicht endgültig. Meistens sind für Angeklagte oder Ankläger Rechtsmittel möglich. Aber welche genau? Der „Instanzenzug" ist ein eigenes und nicht immer leichtes Thema. Wichtig ist der Unterschied zwischen „Berufung" und „Revision". Berufung bedeutet, dass der Prozess fast komplett nochmal aufgerollt wird. Es werden also ein weiteres Mal Zeugen befragt und die Tatsachen geklärt. Bei der Revision gibt es keine erneute Beweisaufnahme. Das Gericht prüft allein, ob das Urteil der Vorinstanz rechtliche Fehler enthält. Das können Fehler im Verfahrensablauf sein, oder inhaltliche Fehler. Für den typischen Mordprozess am Landgericht gibt es aber eine feste Regel. Gegen ein Mordurteil am Landgericht gibt es laut Gesetz nur eine weitere Instanz, nämlich die „Revision".

▶ **Tipp** Bei einem Mordurteil nie „Berufung" schreiben, sondern immer „Revision". Noch wichtiger: Wenn man unsicher ist, was der korrekte Begriff ist: Einfach „Rechtsmittel" nehmen. Das ist der Oberbegriff und damit immer richtig.
   Richtig: „Der Angeklagte hat angekündigt, gegen das Urteil Rechtsmittel einzulegen." Oder: „Der Angeklagte und die Staatsanwaltschaft haben nun eine Woche Zeit, um Rechtsmittel einzulegen."

Überblick
Die wichtigsten Formulierungen beim Mordprozess:
Lebenslang, nicht lebenslänglich. Lebenslang bedeutet nicht automatisch nur 15 Jahre Haft. Besondere Schwere der Schuld. Sicherungsverwahrung, nicht Sicherheitsverwahrung. Revision einlegen, nicht Berufung.
Zusammenfassende Meldung zu einem Mordprozess (siehe Vorwort).

* *„Das Landgericht hat den Angeklagten zu lebenslanger Haft verurteilt. Es stellte außerdem die besondere Schwere der Schuld fest. Eine Sicherungsverwahrung lehnte das Gericht ab. Der Angeklagte hat angekündigt, in Revision zu gehen."*

3.5   Besonderheiten beim Jugendstrafrecht

Immer wieder erregen Straftaten von Jugendlichen oder jungen Erwachsenen bundesweit Aufmerksamkeit und sind Gegenstand der Berichterstattung. In Kandel in Rheinland-Pfalz erstach zum Beispiel im Jahr 2017 ein 15-jähriger Jugendlicher seine ehemalige Freundin Mia. In Freiburg vergewaltigte und tötete ein 19-jähriger am Fluss Dreisam die Studentin Maria L. Beide Fälle und die folgenden Strafprozesse waren bundesweit über Monate hinweg in den Medien. Dann wird auch das Jugendstrafrecht zum Thema. Die rechtlichen Regeln sind im Vergleich zum Erwachsenenstrafrecht in bestimmten Punkten anders.

Kinder bis 13 Jahre sind „schuldunfähig" bzw. „strafunmündig" Das bedeutet, der Staat kann sie nicht bestrafen, selbst wenn sie schwerste Straftaten begangen haben. Beispiel: Im Dezember 2016 teilte die Bundesanwaltschaft mit, ein 12-jähriger Junge habe an einem Einkaufscenter in Ludwigshafen einen Bombenanschlag verüben wollen. Ein Strafverfahren konnten die Ermittler aber nicht einleiten, weil der Junge noch nicht strafmündig war. Beispiel: Im März 2023 gestanden eine 12-Jährige und eine 13-Jährige die Tötung eines 12-jährigen Mädchens aus Freudenberg (NRW). Strafunmündigkeit bedeutet allerdings nicht, dass der Staat in solchen Fällen überhaupt nichts machen kann. Die Jugendämter und Familiengerichte prüfen dann regelmäßig, ob sie die Kinder z. B. in einem Heim oder einer psychiatrischen Anstalt unterbringen oder gegenüber den Eltern Maßnahmen ergreifen. Es können also nach einer Straftat durch ein Kind harte Konsequenzen drohen, aber nicht eine Strafe im klassischen Sinne.

▶   Die Begriffe „schuldunfähig" (so steht es im Gesetz) und „strafun-
    mündig" (allgemeiner Sprachgebrauch) haben die gleiche Bedeutung.
    Man kann beide verwenden.

Für Jugendliche von 14 bis 17 Jahren gilt das „Jugendstrafrecht" Jugend-
strafrecht bedeutet nicht, dass andere Delikte strafbar sind als bei Erwachsenen.
Der Unterschied liegt vor allem in der Art der Sanktionen und der Höhe der Strafe.
Die Gerichte müssen auch in jedem Einzelfall prüfen, ob der oder die Jugendliche
schon reif genug war, das Unrecht der konkreten Tat einzusehen und nach dieser
Einsicht zu handeln. Nur dann kann er oder sie verurteilt werden. Diese speziellen
Regeln sind im „Jugendgerichtsgesetz" (JGG) geregelt. Im Jugendstrafrecht spielt
bei den Sanktionen der „Erziehungsgedanke" eine zentrale Rolle. Es geht also
nicht darum, eine Straftat zu sühnen. Die Sanktion soll eine Warnung bzw. Denkzettel sein und dazu führen, dass der Jugendliche nicht erneut straffällig wird.

•   Wenn man die Art oder Höhe der Strafe einschätzen soll, ist dieser Grund-
    gedanke sehr wichtig. Weil er erklärt, warum manche eher „milde" erscheinende
    Sanktion vom Gesetz für Jugendliche genauso vorgesehen ist.

Besondere Sanktionen für Jugendliche Eine typische Strafe für einen jugendlichen Ersttäter ist, dass er Arbeitsstunden in einer gemeinnützigen Einrichtung
leisten muss. „Arrest" ist eine Art Kurzform der Freiheitsstrafe. Er soll laut Gesetz
dann verhängt werden, „wenn eine Jugendstrafe nicht geboten ist, dem Jugendlichen aber eindringlich zum Bewusstsein gebracht werden muss, dass er für das
von ihm begangene Unrecht einzustehen hat". Anders als die richtige Jugendstrafe
im Gefängnis darf der Arrest höchstens vier Wochen dauern und kann auch zeitlich
auf die Freizeit des Jugendlichen begrenzt sein. Für den Arrest gibt es spezielle
„Jugendarrestanstalten". Seit einiger Zeit ist auch ein „Warnschussarrest" in Kombination mit einer Jugendstrafe auf Bewährung möglich. Der Jugendarrest wird
nicht ins Bundeszentralregister eingetragen, der Jugendliche gilt also nicht als
vorbestraft.

Kein spezieller Gerichtszweig, aber spezialisierte Einheiten Wenn bei einem
Gerichtsprozess gegen einen Jugendlichen vom „Jugendgericht" oder von der
„Jugendkammer" die Rede ist, meint das keinen eigenen, speziellen Gerichts-
zweig. Es geht um spezielle Einheiten der klassischen Amts- oder Landgerichte in
Strafsachen. Innerhalb dieser Gerichte gibt es für Jugendstrafverfahren speziali-
sierte Einzelrichter (Amtsgericht) bzw. Kammern (Landgericht).

Höchststrafe zehn Jahre Gefängnis Allerdings sieht das Gesetz auch für Jugendliche eine Freiheitsstrafe vor, die „Jugendstrafe" genannt wird und in speziellen
Jugendgefängnissen verbüßt wird. Wenn man die verhängte Strafe einschätzen
soll, ist die Kenntnis der möglichen Höchststrafe wichtig. Der Mörder von Mia aus
Kandel wurde zum Beispiel zu achteinhalb Jahren Jugendstrafe verurteilt. Das ist
nicht weit weg von der Höchststrafe von zehn Jahren, also eine relativ harte Strafe.

Gerichtsprozess nicht öffentlich Das Jugendgerichtsgesetz schreibt vor, dass der
Strafprozess gegen einen Jugendlichen unter Ausschluss der Öffentlichkeit statt-
findet. Das Gericht hat hier keinen Spielraum, auch bei Fällen, die die Öffentlichkeit besonders bewegt haben. Würde das Gericht sich darüber hinwegsetzen,
müsste die nächste Instanz das Urteil zwingend wieder aufheben.

- Es ist wichtig, diesen Punkt in der Berichterstattung zu erklären. Gerade dann,
  wenn in Reaktionen gemutmaßt wird, hier solle etwas hinter verschlossenen
  Türen verborgen werden.

Prozessberichterstattung schwierig Der Ausschluss der Öffentlichkeit macht es
für Medien allerdings schwierig, über einen Strafprozess gegen einen Jugendlichen
zu berichten. Denn man kann nicht wie sonst im Gerichtssaal sitzen und den Prozess
verfolgen. Offizielle Informationen kann man in so einem Fall nur über die Pressestelle des Gerichts bekommen, und auch das nur begrenzt. Wegen des enormen
bundesweiten Interesses im Mordfall Mia hatte das zuständige Landgericht Landau
zum Prozessauftakt eine längere Pressekonferenz gegeben, auf der viele Fragen
rund um den Prozess erklärt wurden. Am Urteilstag teilte das Gericht Schuldspruch
und Strafmaß dann ebenfalls in einem öffentlichen Medienstatement mit.

„Heranwachsende" zwischen 18 und 20 Jahren Im Strafrecht ist es nicht so,
dass man mit der Volljährigkeit automatisch dem Erwachsenenstrafrecht unterliegt.
Es gibt noch eine Zwischenstufe der „Heranwachsenden" im Alter von 18–20 Jahren. Bei ihnen prüft das Gericht, ob sie ihrer Reife nach noch einem Jugendlichen
gleichzusetzen sind. Wenn ja, wendet das Gericht auf die Tat eines Heranwachsenden das Jugendstrafrecht an. Wenn nein, gilt für sie das Erwachsenenstrafrecht.

- Beispiel: Der 19-jährige Mörder von Maria L. wurde vom Landgericht Freiburg
  nach Erwachsenenstrafrecht zu lebenslanger Haft verurteilt. Das Gericht stellte
  die besondere Schwere der Schuld fest und ordnete zusätzlich anschließende
  Sicherungsverwahrung an.

Unterschied bei der möglichen Höchststrafe Wenn auf 18–20-Jährige Jugendstrafrecht angewendet wird, gilt im Prinzip die Höchststrafe des Jugendstrafrechts von zehn Jahren. Es gibt allerdings eine Sonderregel: Bei Mord plus besonderer Schwere der Schuld ist für Heranwachsende eine Höchststrafe von 15 Jahren möglich. Eine lebenslange Freiheitsstrafe gibt es im Jugendstrafrecht weder für Jugendliche noch für Heranwachsende.

Überblick: Die wichtigsten Punkte zum Jugendstrafrecht
Strafmündig ist man erst ab 14 Jahren. Wer jünger ist, kann nicht bestraft werden. Das Jugendstrafrecht gilt zwischen 14 und 17 Jahren. Ob ein Jugendlicher verurteilt wird, hängt von seiner Reife und Einsichtsfähigkeit ab. Zwischen 18 und 20 Jahren gilt je nach Reife Jugend- *oder* Erwachsenenstrafrecht. Der Prozess ist nicht öffentlich. Höchststrafe für Jugendliche: 10 Jahre. Bei den Strafen ist der „Erziehungsgedanke" das zentrale Kriterium.

3.6   Die Wiederaufnahme eines Strafprozesses

Der Fall Harry Wörz Mögliche Justizirrtümer beschäftigen Medien und Gesellschaft manchmal über viele Jahre oder sogar Jahrzehnte. Ein prominentes Beispiel ist der Fall Harry Wörz, der sogar in mehreren Dokumentationen und in einem Spielfilm abgebildet wurde. Wörz war ursprünglich wegen versuchten Mordes an seiner Lebensgefährtin 1998 rechtskräftig verurteilt worden. Das Strafverfahren war also eigentlich abgeschlossen. Als der Vater des Opfers Wörz danach in einem Zivilprozess auf Schadensersatz verklagte, bekam der Vorsitzende Richter in diesem Prozess Zweifel an Wörz' Schuld. Es kam in einem weiteren Schritt zu einer Wiederaufnahme des Strafverfahrens. An dessen Ende stand 2010 ein rechtskräftiger Freispruch.

Die Wiederaufnahme ist eine andere Situation, als wenn das Revisionsgericht ein Urteil aufhebt, den Fall an die untere Instanz zurückverweist und er neu verhandelt wird. Letzteres gehört zum noch laufenden Strafverfahren. Die Wiederaufnahme ist ein kompletter Neubeginn, nachdem das Strafverfahren schon rechtskräftig abgeschlossen war.

Prinzip „Rechtssicherheit" wird durchbrochen Wenn ein Strafprozess rechtskräftig abgeschlossen ist, soll das im Prinzip das letzte Wort gewesen sein. Der Gedanke dahinter ist, dass trotz allen Streits um die Wahrheit irgendwann Rechtssicherheit herrschen soll. Ausnahmsweise kann das Prinzip der Rechtssicherheit aber durchbrochen werden. Dann kann es eine „Wiederaufnahme des Strafverfahrens" geben. Das bedeutet: Der Prozess wird viele Jahre nach rechtskräftigem Abschluss komplett neu aufgerollt. Es gibt die Wiederaufnahme in zwei Varianten. (1) Jemand wurde rechtskräftig *verurteilt*, aber an seiner Schuld kommen Zweifel auf (Wiederaufnahme *zugunsten* eines Verurteilten). (2) Jemand wurde rechtskräftig *freigesprochen*, aber am Freispruch kommen Zweifel auf (Wiederaufnahme *zulasten* eines Freigesprochenen). Die rechtlichen Hürden für eine Wiederaufnahme sind in beiden Fällen sehr hoch.

Zweifel an der Verurteilung Ein typisches Beispiel für eine Wiederaufnahme zugunsten eines Verurteilten ist der genannte Fall Harry Wörz. Für eine Wiederaufnahme des Strafprozesses reicht es nicht aus, dass ein rechtskräftig Verurteilter beharrlich behauptet, „ich war's aber nicht". Die Strafprozessordnung enthält einen Katalog mit zulässigen Gründen für eine Wiederaufnahme. Der in der Praxis wichtigste davon lautet: „Wenn neue Tatsachen oder Beweise einen Freispruch oder eine Milderung bewirken könnten". Relativ klar wäre der Fall, wenn eine andere Person als die Verurteilte ein glaubhaftes Geständnis ablegt. Im Fall Harry Wörz gab es zwar kein anderes Geständnis. Doch die vorgelegten neuen Tatsachen und Beweise reichten aus, damit das Strafverfahren wiederaufgenommen wurde. Dennoch war es ein sehr langer Weg durch die Instanzen, bis er am Ende rechtskräftig freigesprochen wurde.

Wiederaufnahme zulasten eines Freigesprochenen Lange Zeit war die Wiederaufnahme in so einem Fall nur möglich, wenn die freigesprochene Person z. B. später ein Geständnis ablegte oder im Prozess gefälschte Urkunden zu ihren Gunsten verwendet wurden. Die gesetzlichen Hürden waren sehr hoch. Mit Aufkommen der DNA-Analyse als Beweismittel gab es aber einzelne Fälle, in denen eine freigesprochene Person viele Jahre später doch noch als Täter in Betracht kam. Daraus folgte eine rechtspolitische Diskussion, ob man eine Wiederaufnahme zulasten eines rechtskräftig Freigesprochenen per Gesetz leichter möglich machen sollte. Ein aus den Medien bekanntes Beispiel ist der Mordfall Frederieke von Möhlmann. Ein Mann war rechtskräftig freigesprochen worden. Viele Jahre später belastete ihn eine DNA-Probe.

Wiederaufnahme bei Freispruch vom Mord möglich 2021 änderte der Bundestag unter der Großen Koalition die Strafprozessordnung und ließ eine Wiederaufnahme des Verfahrens im Strafrecht zulasten eines Freigesprochenen auch dann zu, „wenn neue Tatsachen oder Beweismittel beigebracht werden, die allein oder in Verbindung mit früher erhobenen Beweisen dringende Gründe dafür bilden, dass der freigesprochene Angeklagte wegen Mordes (…) verurteilt wird." Ziel des Gesetzes ist es, eine gerade aus Sicht von Angehörigen eines Mordopfers als ungerecht empfundene Situation zu ändern („Man kann jetzt vielleicht beweisen, dass er doch der Mörder war, aber man kann ihn nicht mehr verurteilen"). Wichtig: Diese neue Möglichkeit gilt nur bei einem Freispruch vom Vorwurf des Mordes oder von Straftaten nach dem Völkerstrafrecht (z. B. Kriegsverbrechen). Bei allen anderen Straftaten führen neue Beweismittel weiterhin nicht zu einer Wiederaufnahme zulasten einer rechtskräftig freigesprochenen Person.

Verstoß gegen das Grundgesetz? Doch es gibt auch deutliche Kritik am neuen Gesetz. Es verstoße gegen das im Grundgesetz garantierte Recht, nicht zweimal wegen desselben Vorwurfs vor Gericht stehen zu müssen (lateinisch: „ne bis in idem"). Der Bundespräsident unterzeichnete das neue Gesetz nur mit verfassungsrechtlichen Bedenken und regte an, dass es im Bundestag erneut diskutiert werden solle. Das Landgericht Verden hatte im Mordfall Frederieke von Möhlmann auf Basis des neuen Gesetzes Haftbefehl gegen den freigesprochenen Angeklagten erlassen. Das Bundesverfassungsgericht hat nach einer Verfassungsbeschwerde des Verdächtigen jedoch im Eilverfahren angeordnet, den Haftbefehl außer Vollzug zu setzen, bis es das Gesetz abschließend geprüft hat.

Die Bundesanwaltschaft übernimmt – Terrorismus, Spionage und Co.

4

4.1 Wann die Bundesanwaltschaft die Ermittlungen übernimmt

„Breaking News" – ein Terrorfall! Jede Journalistin und jeder Journalist kann spontan in die Situation kommen, dass vor Ort im Berichtsgebiet ein Terroranschlag passiert, eine mögliche Anschlagsplanung aufgedeckt wird oder der Verdacht auf Bildung einer „terroristischen Vereinigung" besteht. Das können die ganz großen Fälle wie der Terroranschlag auf den Weihnachtsmarkt am Berliner Breitscheidplatz 2016 sein, oder Angriffe auf Politiker bzw. Messerattacken in einer Fußgängerzone. Häufig wird so ein Fall für Medien zu einer spontanen „Breaking-News-Lage." Oft übernimmt dann Minuten, Stunden oder Tage später der Generalbundesanwalt in Karlsruhe die Ermittlungen. Seine Behörde ist – allgemein gesagt – für die Ermittlungen zuständig, wenn es um Straftaten rund um den „Staatsschutz" geht.

> Beispiele: Morde der terroristischen Vereinigung NSU, Anschlag vom Berliner Breitscheidplatz, Mord an Walter Lübcke, islamistische Messerattacken in Würzburg, Hamburg oder Dresden, Verdacht einer terroristischen Vereinigung aus sogenannten „Reichsbürgern", Spionagefall beim BND, Abhören von Merkels Handy etc.

Motiv nicht immer sofort klar Immer wieder gibt es Fälle, in denen zunächst die Staatsanwaltschaft vor Ort wie üblich die Ermittlungen leitet, und der Generalbundesanwalt erst am nächsten Tag oder gar Wochen später die Ermittlungen übernimmt. Der Grund dafür ist oft, dass die Motivlage des Täters nach einer Tat manchmal nicht sofort klar ist. In akuten Lagen (Beispiel: Amoklauf bei den Zeugen Jehovas in Hamburg, März 2023) stehen Staatsanwaltschaft vor Ort und Bundesanwaltschaft in direktem Kontakt, ob eine Übernahme gerechtfertigt ist oder nicht. Es kann auch sein, dass erst nach der Auswertung von beschlagnahmten Beweismitteln bestimmte Anhaltspunkte für einen terroristischen Hintergrund vorliegen. Die Übernahme der Ermittlungen ist auch ein formaler Akt, der selbst bei klarer Sachlage einige Stunden dauern kann. Oft kommt dann vor Ort das Gerücht auf: „Karlsruhe hat den Fall übernommen." Nach der Mordserie des NSU hat die Bundesanwaltschaft sogar erst Jahre nach dem letzten Mord den Fall übernommen, weil sich erst dann das Motiv oder die mögliche Struktur als terroristischen Vereinigung herausgestellt hatte.

Wie man die Karlsruher Behörde richtig bezeichnet Die Karlsruher Behörde heißt offiziell „Der Generalbundesanwalt beim Bundesgerichtshof". Offiziell eingebürgert hat sich (auch in der Behörde selbst) der Begriff „Bundesanwaltschaft".

- Richtig: *„Der Generalbundesanwalt"* hat die Ermittlungen zum Attentat auf die Kölner Oberbürgermeisterin Reker übernommen. Richtig: *„Die Bundesanwaltschaft"* hat heute die Ermittlungen übernommen.
- Falsch: „Die Generalbundesanwaltschaft". Diesen Begriff bitte nicht verwenden! Dieser Fehler kommt sehr oft vor.
- Häufig wird der Generalbundesanwalt auch als „Deutschlands oberster Staatsanwalt" bezeichnet. Das trifft es nicht ganz. Er ist z. B. nicht der Vorgesetzte der Generalstaatsanwaltschaften oder Staatsanwaltschaften in den Bundesländern und kann diesen keine Weisungen erteilen. Wenn man seine besondere Stellung betonen möchte, kann man z. B. schreiben: „Der oberste Staatsanwalt des Bundes".

Eilmeldung! Razzia am frühen Morgen Eine weitere typische Situation für jede Reporterin oder jeden Reporter vor Ort kann sein: Am frühen Morgen gab es im Berichtsgebiet oder bundesweit eine groß angelegte Razzia wegen einer möglichen Anschlagsplanung. Oder wegen des Verdachts, eine Terrorzelle gegründet zu haben. Morgens um sieben ploppt die erste Eilmeldung auf dem Handy auf. In den vergangenen Jahren gab es solche Situationen zum Beispiel häufiger wegen des Verdachts, dass sich eine rechtsextremistische terroristische Vereinigung gegründet hat. Beispiele: „Revolution Chemnitz", „Old School Society", „Gruppe S"., verschiedene Gruppen sog. „Reichsbürger".

- „Razzia" ist kein rechtlicher Begriff. Es spricht aber auch nichts dagegen, ihn zu verwenden. Er meint meistens eine größere Aktion von Ermittlungsbehörden mit Durchsuchungen und evtl. Festnahmen.

Spezialkräfte der Polizei im Einsatz Bei Durchsuchungen und Festnahmen wegen Terrorverdachts sind im Auftrag der Ermittler häufig Spezialeinheiten der Polizei im Einsatz. Die bekannteste davon ist die „GSG 9 der Bundespolizei". GSG ist die Abkürzung für „Grenzschutzgruppe". Die Bundesländer haben ebenfalls Spezialeinheiten ihrer Polizei, kurz „SEK".

▶ Vorsicht: Bei diesen Einheiten sollte man den richtigen Begriff *Spezial*ein-satzkommando" verwenden, nicht *„Sonder*einsatzkommando". Man riskiert sonst Anklänge an die „Sonderkommandos" der SS.

„Über 50 Beschuldigte – 25 Festnahmen" Diese Schlagzeile vom Dezember 2022 stammt aus dem Fall der Gruppe sogenannter „Reichsbürger", die eine terroristische Vereinigung mit zahlreichen Mitgliedern gegründet und einen Umsturz geplant haben sollen. Es kommt immer wieder vor, dass bei Terrorermittlungen nicht sämtliche Beschuldigten festgenommen werden. Beim Publikum wirft das oft Fragen auf. Der Grund ist in der Regel, dass nicht für alle Beschuldigten der erforderliche „dringende Tatverdacht" vorliegt, den man für einen Haftbefehl braucht. Um ein „einfacher" Beschuldigter zu sein, genügt schon ein „Anfangsverdacht" aus. Gegen diese Personen wird ermittelt. Bei ihnen kann mit richterlichem Beschluss auch durchsucht werden. Sie bleiben aber auf freiem Fuß. Wenn sich durch die Ermittlungen aus dem „Anfangsverdacht" bei weiteren Beschuldigten ein „dringender Tatverdacht" wird, können auch diese später festgenommen werden und in U-Haft kommen.

Durchsuchungen, aber keine Festnahmen Es kommt auch immer wieder vor, dass die Bundesanwaltschaft (oder eine örtliche Staatsanwaltschaft bei anderen Delikten) eine größere Durchsuchungsaktion startet, aber keine Personen festnimmt. Ob es Festnahmen gab oder nicht, sollte man bei den Behörden erfragen. Wenn bei so einer Aktion keine gab, kann man in der Regel daraus schließen: Es gibt eine Reihe von Beschuldigten, gegen die ein Ermittlungsverfahren läuft und bei denen durchsucht wurde. Für einen „dringenden Tatverdacht" reicht es aber bislang nicht aus. Oft ist das Ziel der Durchsuchungen, mögliche Beweismittel dafür zu finden. Beispiel: Bei den Durchsuchungen gegen die rechtsextremistische „Gruppe S." 2020 hatte die Bundesanwaltschaft vorher keine Haftbefehle beantragt, weil bislang kein „dringender Tatverdacht" vorlag. Die Beschuldigten wurden zunächst nur vorläufig festgenommen. Ohne Haftbefehl hätte man sie spätestens zum Ende des kommenden Tages auf freien Fuß setzen müssen. Nach entsprechenden Waffenfunden beantragte die Bundesanwaltschaft aber am selben Nachmittag sofort Haftbefehle. Die 12 Beschuldigten wurden zum Ermittlungsrichter nach Karlsruhe gebracht und kamen anschließend in Untersuchungshaft. Es kann auch zulässig sein, für die Suche nach Beweismitteln die Wohnungen von Zeugen zu durchsuchen, die nicht den Status eines Beschuldigten haben.

Bundesanwaltschaft allein für Medienarbeit zuständig In den ersten Stunden nach einer Festnahme wegen Anschlagsverdachts oder nach einem Anschlag vor Ort stellt sich sehr schnell die Frage, wer jetzt für Presseauskünfte oder auch Pressekonferenzen zuständig ist. Wenn die Bundesanwaltschaft die Ermittlungen übernommen hat, ist sie auch für die Pressearbeit zuständig. Das kann bisweilen zu schwierigen Situationen führen, weil die Ansprechpartner der Pressestellen von Staatsanwaltschaft und Polizei vor Ort sagen: Dafür ist jetzt Karlsruhe zuständig, wir dürfen nichts sagen. Und die Pressestelle der Bundesanwaltschaft womöglich nicht immer genauso auskunftsfreudig ist wie die Ansprechpartner vor Ort.

Für diese Fälle ist der Generalbundesanwalt zuständig Die Aufgabenverteilung für Ermittlungen nach Straftaten ist: Im Prinzip ist das die Sache der Staatsanwaltschaften in den Bundesländern. Ausnahmsweise ist die Staatsanwaltschaft des Bundes zuständig. Dafür gibt es zwei Konstellationen.

- (1) Es gibt im Gesetz einen Katalog von Straftaten, bei denen die Bundesanwaltschaft im Verdachtsfall *automatisch* für die Ermittlungen zuständig ist. Die wichtigsten Beispiele sind: Mitgliedschaft in einer terroristischen Vereinigung; Spionage und Landesverrat; Straftaten nach dem Völkerstrafgesetzbuch (z. B. Kriegsverbrechen). Der genaue Katalog der Straftaten steht in § 120 Absatz 1 Gerichtsverfassungsgesetz.
- (2) Bei anderen schweren Straftaten (z. B. Mord, Vorbereitung einer schweren staatsgefährdenden Gewalttat, schwere Brandstiftung) *kann* die Bundesanwaltschaft die Ermittlungen der Staatsanwaltschaft vor Ort an sich ziehen. Voraussetzung dafür ist die „besondere Bedeutung" des Falles, zum Beispiel der Verdacht auf einen politischen Hintergrund einer Tat. Der Katalog an Straftaten und Voraussetzungen für so eine Übernahme in bestimmten Fällen steht in § 120 Absatz 2 Gerichtsverfassungsgesetz.

„Terroristische Vereinigung" = Struktur von mindestens *drei* Personen Immer wenn es um den Verdacht der Mitgliedschaft in einer „terroristischen Vereinigung" geht, ist die Bundesanwaltschaft für die Ermittlungen zuständig. „Terroristische Vereinigung" bedeutet im Kern: Eine Struktur aus mindestens drei Personen, die das gemeinsame Ziel haben, Menschen umzubringen (Totschlag, Mord, Völkermord etc.). Man muss mit der Gruppe nicht aktiv eine bestimmte Straftat begangen haben, zum Beispiel einen Mord. Es reicht für die Strafbarkeit aus, dass so eine Vereinigung besteht und man dort Mitglied ist. Allerdings muss sich die Gruppe als Struktur fest zusammengefunden haben.

- Klassische Beispiele: RAF, „Islamischer Staat", Al Quaida, NSU, PKK etc.

Spionage und Landesverrat Außerdem ist die Bundesanwaltschaft immer dann zuständig, wenn es um den Verdacht von Spionage geht. Der genaue Begriff dafür lautet „geheimdienstliche Agententätigkeit" (§ 99 Strafgesetzbuch). Früher ermittelte Karlsruhe zum Beispiel gegen den DDR-Spion Markus Wolf. Aufsehen erregte die NSA-Abhöraffäre, als bekannt wurde, dass der amerikanische Geheimdienst NSA ein Handy der damaligen Bundeskanzlerin Merkel abgehört hatte. Im Dezember 2022 nahm die Bundesanwaltschaft einen leitenden Mitarbeiter des Bundesnachrichtendienstes (BND) wegen des dringenden Tatverdachts auf „Landesverrat" fest. Das Delikt „Landesverrat" geht über die „geheimdienstliche Agententätigkeit" hinaus und setzt voraus, dass der Verdächtige Staatsgeheimnisse verraten hat. Im konkreten Fall geht es um den Verdacht, Dokumente und Dateien an einen russischen Geheimdienst verraten zu haben.

Völkerstrafrecht – Syrische Folter vor deutschen Gerichten Die Bundesanwaltschaft ist nicht nur für Terrorismusdelikte zuständig. Nach dem deutschen „Völkerstrafgesetzbuch" kann sie auch bei Straftaten ermitteln, die nicht auf deutschem Boden begangen wurden, und bei denen es weder deutsche Täter noch Opfer gibt. Das nennt man das „Weltrechtsprinzip". Es geht dabei um Delikte wie Kriegsverbrechen, Völkermord und Verbrechen gegen die Menschlichkeit.

- Beispiel: Zwei ehemalige Mitarbeiter des syrischen Geheimdienstes wurden wegen systematischer Folter in einem Gefängnis des Geheimdienstes vom OLG Koblenz verurteilt. Auch Kriegsverbrechen in der Ukraine könnten rechtlich vor einem deutschen Gericht angeklagt werden.

Täter oder Opfer in Deutschland? Natürlich kann der Generalbundesanwalt nicht sämtliche Kriegsverbrechen in aller Welt aufklären. Um mögliche Täter wirklich vor Gericht bringen zu können, müssten diese auch hier in Deutschland sein. Und es muss gutes Beweismaterial geben. Im Fall aus Syrien war es so, dass Täter und Opfer als Flüchtende nach Deutschland gekommen waren. Außerdem standen den Ermittlern riesige Dateien mit Bildern aus dem Foltergefängnis in Damaskus als Beweismaterial zur Verfügung. Auch zu möglichen Verbrechen im Krieg Russlands gegen die Ukraine hat der Generalbundesanwalt ein Ermittlungsverfahren eröffnet.

Übernahme wegen „besonderer Bedeutung des Falles" Beim Verdacht auf eine „terroristische Vereinigung" ist der Generalbundesanwalt automatisch zuständig. Es kommt aber auch häufig folgende Situation vor: Es besteht der Verdacht auf eine Straftat mit politischem Hintergrund, aber es gibt nur ein oder zwei Tatverdächtige, oder eine Gruppe hat nicht die nötige feste Struktur. Dann kann die Bundesanwalt-schaft die Ermittlungen unter folgenden Voraussetzungen trotzdem übernehmen:

(1) Es geht um eine im Gesetz aufgezählte Straftat (z. B. Mord, Totschlag, Vor-bereitung einer schweren staatsgefährdenden Gewalttat, Geiselnahme, schwere Brandstiftung, Sprengstoffdelikte)
(2) Die Tat ist geeignet, die innere oder äußere Sicherheit der Bundesrepublik oder ihrer Verfassungsgrundsätze zu gefährden
(3) Und der Fall hat eine „besondere Bedeutung".

„Besondere Bedeutung" = politischer Hintergrund einer Tat Beim Formulie-ren von Meldungen kann man sich auf das Merkmal der „besonderen Bedeutung" konzentrieren. Es meint einen politischen Hintergrund einer Tat; oder eine Situa-tion, in der die Tat das Sicherheitsgefühl eines großen Teils der Bevölkerung beein-trächtigt. Beispiele: Bei den Attentaten auf Walter Lübcke und Henriette Reker ging es um mögliche Einzeltäter, die nicht Teil einer „terroristischen Vereinigung" sind, aber aus politischen und extremistischen Motiven gehandelt haben. Auch bei einem Brandanschlag auf ein Wohnheim für Asylsuchende kann der General-bundesanwalt auf diesem Wege die Ermittlungen übernehmen.

Beispiel Ermittlungen gegen sogenannte „Reichsbürger" Bei den Ermittlungen gegen sogenannte „Reichsbürger" kann man die zwei unterschiedlichen Wege zur Zuständigkeit der Bundesanwaltschaft gut sehen. (1) Bei der großen Festnahme-und Durchsuchungsaktion im Dezember 2022 ging es um den dringenden Tatver-dacht der Mitgliedschaft in einer „terroristischen Vereinigung". (2) Nachdem eine Einzelperson im April 2022 in Boxberg auf Polizisten schoss, die sein Haus wegen illegalen Waffenbesitzes durchsuchen wollten, übernahm die Bundesanwaltschaft die Ermittlungen wegen der „besonderen Bedeutung des Falles".

- Formulierungsvorschlag: „Die Bundesanwaltschaft hat die Ermittlungen zum Anschlag auf ... wegen der „besonderen Bedeutung des Falles" übernommen. Es bestehe der Verdacht eines politischen Hintergrundes der Tat."

Hat die Bundesanwaltschaft den Fall *wirklich* schon übernommen? Wenn die Staatsanwaltschaften der Bundesländer den Eindruck haben, ein Fall könnte „etwas für den GBA" sein, legen sie die Ermittlungsakten in Karlsruhe zur Prüfung vor. In der Regel sind die Generalstaatsanwaltschaften der Bundesländer für den Kontakt nach Karlsruhe zuständig und haben eine eigene Abteilung für Fälle mit Terrorismusverdacht. Die Bundesanwaltschaft prüft dann manchmal länger, ob sie ein Ermittlungsverfahren einleitet bzw. ob sie die Ermittlungen an sich zieht. Das ist dann das Stadium eines „Prüfvorgangs" oder von „Vorermittlungen" (das es bei einer Staatsanwaltschaft vor Ort ebenfalls geben kann). Eine typische Situation ist, dass Medien die (Eil)meldung „Generalbundesanwalt ermittelt wegen ..." bringen, obwohl die Bundesanwaltschaft ein Ermittlungsverfahren noch gar nicht eingeleitet oder sie die Ermittlungen noch gar nicht übernommen hatte. Diese Meldungen mussten dann korrigiert werden. Hier sollte man z. B. bei der Pressestelle nachfragen, in welchem Stadium sich ein Fall befinden.

Warum die Prüfung der Übernahme manchmal dauert Ob die Bundesanwaltschaft einen Fall übernimmt, ist keine Frage reinen Ermessens. Die gesetzlichen Voraussetzungen dafür müssen vorliegen. Immerhin wird dadurch vom Regelfall der Zuständigkeit der Staatsanwaltschaften in den Bundesländern abgewichen. Mit der Übernahme werden auch andere Gerichte für den Fall zuständig. Die Anklage geht in erster Instanz an ein Oberlandesgericht. Für Durchsuchungsbeschlüsse und Haftbefehle im Ermittlungsverfahren ist der Bundesgerichtshof zuständig. Wenn die Bundesanwaltschaft beim BGH z. B. einen Haftbefehl beantragt, prüft der Ermittlungsrichter genau, ob die gesetzlichen Voraussetzungen für die Zuständigkeit der Bundesanwaltschaft vorliegen, etwa die „besondere Bedeutung" des Falles. Wenn nicht, würde er den Antrag ablehnen.

Wann die Bundesländer bei Terrorismusverdacht zuständig bleiben Es gibt aber auch ein Delikt im Zusammenhang mit Terrorismus, bei dem laut Gesetz die Staatsanwaltschaft vor Ort zuständig ist: Die „Vorbereitung einer schweren staatsgefährdenden Gewalttat" (§ 89 a StGB). Wenn man diesen Begriff das erste Mal hört, denkt man, dass da jemand ganz kurz davor gewesen sein muss, einen großen Anschlag zu begehen. Die Bezeichnung der Tat klingt aber martialischer, als sie in Wirklichkeit oft ist.

Beispiel: Anleitung zum Bombenbau herunterladen Strafbar sind dabei schon Handlungen weit im Vorfeld eines Anschlags. Beispiel: Jemand besorgt sich Kalium und recherchiert nach Bauanleitungen für eine Bombe.

- Wenn wegen „Vorbereitung einer schweren staatsgefährdenden Gewalttat" ermittelt wird, sollte man nicht nur das Delikt zitieren, sondern die konkreten Vorwürfe nennen. Sonst erweckt man womöglich zu Unrecht den Eindruck einer akut drohenden Gefahr.
- Zu einfach ist in der Regel eine (häufig zu lesende) Umschreibung wie: „Der Beschuldigte soll einen schweren Anschlag geplant haben."

Bundesanwaltschaft kann den Fall übernehmen Auch bei Ermittlungen wegen einer „schweren staatsgefährdenden Gewalttat" kann die Bundesanwaltschaft die Ermittlungen wegen der „besonderen Bedeutung des Falles" übernehmen. Das hat sie z. B. 2018 gemacht, als in einer Kölner Wohnung ca. 1000 toxische Dosen des Giftstoffs Rizin gefunden wurden.

Bundesanwaltschaft kann Ermittlungen auch wieder abgeben Im Laufe der Ermittlungen kann sich der Verdacht eines politischen Hintergrunds einer Tat auch nicht erhärten. Dann gibt die Bundesanwaltschaft die Ermittlungen wieder an die Staatsanwaltschaft vor Ort ab. Beispiel: Nach dem Anschlag auf den Mannschaftsbus von Borussia Dortmund 2017 gab es zunächst den Verdacht eines terroristischen Anschlags. Deswegen hat die Bundesanwaltschaft den Fall wegen der besonderen Bedeutung übernommen. Später stellte sich heraus, dass das Motiv des Täters reine Habgier war. Er wollte den Aktienkurs des Fußballclubs mit der Tat beeinflussen. Deshalb hat die Bundesanwaltschaft das Verfahren wieder an die Staatsanwaltschaft Dortmund abgegeben, die dann Anklage wegen versuchten Mordes erhoben hat.

4.2   Wer macht was bei Terrorismusermittlungen?

Typische Abläufe und Akteure Nach einem Terroranschlag und möglichen Festnahmen gibt es typische Abläufe mit mehreren agierenden Behörden. Dabei muss man die Rollenverteilung kennen, um richtig zu formulieren. Die üblichen Akteure sind: Der Generalbundesanwalt; das Bundeskriminalamt und/oder die Landeskriminalämter; der Ermittlungsrichter beim Bundesgerichtshof. Die Aufgabenver-

teilung funktioniert vom Prinzip her genau wie bei einem Ermittlungsverfahren vor
Ort (siehe Kap. 2), es sind nur andere Behörden. Die drei Rollen sind: Staatsanwaltschaft, Polizei, Ermittlungsrichter.

Der Generalbundesanwalt ist der Staatsanwalt und leitet die Ermittlungen Ermitteln bedeutet konkret, dass der Generalbundesanwalt zum Beispiel Durchsuchungen in Auftrag gibt, Haftbefehle beantragt oder den Aufruf zu einer öffentlichen Fahndung herausgibt.

Das Bundeskriminalamt ist fürs operative Geschäft zuständig Das Bundeskriminalamt (BKA) hat in Terrorverfahren häufig die Rolle der Polizei inne. Es gibt
beim BKA eine große Staatsschutzabteilung mit vielen spezialisierten Er-
mittlerinnen und Ermittlern. Der Generalbundesanwalt beauftragt das Bundeskriminalamt häufig mit der Durchführung der Ermittlungen. Manchmal werden
auch die Landeskriminalämter der Bundesländer beauftragt, in denen der konkrete
Fall spielt. Beispiel Anschlag am Breitscheidplatz: Das BKA hat z. B. die Spuren
im LKW untersucht und Durchsuchungen vor Ort ausgeführt. Es arbeitet dabei oft
mit dem Landeskriminalamt des betroffenen Bundeslandes zusammen, bei konkreten Maßnahmen auch mit Spezialeinheiten wie der GSG 9 der Bundespolizei.

Der Ermittlungsrichter beim Bundesgerichtshof Wenn der Generalbundesanwalt die Ermittlungen leitet, ist für den Erlass von Haftbefehlen und Durch-
suchungsbeschlüssen oder die Genehmigung von heimlichen Überwachungsmaß-
nahmen der Ermittlungsrichter beim Bundesgerichtshof in Karlsruhe zuständig.
Der Generalbundesanwalt beantragt diese Maßnahmen. Das Amt des Ermittlungs-
richters wird von mehreren BGH-Richterinnen und Richtern ausgeübt.

Beschuldigte werden nach Karlsruhe gebracht Eine wichtige Rolle spielt der
Ermittlungsrichter, wenn es um Haftbefehle geht. Nach einer Festnahme wegen
Terrorismusverdachts müssen die Beschuldigten bis zum Ablauf des folgenden
Tages dem Ermittlungsrichter beim BGH vorgeführt, also „nach Karlsruhe ge-
bracht" werden. Früher landete dafür häufig ein Hubschrauber der Bundespolizei
direkt auf dem Gelände des Bundesgerichtshofs. Inzwischen landet der Hub-
schrauber an einer anderen Stelle in Karlsruhe. Die Beschuldigten werden dann in
einer Wagenkolonne zum BGH gebracht (oder von vornherein nur per Auto). Im
Anhörungstermin werden dem Beschuldigten die Vorwürfe gegen ihn mitgeteilt.
Wenn er möchte, kann er dazu Stellung nehmen.

Bei einer Vorführung kann es zwei Situationen geben. (1) Entweder es lag schon
vor der Festnahme ein Haftbefehl vor. Wenn der Ermittlungsrichter die Voraus-

setzungen dafür weiterhin bejaht, ordnet er Untersuchungshaft an. Man kann z. B. formulieren: „Am Nachmittag hat der Ermittlungsrichter den Haftbefehl bestätigt. Der Verdächtige kommt nun in Untersuchungshaft." (2) Oder es gab bei der Festnahme noch keinen Haftbefehl, z. B. weil sie spontan war oder es noch keinen „dringenden Tatverdacht" gab. Dann entscheidet der Ermittlungsrichter nach der Vorführung, ob er auf Antrag des Generalbundesanwalts einen Haftbefehl erlässt und Untersuchungshaft anordnet. Man kann z. B. formulieren: „Vor wenigen Minuten hat der Ermittlungsrichter einen Haftbefehl erlassen. Der Verdächtige kommt nun in Untersuchungshaft." Falls die Voraussetzungen für einen Haftbefehl nicht (mehr) vorliegen, kommt der Beschuldigte auf freien Fuß. Es wird aber weiter gegen ihn ermittelt.

Terrorverdächtige sitzen nicht in Karlsruhe in U-Haft Für die Untersuchungshaft werden die Beschuldigten nicht in ein spezielles Gefängnis in Karlsruhe gebracht, sondern auf Justizvollzugsanstalten im ganzen Bundesgebiet verteilt. Wenn möglich, kommen nie mehrere Verdächtige aus einer mutmaßlichen terroristischen Vereinigung in dieselbe JVA, um Kontaktaufnahmen zu vermeiden. Außerdem wird nach Möglichkeit für den Beschuldigten eine heimatnahe JVA gesucht. Falls es besondere Vorkommnisse rund um Terrorverdächtige in U-Haft gibt, ist dafür nicht der Generalbundesanwalt zuständig, sondern die JVA vor Ort.

- Beispiel: 2016 brachte sich der wegen Terrorverdachts in Leipzig in U-Haft sitzende Beschuldigte Jabr Al-Bakr in seiner Zelle um. Für Fragen rund um dieses Vorkommnis war nicht der Generalbundesanwalt, sondern die Landesjustiz in Sachsen zuständig.

> **Überblick: Wer macht was bei Terrorverdacht?**
> Die Bundesanwaltschaft leitet die Ermittlungen. Sie beauftragt das Bundeskriminalamt mit den Ermittlungen. Der Bundesgerichtshof erlässt die Haftbefehle und Durchsuchungsbeschlüsse.

4.3   Besonderheiten bei Anklage und Prozess

Bundesanwaltschaft entscheidet, ob sie Anklage erhebt Wenn die Bundesanwaltschaft Terrorermittlungen übernimmt, hat sie die Rolle der Staatsanwaltschaft inne. Am Ende des Ermittlungsverfahrens entscheidet sie, ob ein „hin-

reichender Tatverdacht" besteht und sie Anklage erhebt, oder ob sie die Ermittlungen
einstellt. Dazu gibt es dann meistens eine Pressemitteilung. In großen Verfahren
wie dem NSU-Komplex gibt es manchmal unter Medien eine Art Wettrennen, wer
als erster meldet, dass Anklage erhoben wurde. Man muss wissen: „Anklage erhoben" ist noch nicht dann, wenn die Anklageschrift die Bundesanwaltschaft (oder
jede andere Staatsanwaltschaft) verlassen hat. Sondern erst dann, wenn sie beim
zuständigen Gericht eingegangen ist.

- Wenn man die Information hat, dass die Anklageschrift die Behörde verlassen
  hat, sollte man noch nicht schreiben: „Bundesanwaltschaft hat Anklage erhoben." Sondern: „Bundesanwaltschaft bringt Anklage auf den Weg."

Pressemitteilung oft erst später Offizielle Informationen über den Inhalt der Anklageschrift in Form einer Pressemitteilung erhält man oft erst einige Tage nach
Eingang bei Gericht. Das Gericht stellt die Anklageschrift dann noch den angeklagten Personen bzw. ihren Verteidigern zu. Oft geht die Pressemitteilung der
Bundesanwaltschaft erst raus, wenn der Zugang dort erfolgt ist. Dahinter steht der
Gedanke, dass der Betroffene vom Inhalt der Anklage nicht aus der Presse erfahren soll.

Bundesanwaltschaft klagt immer beim Oberlandesgericht an Wenn die
Bundesanwaltschaft für das Ermittlungsverfahren zuständig ist, sind laut Gesetz
immer die Oberlandesgerichte die erste Instanz. Dort gibt es spezialisierte „Staats-
schutzsenate". An welches Gericht genau die Anklage geht, hängt meistens davon
ab, in welchem Bundesland der Tatort lag. Hat ein Bundesland mehrere Oberlandesgerichte, kommen die Staatsschutzverfahren an das OLG, in dessen Bezirk
die Landeshauptstadt liegt.

- Beispiel: In NRW gibt es zum Beispiel drei Oberlandesgerichte (Köln, Hamm,
  Düsseldorf). Für Staatsschutzverfahren ist das OLG Düsseldorf zuständig.

Bei mehreren angeklagten Taten gibt es Spielraum Die Anklage zum versuchten Bombenanschlag am Bonner Hauptbahnhof 2015 ging also ans OLG
Düsseldorf. Der Mord an Walther Lübcke wurde in der Nähe von Kassel begangen,
deswegen war das OLG Frankfurt am Main zuständig. Bei einer deutschlandweiten
Serie von politisch motivierten Morden wie im Fall NSU hat die Bundesanwaltschaft Spielraum, wo sie Anklage erhebt. Sie hat danach entschieden, in welchem
Bundesland die meisten Taten begangen wurden. Das war Bayern, sodass die Anklageschrift an das OLG München ging.

Zwischenschritt „Zulassung der Anklage" Wie in jedem Strafverfahren steht zwischen Anklageerhebung und möglichem Prozessbeginn ein weiterer Schritt. Das OLG muss entscheiden, ob es die Anklage der Bundesanwaltschaft zulässt und das Hauptverfahren eröffnet. Mit der Zulassung der Anklage legt das Gericht oft auch das Datum für den Prozessbeginn fest. Für Prozessbeobachter der Medien eine wichtige Information, weil sie dann mit der Organisation losgehen können. Die Akkreditierungsbedingungen des Gerichts sollte man genau studieren.

Terrorismusprozess am Oberlandesgericht Der Prozessauftakt und der Urteilstag sind bei großen Staatsschutzprozessen oft Großkampftage. Im Lübcke-Prozess in Frankfurt oder im Prozess um syrische Staatsfolter in Koblenz mussten auch akkreditierte Journalisten schon in der Nacht vor dem Gericht anstehen, um einen der knappen Plätze im Gerichtssaal zu ergattern. Beim NSU-Prozess zwischen 2013 und 2018 gab es im Vorfeld enorme Diskussionen über die Akkreditierung.

- Die Fragen rund um Organisation, Ablauf und Inhalte zum Prozessauftakt und am Urteilstag an einem Terrorprozess vor dem Oberlandesgericht sind in weiten Teilen dieselben wie bei einem „normalen" Strafprozess am Amts- oder Landgericht (siehe Kap. 3)

Bürger gegen Staat – Verwaltung und Verwaltungsgerichte

Rechtsschutz gegen den Staat Spätestens seit der Corona-Pandemie spielen Verwaltungsgerichte in der journalistischen Arbeit eine große Rolle. Aber auch zu Urteilen der Verwaltungsgerichte über Diesel-Fahrverbote in den Innenstädten gab es schon einen ARD-Brennpunkt. Beim Verwaltungsgericht können sich Bürgerinnen und Bürger gegen staatliche Maßnahmen wehren. Die typische Situation: Eine Behörde hat ein Verbot angeordnet, also einen „Verwaltungsakt" erlassen. Ein Bürger oder eine Bürgerin fühlt sich dadurch in seinen bzw. ihren Rechten verletzt. Im Grundgesetz (Art. 19 Absatz 4) steht: „Wird jemand durch die öffentliche Gewalt in seinen Rechten verletzt, so steht ihm der Rechtsweg offen." Dafür gibt es die Verwaltungsgerichte vor Ort. In der Praxis spielt der sogenannte Eilrechtsschutz eine wichtige Rolle. Das Thema Verwaltungsprozess ist ein sehr weites Feld. Hier soll es nur um typische Situationen und Beispiele aus der journalistischen Praxis gehen.

5.1 Beispiel: Eilantrag gegen ein Versammlungsverbot.

Das umstrittene Demo-Verbot Dieser Fall kommt in vielen Städten vor: Für den kommenden Samstag ist eine Demonstration einer rechtsextremen (oder einer anderen) Gruppierung geplant. Massive Gegendemonstrationen sind bereits angekündigt. Stadtverwaltung, Gemeinderat und Öffentlichkeit diskutieren schon seit Wochen darüber, ob die Demonstration verboten oder eingeschränkt werden soll. Die zuständige Versammlungsbehörde (oft der Oberbürgermeister) verfügt wenige Tage vorher, dass die Demonstration verboten wird. Begründung: Man wolle ein starkes Zeichen gegen Rechtsextremismus setzen. Außerdem seien zu viele Gegen-

F. Bräutigam, *Recht richtig formulieren*, Journalistische Praxis, https://doi.org/10.1007/978-3-658-41771-0_5

demos angekündigt, da könne man die Versammlung nicht ausreichend schützen. Und schon geraten das Grundrecht auf Versammlungsfreiheit in Artikel 8 Grundgesetz und der Schutz der öffentlichen Sicherheit in Konflikt.

▶   Art. 8 Grundgesetz spricht von „Versammlungen". Die Begriffe „Versammlung" und „Demonstration" kann man aber als Synonym verwenden.

Demonstrationen müssen nicht „genehmigt" werden Eine typische Fehlerquelle lauert schon bei Berichten im Vorfeld einer Demonstration. Eine Demonstration muss man vom Staat nicht „genehmigen" lassen. Die Versammlungsfreiheit ist ein hohes Gut. Im Prinzip ist eine Demo erstmal erlaubt. Man muss sie der Behörde nur „anzeigen", also melden, damit die Behörde bestimmte „Auflagen" für die Demo prüfen und womöglich erlassen kann. Typische Auflagen sind z. B.: Nur eine bestimmte Strecke oder ein bestimmter Ort, eine begrenzte Zahl an Teilnehmenden, ein Verbot bestimmter Fahnen oder Abzeichen etc.

▶   Wenn die Demo wie geplant stattfinden kann, bitte nicht schreiben: „Die Behörde hat die Demo *genehmigt*". Richtig ist: Die Behörde hat für die angemeldete Demonstration (keine) Auflagen erlassen.

Eilrechtsschutz gegen ein Versammlungsverbot Ein Versammlungsverbot ist eine typische Situation für sogenannten „Eilrechtsschutz", auch „vorläufiger Rechtsschutz" genannt. Nachdem die Veranstalter der Demo die Verbotsverfügung erhalten haben, macht schnell die Nachricht die Runde: Sie haben beim Verwaltungsgericht einen Eilantrag gegen das Verbot gestellt. Die Pressestelle des Gerichts bestätigt den Eingang, z. B. am Mittwoch vor der geplanten Demo am Samstag. Mit einer Eilentscheidung haben die Gerichte die Möglichkeit, das Versammlungsverbot kurzzeitig außer Kraft zu setzen, sodass die Demonstration stattfinden kann. Oder sie lehnen den Eilantrag ab, dann bleibt es beim Verbot.

Sehr schnelle Entscheidungen möglich Bei einem Prozess am Verwaltungsgericht denkt man womöglich an ein jahrelanges Verfahren. Im Eilverfahren und gerade in einer Situation wie hier sind aber schnelle Entscheidungen innerhalb weniger Tage oder sogar Stunden die Regel. Das Gericht macht in der kurzen Zeit nur eine „summarische Prüfung" des Falles auf Basis der bekannten Fakten, keine ausgefeilte und abschließende Entscheidung.

Versammlungsverbot muss gut begründet werden Die inhaltliche Linie der Gerichte lautet, mit Blick auf die vom Grundgesetz geschützte Versammlungsfreiheit: Ein Versammlungsverbot kann nur das letzte Mittel sein. Die Behörde muss bei ihrer Entscheidung eine belastbare Prognose abgeben, wie groß die Gefahr für die „öffentliche Sicherheit" durch eine Demo ist. Also: Wie wahrscheinlich ist es, dass dort durch Gewalt, verbotene Kennzeichen o. ä. gegen Gesetze verstoßen wird? Die Behörden müssen konkrete Argumente auf den Tisch legen, warum genau bei dieser Demo z. B. Gewalt sehr wahrscheinlich sein wird. Sie dürfen das nicht einfach so behaupten. An dieser Hürde scheitern in der Praxis häufig Versammlungsverbote vor Gericht, weil Behörden das Verbot nicht ausreichend begründen konnten. Ausnahmen bestätigen wie immer die Regel. Ein Demo-Verbot In Leipzig im Juni 2023 gegen das Strafurteil im Fall „Lina E." hatte vor Gericht Bestand. Die Überschrift nach einem erfolgreichen bzw. erfolglosen Eilantrag vor Gericht kann z. B. lauten:

- „Verwaltungsgericht gibt Eilantrag gegen Demoverbot statt." Oder einfacher: „Verwaltungsgericht: Demo kann stattfinden."
- Falsch wäre: „Verwaltungsgericht genehmigt Demo".
- „Verwaltungsgericht: Demo bleibt verboten." Oder: „Verwaltungsgericht lehnt Eilantrag gegen Demoverbot ab."

„Auflagen" als Alternative zum Verbot Wenn das Versammlungsverbot nur das letzte Mittel sein darf, müssen die Behörden vor einem Verbot mildere Mittel prüfen. In der Praxis erlassen sie häufig „Auflagen", die die Gefahr für die öffentliche Sicherheit beseitigen können. Die typische Begründung eines Gerichts für die Aufhebung eines Versammlungsverbot lautet, dass Auflagen als milderes Mittel im Vergleich zum Verbot möglich sind.

„Wer ist der „Buhmann" vor Ort?" Bei Versammlungsverboten vermischen sich oft rechtliche und politische Aspekte. Zur Einschätzung ist wichtig: In aller Regel wurde den Entscheidungsträgern vor Ort von ihrem juristischen Dienst gesagt, dass ein komplettes Verbot sich meistens auf dünnem rechtlichem Eis bewegt. Nicht selten wird es trotzdem erlassen, weil man ein politisches Zeichen setzen möchte. Manchmal hat dies den politischen Nebeneffekt, dass der „Buhmann" vor Ort dann das Gericht ist, nicht die Behörde. Nach dem Motto: Man habe als Gemeinde alles versucht, aber das Gericht habe der Stadt einen Strich durch die Rechnung gemacht. Das Gericht hat allerdings nur die hohen Hürden des Grundgesetzes berücksichtigt. Das kann man kritisieren oder für falsch halten. Dieses mögliche „Rollenspiel" hinter einem Demoverbot sollte man jedoch kennen.

„Warum schützt die Polizei eine Nazi-Demo?" Diese Frage stellt man sich manchmal, oder sie taucht in politischen Statements oder in Leserbriefen auf. Die Schwierigkeit besteht darin, den Zweck der Regeln zur Versammlungsfreiheit vom konkreten Fall zu trennen. Die Polizei muss die Versammlung nicht schützen, weil der Staat sie inhaltlich gut findet. Der Staat muss aber für alle Bürgerinnen und Bürger im Prinzip dieselben Regeln durchsetzen. Also dass man demonstrieren darf, solange man dabei nicht gegen Gesetze verstößt. Grundrechte wie die Versammlungsfreiheit sind häufig Rechte von Minderheiten.

Hohe Hürden für „polizeilichen Notstand" Die Behörden kommen auch meistens nicht mit dem Argument durch, die heftigen Gegendemos machten einen Schutz der ursprünglichen Demo unmöglich. Wenn Gegendemos allein ausreichten, könnten Gegner damit automatisch das Demonstrationsrecht einer Minderheit aushebeln. Das BVerfG hat schon häufiger betont, dass ein „polizeilicher Notstand" (also zu wenig Polizeikräfte, um eine Demo zu schützen) nur selten ein Grund für ein Verbot sein kann. Manchmal hilft auch die „Gegenprobe". An einem anderen Tag möchte man vielleicht selbst für eine wichtige Sache demonstrieren, die aber in bestimmten Kreisen massiven Widerspruch oder sogar Gegenwehr hervorruft. Vielleicht ist man an einem anderen Tag einmal selbst in der Minderheit. Dann hat man selbstverständlich ebenfalls das Recht darauf, dass der Staat die eigenen Grundrechte schützt.

Demo kann aufgelöst werden Die Versammlungsfreiheit bedeutet aber keinen Freibrief für Gewalt und Straftaten auf einer Demonstration. Wenn die Prognose der Behörde vorab zwar nicht für ein Verbot gereicht hat, aber es während der Demonstration zu Gewalt kommt, verbotene Kennzeichen gezeigt oder gegen Auflagen verstoßen wird, kann die Polizei die Demonstration auflösen.

Der Instanzenzug im Eilverfahren Das Verwaltungsgericht hat in unserem Beispielsfall am Donnerstag eine Entscheidung getroffen und den Eilantrag gegen das Demoverbot abgelehnt. Es gibt dann eine weitere Instanz, die ebenfalls innerhalb von kürzester Zeit entscheiden wird. Die unterlegene Partei kann Rechtsmittel beim Oberverwaltungsgericht (in manchen Bundesländern Verwaltungsgerichtshof) einlegen. Das entscheidet dann z. B. am Freitag. In der Pressemitteilung des Oberverwaltungsgerichts steht am Ende regelmäßig: „Dieser Beschluss ist unanfechtbar." Das klingt abschließend, ist aber missverständlich. Der Satz bedeutet nur, dass es *bei den Verwaltungsgerichten im Eilverfahren* nun keine weitere Instanz mehr gibt. Aber: Wenn in zweiter Instanz des Eilverfahrens ein Demo-Verbot bestätigt wurde, können die Veranstalter der Demo noch vors *Bundesverfassungsgericht* gehen. Denn sie haben den möglichen Rechtsschutz an den Verwaltungsgerichten ausgeschöpft und bemängeln, dass ihr Grundrecht auf Versammlungsfreiheit verletzt wurde. Daher können sie Verfassungsbeschwerde beim BVerfG einlegen, verbunden mit einem Eilantrag. Es ist schon häufiger vorgekommen, dass das BVerfG am späten Freitagabend oder am Samstagvormittag angeordnet hat, dass eine Versammlung stattfinden darf; oder dass es einen Eilantrag abgelehnt hat.

Verliert die Versammlungsbehörde im Eilverfahren vor dem Verwaltungsgericht (das Gericht entscheidet, die Demo darf stattfinden), kann sie in die zweite Instanz vor das Oberverwaltungsgericht/den Verwaltungsgerichtshof gehen. Unterliegt die Behörde dort erneut, ist *für sie* der Gang vors BVerfG nicht möglich. Denn die Behörde ist Teil des Staates. Sie kann sich nicht darauf berufen, dass sie in ihren Grundrechten verletzt sei. Das können nur Bürgerinnen und Bürger.

Typischer Ablauf des Eilverfahrens auch bei anderen Themen Am Beispiel einer verbotenen Versammlung lässt sich ein typisches Eilverfahren im Verwaltungsrecht gut darstellen. Genau so läuft das Verfahren auch bei anderen Themen aus diesem Bereich ab. Beispiele: Schutz gegen eine Abschiebung, gegen den Abriss eines Gebäudes, gegen eine einzelne Corona-Maßnahme etc.

Beispiel: Verwaltungsgericht Hamburg zu Klimacamp Das Verwaltungsgericht Hamburg hat im Eilverfahren die von der Versammlungsbehörde erteilten Auflagen für ein Klimacamp teilweise beanstandet, das auf der Festwiese im Hamburger Stadtpark unter dem Titel „System Change Camp" stattfinden sollte. Unter anderem war laut Verwaltungsgericht das Verbot von Übernachtungs- und Versorgungszelten nicht gerechtfertigt. Das Aufbauen von Zelten sei durch Artikel 8 Grundgesetz geschützt, sofern ein inhaltlicher Bezug zur Meinungskundgabe der Veranstaltung besteht. Die angeordnete Verlegung des Camps auf kleinere Flächen hat es dagegen nicht beanstandet.

Verwaltungsprozess: „Hauptsacheverfahren" mit *drei* Instanzen möglich In vielen Versammlungsfällen kommt es nach Abschluss des Eilverfahrens gar nicht mehr zum „Hauptsacheverfahren", in dem das Gericht den Fall intensiv und abschließend prüft. Denn oft hat sich das Problem einfach erledigt. Wenn aber ein besonderes Interesse besteht, kann man auch nachträglich noch vom Gericht feststellen lassen, ob eine behördliche Entscheidung wie ein Demoverbot rechtmäßig war oder nicht. Dieses Interesse kann z. B. darin liegen, dass ein identischer Fall bald erneut ansteht und man die rechtlichen Fragen für die Zukunft geklärt haben möchte. Nicht in allen Streitigkeiten aus dem Verwaltungsrecht gibt es ein vorge-schaltetes Eilverfahren. Es kann auch nur das Hauptsacheverfahren durch drei Ins-tanzen geben: Das Verwaltungsgericht (VG), *das* Oberverwaltungsgericht/*der* Ver-waltungsgerichtshof (OVG/VGH) und das Bundesverwaltungsgericht (BVerwG).

Überblick: Verwaltungsprozess
Eilverfahren: Eilantrag beim Verwaltungsgericht (VG) – dagegen Be-schwerde beim Oberverwaltungsgericht/Verwaltungsgerichtshof (OVG/ VGH) (– für unterlegene Bürgerinnen und Bürger: Eilantrag beim BVerfG).

Hauptsacheverfahren: Klage beim Verwaltungsgericht (VG) – Berufung beim Oberverwaltungsgericht/Verwaltungsgerichtshof (OVG/VGH) – Revi-sion beim Bundesverwaltungsgericht (BVerwG). (Verfassungsbeschwerde beim BVerfG).

5.2   Basics zu den Corona-Maßnahmen

Rechtsfragen spielten in der Pandemie eine große Rolle In der Corona-Pandemie ging es um medizinische, politische, aber sehr häufig auch um rechtliche Fragen. Wer macht was auf welcher Basis im Kampf gegen die Pandemie? Das waren unter großem Zeitdruck wichtige Fragen, auch in der Berichterstattung. Die Pandemie und die weitreichenden Einschränkungen im Alltag sind zwar vorbei. Weil die rechtlichen Fragen dahinter aber so komplex und auch fehleranfällig für Formulierungen waren, sollen sie mit Blick zurück und mit Blick nach vorne im Überblick dargestellt werden. Dabei Kapitel geht es nicht um eine inhaltliche Be-wertung der Gesetze oder Maßnahmen, sondern um Strukturen und Abläufe.

Basics zum Infektionsschutzgesetz: Bund, Länder – wer macht was? Mit Be-ginn der Pandemie im Frühjahr 2020 wurde das „Infektionsschutzgesetz" (IFSG) über Nacht zum wohl bekanntesten Gesetz Deutschlands. Ebenso war der Begriff der „Verordnung" schnell in aller Munde. In zahlreichen Bund-Länderkonferenzen wurde über geeignete Maßnahmen gegen die Pandemie gestritten. Das IFSG gab es schon lange vor Corona, unter diesem Namen seit 2001. Es war ursprünglich für die Situation gemacht, dass an einem bestimmten Ort ein Virus oder eine Krankheit ausbricht, und die Behörden vor Ort dann die geeigneten Maßnahmen anordnen können. Für eine Pandemie war es nicht gedacht und gemacht. Auch deswegen musste es oft geändert werden. Dabei kam in der Berichterstattung nicht immer richtig rüber, wie das Zusammenspiel zwischen dem Gesetz als Basis und der Umsetzung durch die Bundesländer funktioniert.

Das IFSG ist die gesetzliche Grundlage Der Ausgangspunkt aller Corona-Maßnahmen war ein typischer Ablauf, wie ihn das Grundgesetz vorsieht. Für Eingriffe in Grundrechte braucht der Staat eine gesetzliche Grundlage. Der Bund hat dafür ein Gesetz beschlossen, in diesem Fall das IFSG. Die Länder setzen es um. Das IFSG enthält den „Instrumentenkasten" für Corona-Maßnahmen und regelt allgemeine Bedingungen, wann welche Instrumente zum Einsatz kommen dürfen. Das Gesetz selbst ordnet aber in der Regel keine Maßnahmen Geschäftsschließungen o. ä. an. Im IFSG ist vielmehr geregelt, dass *die Bundesländer* die Maßnahmen anordnen können, genauer gesagt die Landesregierungen. Sie setzen das IFSG also um. Ihr typisches Mittel dazu ist die „Verordnung".

Der zentrale Paragraf war (zu) schwammig Zu Beginn der Pandemie im Frühjahr 2020 und den folgenden Monaten merkte man schnell, dass das IFSG nicht für eine Pandemie gemacht war. Es gab im Wesentlichen nur einen Paragrafen, auf den die Länder Maßnahmen stützen konnten: § 28 IFSG. Er regelt, dass „die zuständige Behörde die notwendigen Schutzmaßnahmen" treffen darf, soweit und solange das erforderlich ist. Es gab an anderer Stelle zwar auch Spezialregeln, z. B. zur Quarantäne. Aber die meisten Einschränkungen des täglichen Lebens im ersten halben Jahr der Pandemie (Maskenpflicht, Ausgangsbeschränkungen, Beherbergungsverbote) wurden auf diese „Generalklausel" gestützt. „Notwendige Schutzmaßnahmen" – das ist eine ziemlich allgemeine Formulierung. Die Frage war daher: Kann man die vermutlich breitesten und massivsten Einschränkungen von Grundrechten in der Geschichte der Bundesrepublik darauf stützen? Oder müssen die Befugnisse detaillierter geregelt werden? Die von Gerichten zu dieser Frage geäußerten Zweifel wirkten wie eine Art Damoklesschwert. Denn wenn die Rechtsgrundlage im Gesetz nicht ausreicht, dann kippt die Verordnung.

Parlament muss zentrale Weichen stellen Dabei kommt ein wichtiger verfassungsrechtlicher Grundsatz ins Spiel: Die zentralen Weichen für wesentliche Grundrechtseingriffe müssen vom Parlament gestellt werden, also der Volksvertretung. Nicht von der Exekutive. Das folgt u. a. aus dem Demokratieprinzip. Das ist der rechtliche Hintergrund dafür, dass der Bundestag im November 2020 eine erste Reform des IFSG beschloss. Viele weitere folgten.

Corona-Maßnahmen konkreter im Gesetz regeln Im Kern ging es dabei darum, die zulässigen Maßnahmen von der Maskenpflicht bis hin zu Betriebsschließungen in einem Katalog genauer zu benennen. Also festzulegen, welche Maßnahmen der Staat unter welchen Voraussetzungen ergreifen darf. Es gibt für die Umsetzung zwei Möglichkeiten. (1) Das IFSG regelt selbst bestimmte Maßnahmen für das gesamte Bundesgebiet. Beispiel: Zeitweise stand eine „2G-Regel" für bestimmte Alltagssituationen und eine Maskenpflicht im ÖPNV für das gesamte Bundesgebiet direkt im IFSG. Dafür brauchte es dann keine Umsetzung durch Verordnungen der Länder. (2) Das IFSG zählt in einem Katalog (in den §§ 28 ff.) eine Reihe von Maßnahmen auf, die die Bundesländer unter bestimmten Bedingungen anordnen können. Hier braucht man also eine Umsetzung durch die Länder. Die Länder *können* das machen, *müssen* es aber nicht. Diese Variante war in der Praxis der Regelfall.

„Ermächtigungsgrundlage" ist kein neues „Ermächtigungsgesetz" Auf Demonstrationen war immer wieder zu hören und zu lesen, beim geänderten IFSG handele sich um ein „Ermächtigungsgesetz" wie 1933. Zu dieser Assoziation mag ein Begriff geführt haben, der immer wieder fiel: Die „Ermächtigungsgrundlage". Dazu muss man wissen: Das ist im Staats- und Verwaltungsrecht der seit langem übliche Begriff für die vom Parlament beschlossene gesetzliche Grundlage, die der Staat zwingend braucht, damit er Rechte der Bürger beschränken darf (was später dann von den Gerichten kontrolliert wird). Er ist also gerade Ausdruck von demokratischer Legitimation und hat rein gar nichts mit der NS-Zeit zu tun.

Bund-Länderkonferenz in aller Munde, aber ohne Entscheidungsmacht Gerade im ersten Jahr der Pandemie standen die Treffen bzw. Schalten der Bundeskanzlerin mit den Ministerpräsidentinnen und -präsidenten im Mittelpunkt. Für die Öffentlichkeit entstand der Eindruck, dass diese Runde unmittelbar Entscheidungen trifft. Das war aber nie der Fall. Die Bundeskanzlerin hatte bei Corona-Maßnahmen aus rechtlicher Sicht keine eigene Entscheidungsmacht. Auch die gemeinsame Runde mit den Ministerpräsidenten nicht. Die Beschlusspapiere mit den vielen Spiegelstrichen waren weder Gesetze noch Verordnungen. Jede Landesregierung konnte für sich entscheiden, welche Maßnahmen sie durch Verordnungen umsetzt. Die Runde war also der Versuch, sich auf eine gemeinsame Linie zu einigen. Manchmal scherten einzelne Ministerpräsidenten schon Minuten nach der Pressekonferenz aus und verkündeten eigene Wege. Rechtlich war das zulässig.

Ein „Flickenteppich" – schlimm oder nicht? Im Laufe der Pandemie gab es immer wieder Kritik, dass es keine einheitlichen Regeln für ganz Deutschland gab, sondern in einem Bundesland dies und im anderen jenes galt – Stichwort „Flickenteppich". Dass es einen Flickenteppich geben kann, ist im föderalistischen System angelegt, das auch für viele Bereiche außerhalb der Pandemie gilt: Das Bundesgesetz regelt die Basis, die Länder setzen um. Das ist nicht per se etwas Schlechtes, denn die Pandemie kann in verschiedenen Regionen unterschiedlich stark wüten. Wenn die Lage aber bundesweit vergleichbar (schlecht) ist, kann ein „Flickenteppich" auch zu Akzeptanzproblemen führen. Verhindern lässt er sich, indem alle Bundesländer für ihr Gebiet die gleichen Maßnahmen beschließen, so wie das der Zweck der Bund-Länder-Runden war.

Sonderfall „Bundesnotbremse" 2021   Im Frühjahr 2021 kritisierte Kanzlerin Merkel die uneinheitliche Coronapolitik der Bundesländer. Deshalb brachte sie die sogenannte „Bundesnotbremse" auf den Weg, eine weitere Änderung des IFSG. Das Besondere: Im Bundesgesetz selbst war ein Katalog von Maßnahmen für das gesamte Bundesgebiet einheitlich geregelt, ohne dass eine Umsetzung durch die Bundesländer nötig war. Wenn in einem Landkreis bestimmte Schwellenwerte bei Inzidenz oder Infektionszahlen gerissen wurden, galten dort automatisch bestimmte Maßnahmen wie Maskenpflicht, Schulschließungen oder Ausgangsbeschränkungen. Das war eine Abkehr von der Variante „IFSG des Bundes als Grundlage – die Länder setzen um". Nun hatte der Bund die komplette Verantwortung übernommen. Die Bundesnotbremse lief im Sommer 2021 aus.

Inhaltlicher Knackpunkt: Die „Verhältnismäßigkeit"   Ein zentraler Grundsatz im Rechtsstaat lautet: Jeder Eingriff in Grundrechte muss „verhältnismäßig" sein. Er bedeutet, dass der Staat nicht zu hart in die Grundrechte der Menschen eingreifen darf. Vereinfacht gesagt: Er darf nicht „mit Kanonen auf Spatzen schießen". Der Grundsatz der Verhältnismäßigkeit war der zentrale rechtliche Maßstab bei allen Corona-Maßnahmen von Bund und Ländern ist ein seit langem etablierter Rechtsbegriff. Er kann trotzdem recht schwammig wirken, wenn man sich die Definition anschaut. Eine staatliche Maßnahme ist verhältnismäßig, wenn sie zur Erreichung eines legitimen Ziels (z. B. Gesundheitsschutz) „geeignet", „erforderlich" (= kein milderes Mittel, das gleich gut geeignet) und „angemessen" ist.

Begriffe mit Auslegungsspielraum   Für Naturwissenschaftler dürften solche Begriffe ein Graus sein. Die Gerichte haben dafür aber über Jahrzehnte hinweg Kriterien für jeden einzelnen Begriff herausgearbeitet, die sie auch auf die Corona-Maßnahmen angewendet haben. Allerdings lassen die Begriffe Spielraum. Beispiel: Ob eine nächtliche Ausgangsbeschränkung „erforderlich" und „angemessen" ist, darüber kann man streiten. Das erklärt, warum es an den Gerichten der unteren Instanzen unterschiedliche Ergebnisse dazu gab, ob eine bestimmte Corona-Maßnahme zulässig ist oder nicht.

Kein „neues IFSG" nötig Dass man auf Basis eines Gesetzes erlassene Maßnahmen befristet (also z. B. die Corona-Verordnungen der Bundesländer), ist ein üblicher Vorgang. Beim IFSG gab es aber die Besonderheit, dass auch die Regeln im Gesetz selbst (also die Rechtsgrundlagen) immer nur für eine gewisse Zeit galten. Danach waren neue politische Verhandlungen und Gesetzesbeschlüsse notwendig, wenn man weiterhin rechtliche Grundlagen haben wollte. Wichtig: Es ging dabei aber immer nur um die wenigen (wenn auch wichtigen) Paragrafen zu den Maßnahmen der Corona-Pandemie im IFSG, nicht um das komplette Gesetz.

• Es war also nicht richtig zu schreiben, „das IFSG" laufe am Ende des Jahres aus. Oder dass die Bundesregierung/der Bundestag über „ein neues IFSG" berät. Das gesamte Gesetz unter diesem Namen gibt es schon seit 2001. Es wird auch nach der Pandemie existieren.

5.3   Klagen und Anträge gegen Corona-Maßnahmen

„Verordnungen" der Bundesländer Viele Corona-Regeln waren in „Verordnungen" der Bundesländer geregelt, die die Landesregierungen erlassen hatten. Beispiele: Maskenpflicht, Ausgangsbeschränkungen, Schließung von Hotels oder Gaststätten. Bei Rechtsmitteln gegen Verordnungen gibt es einen speziellen Rechtsweg. Nicht (wie sonst üblich) das Verwaltungsgericht ist die erste Instanz, sondern das Oberverwaltungsgericht (OVG) bzw. der Verwaltungsgerichtshof (VGH). Bürgerinnen und Bürger mussten sich also direkt dorthin wenden.

Eilrechtsschutz und Hauptsacheverfahren Weil es in der Regel um sehr kurzfristigen Rechtsschutz ging, wurden im Laufe der Pandemie gegen neu erlassene Verordnungen Eilanträge gestellt. Mit dem Ziel, dass das OVG die Verordnung vorläufig auf Eis legt, bis im „Hauptsacheverfahren" abschließend darüber entschieden wird.

Im Eilverfahren keine bundesweite Klärung Bei Eilanträgen gegen die Verordnungen der Bundesländer gibt es kein Rechtsmittel zum Bundesverwaltungsgericht, also keine zweite Instanz. Nach einem abgelehnten Eilantrag kann man zwar noch zum Bundesverfassungsgericht gehen. Das äußert sich im Eilverfahren aber selten zu den inhaltlichen Fragen. Dies hat in der Pandemie dazu geführt, dass es zwar zu den Verordnungen viele zeitnahe Eilentscheidungen der Gerichte in den Bundesländern gab. Aber oft mit unterschiedlichen Ergebnissen zur Verhältnismäßigkeit und ohne abschließende Klärung der sehr grundsätzlichen Rechtsfragen. Dass diese Fragen erst im späteren Hauptsacheverfahren von der obersten Instanz geklärt würden, haben viele als zu spät empfunden.

Urteile im Hauptsacheverfahren: Nachträglicher Rechtsschutz Im November 2022 gab es dann die ersten Grundsatzurteile des Bundesverwaltungsgerichts in Leipzig zu diesem Thema. Es erklärte die Corona-Verordnung aus Bayern vom Frühjahr 2020 mit den dortigen Ausgangsbeschränkungen für rechtswidrig. Die Schließung von Gaststätten und Restaurants in einer sächsischen Verordnung hielt es hingegen für rechtmäßig. Wenn ein Bürger vor dem Bundesverwaltungsgericht verloren und damit den Rechtsweg erschöpft hat, kann er noch Verfassungsbeschwerde beim Bundesverfassungsgericht einlegen.

„Bundesnotbremse" ging direkt zum BVerfG Eine Besonderheit gab es bei der sogenannten „Bundesnotbremse" vom April 2021. Dort waren Corona-Maßnahmen unmittelbar in einem Bundesgesetz geregelt. Deswegen konnten Bürgerinnen und Bürger dagegen nur direkt vor dem Bundesverfassungsgericht klagen. Die ersten Entscheidungen zu nächtlichen Ausgangsbeschränkungen und zu Schulschließungen wurden am 30. November 2021 veröffentlicht. Beide Maßnahmen verstießen aus Sicht des Bundesverfassungsgerichts nicht gegen das Grundgesetz. Sie seien aber nur unter strengen Voraussetzungen zulässig. Auch die Verfassungsbeschwerden gegen alle anderen Maßnahmen der „Bundesnotbremse" wies das BVerfG in der Folgezeit zurück. Über diese Entscheidungen wurde intensiv diskutiert.

Auch Einzelmaßnahmen vor den Gerichten Neben den Corona-Verordnungen der Bundesländer und der „Bundesnotbremse" gab es auch zahlreiche Einzelmaßnahmen, erlassen von den Kommunen vor Ort. Dort gelten dann für den Rechtsschutz vor den Verwaltungsgerichten dieselben Regeln wie in Abschn. 5.1. beschrieben.

Zivilrecht – Bürgerinnen und Bürger streiten untereinander

6

6.1 Zivilgerichte und der Instanzenzug

Zivilrecht und Strafrecht auseinanderhalten Für die Berichterstattung ist wichtig, ob es sich um einen Fall aus dem Strafrecht oder dem Zivilrecht handelt. Der Unterschied ist: Im Strafrecht sanktioniert der Staat ein ganz bestimmtes Verhalten der Bürgerinnen und Bürger. Das Zivilrecht regelt die Verhältnisse der Bürgerinnen und Bürger (bzw. Unternehmen) untereinander. Sie schließen Verträge, heiraten oder lassen sich scheiden, erben und vererben. Die meisten Regeln dazu stehen im „Bürgerlichen Gesetzbuch". In der Berichterstattung spielt es häufig bei Service- und Verbraucherthemen eine Rolle (Kauf, Kredit, Miete etc.). Eine umfassende Darstellung sämtlicher Fallstricke ist in diesem Rahmen nicht möglich, sondern nur eine Auswahl von Standardsituationen für die journalistische Praxis.

Zivilgerichte und Strafgerichte Für die Rechtsgebiete Zivilrecht und Strafrecht ist die sogenannte „ordentliche Gerichtsbarkeit" zuständig. Das sind: Amtsgericht, Landgericht, Oberlandesgericht, Bundesgerichtshof (zum genauen Instanzenzug später). Der offizielle Name des Gerichts ist also nicht „Zivilgericht" oder „Strafgericht". Innerhalb der Amts- und Landgerichte etc. gibt es – untechnisch gesprochen – getrennte Einheiten für Zivil- und Strafrecht. Am Amtsgericht gibt es Zivilrichter und Strafrichter (zum Teil zusammen mit Schöffen). Am Landgericht Zivilkammern und Strafkammern, am Oberlandesgericht Zivilsenate und Strafsenate, am Bundesgerichtshof ebenfalls Zivil- und Strafsenate.

F. Bräutigam, *Recht richtig formulieren*, Journalistische Praxis, https://doi.org/10.1007/978-3-658-41771-0_6

- Sehr wichtig ist hier, dass man nicht die Begriffe „jemanden verklagen" und „jemand wird angeklagt" verwechselt.
- Richtig: Bürger A „verklagt" Bürger B auf Schadensersatz vor dem Amtsgericht (Zivilrecht). Die Staatsanwaltschaft klagt Bürger A vor dem Amtsgericht an (Strafrecht).
- Falsch: „Die Staatsanwaltschaft verklagt Bürger A vor dem Amtsgericht." Falsch: „Bürger A will Bürger B vor dem Amtsgericht verklagen, weil er ihm etwas gestohlen hat. Also eine Strafe erreichen." Richtig: A stellt Strafanzeige bei der Polizei. Die Staatsanwaltschaft klagt B an.

Im Zivilprozess trägt der Kläger die Beweislast Im Strafrecht ist der Staat verantwortlich dafür, eine Straftat zu verfolgen und sie zu beweisen. Das Strafgericht selbst muss die Beweismittel dafür besorgen. Das nennt man „Offizialprinzip". Im Zivilprozess ist die Aufgabenverteilung anders. Dort klagt der eine Bürger gegen den anderen Bürger. Der Grundsatz lautet: Wer etwas vom anderen will, muss das auch beweisen. Der Kläger trägt die Beweislast, nicht der Staat. Beispiel: A verlangt von B Zahlung von 5000 für eine Beratungsleistung, die sie vereinbart haben. B bestreitet, dass sie eine Vereinbarung getroffen haben. A muss seinen Anspruch vor Gericht beweisen. Entweder er legt einen schriftlichen Vertrag als Beweis vor. Oder er hat einen glaubwürdigen Zeugen, der bei der mündlichen Vereinbarung dabei war. Wenn A weder Vertrag noch Zeugen vorweisen kann, verliert er den Prozess, weil er seinen vertraglichen Anspruch nicht bewiesen hat. Umgekehrt müsste der Beklagte beweisen, wenn er sich z. B. darauf beruft, dass er den Anspruch schon „erfüllt", also die 5000 € schon bezahlt hat.

„Zulässigkeit" einer Klage bedeutet nicht, dass sie erfolgreich ist Wenn Gerichte den Erfolg einer Klage prüfen, machen sie dies in aller Regel in zwei Schritten. Schritt eins ist die „Zulässigkeit" der Klage. Dabei geht es z. B. um Formalia oder den richtigen Gegenstand einer Klage. Schritt zwei ist die „Begründetheit". Dort geht es um die inhaltlichen Fragen, hier spielt also die Musik. Das Gericht klärt z. B., ob der Kläger einen Anspruch gegen den Beklagten hat oder nicht. Die Bedeutung dieser beiden Prüfungsschritte kann für das richtige Formulieren von Texten und Überschriften wichtig sein.

Beispiel: „Klimaklagen" gegen Unternehmen Sogenannte Klimaklagen gibt es nicht nur gegen den Staat, sondern auch gegen Unternehmen vor den Zivilgerichten. Zum Beispiel klagten Umweltverbände vor dem Landgericht Stuttgart gegen Daimler und vor dem Landgericht Braunschweig gegen VW darauf, dass das Unternehmen auf den Einbau von Verbrennungsmotoren verzichten solle. In der mündlichen Verhandlung hatte das Gericht in beiden Fällen gesagt, es halte die Klage für „zulässig". Die Umweltverbände vermeldeten diese Aussage in Pressemitteilungen als Erfolg. Viele Medien übernahmen dies in ihren Texten. Dabei hatten beide Gerichte in der Verhandlung ebenfalls gesagt, dass die Klage in der Begründetheit schlechte Chancen hat. Die Überschrift „Gericht hält Klage gegen Daimler für zulässig" ist zwar formal richtig. Sie erweckt beim unbedarften Leser aber den Eindruck, dass die Klage erfolgreich sein wird. Das Gegenteil war am Ende der Fall. Die Klagen wurden abgewiesen. So war es auch bei der Klage eines Umweltverbands gegen BMW am Landgericht München im Februar 2023. „Landgericht bestätigt Zulässigkeit der Klimaklage gegen BMW", so die Überschrift der Pressemitteilung. Dass die Klage inhaltlich abgewiesen wurde, geht dabei schnell unter.

„Versäumnisurteil", wenn der Beklagte nicht erscheint Im Normalfall läuft ein Zivilprozess so, dass der Kläger einen Anspruch geltend macht, und der Beklagte ihn bestreitet. Das muss der Beklagte aber ausdrücklich tun. Es kommt allerdings immer wieder vor, dass ein Beklagter gar nicht zum Prozess erscheint und damit dem Anspruch auch nicht entgegentritt. Dann unterstellt das Gericht alles als richtig, was der Kläger vorgetragen hat. Ist die Klage auf diese Weise „schlüssig" (d. h. sie erscheint als begründet), erlässt das Gericht auf Antrag des Klägers ein „Versäumnisurteil". Darin wird der Beklagte zur Leistung verurteilt.

Klage beim Amts- oder Landgericht? „Streitwert" entscheidend Ob für eine Zivilklage in erster Instanz das Amts- oder Landgericht zuständig ist, hängt vom „Streitwert" ab. Oft ist das die eingeklagte Summe. Bei einem Streitwert bis zu 5000 € ist das Amtsgericht die erste Instanz. Bei über 5000 € muss man seine Klage beim Landgericht einreichen.

Keine Regel ohne Ausnahmen – Spezialfälle Miete und Familienrecht Die wichtigsten sind: Streitigkeiten rund um die Miete von privaten Wohnräumen beginnen immer am Amtsgericht, egal wie hoch der Streitwert ist (bei Geschäftsräumen bleibt es hingegen bei der 5000-Euro-Grenze). Das gleiche gilt für einen Rechtsstreit rund ums Familienrecht. Dort ist das Amtsgericht als „Familiengericht" immer die erste Instanz. Das „Familiengericht" ist kein eigenständiger Gerichtszweig, sondern eine spezielle Abteilung des Amtsgerichts. Und: Wenn man den Staat auf Schadensersatz verklagt (sog. „Amtshaftung") ist die erste Instanz immer das Landgericht. Eine „Musterfeststellungsklage" beginnt immer am Oberlandesgericht.

Überblick

Der Instanzenzug im Zivilprozess

Erste Instanz Amtsgericht (AG) – Landgericht (LG) – Bundesgerichtshof (BGH).
Erste Instanz Landgericht (LG) – Oberlandesgericht (OLG) – Bundesgerichtshof (BGH).
„Musterfeststellungsklage" am Oberlandesgericht (OLG) – Bundesgerichtshof (BGH).

6.2   Wichtige Begriffe und Fehlerquellen

Schadensersatz oder Schadenersatz? Häufig geht es vor den Zivilgerichten darum, dass ein Bürger vom anderen oder von einem Unternehmen Ersatz für einen Schaden verlangt, etwa ein VW-Kunde von der Volkswagen AG. Ein wahrer Klassiker ist dabei die umstrittene Frage, ob nach dem Schaden und vor dem Ersatz ein „s" kommt oder nicht. Eine eindeutige Lösung richtig oder falsch gibt es hier nicht. Laut Duden sind beide Varianten zulässig. Im Bürgerlichen Gesetzbuch ist in den Überschriften der einschlägigen Paragrafen in der Regel von „Schadensersatz" mit „s" die Rede (z. B. § 280 BGB). An einzelnen Stellen aber auch von Schadenersatz (z. B. § 37a Wertpapierhandelsgesetz).

▶   Ich empfehle die Schreibweise „Schadensersatz" mit „s", weil der Gesetzgeber dies in der Regel so macht. Die Variante ohne „s" ist aber nicht falsch.

Unterschied Schadensersatz und Schmerzensgeld Diese beiden Begriffe sollte man nicht verwechseln, denn sie haben eine unterschiedliche Bedeutung. Schadensersatz erhält man für einen konkret bezifferbaren Schaden in Geld. Schmerzensgeld bekommt man für einen sogenannten „immateriellen" Schaden", den man also nicht ganz konkret in Geld beziffern kann.

- Beispiel: Nach einem Verkehrsunfall kann es sein, dass der Schuldige dem Opfer Schadensersatz für die Reparatur des kaputten Autos und die Behandlungskosten beim Arzt zahlen muss. Darüber hinaus ein Schmerzensgeld, im wahrsten Sinne für das Leid, das der Unfall verursacht hat.

Schadensersatz nicht mit Geldstrafe verwechseln Wenn es in der Berichterstattung darum geht, dass jemand nach einem Schadensereignis eine Summe zahlen muss, sollte man immer darauf achten, ob es sich um Schadensersatz (Zivilrecht) oder eine Geldstrafe (Strafrecht) handelt. Dasselbe Ereignis kann nämlich beide Folgen haben.

Nach einem Verkehrsunfall wegen Alkohols am Steuer kann das Opfer den Verursacher „verklagen". Die Zivilrichterin verurteilt ihn womöglich zu Schadensersatz. Zusätzlich kann die Staatsanwaltschaft ihn wegen Trunkenheit im Verkehr „anklagen". Der Strafrichter verurteilt ihn womöglich zu einer Geldstrafe, die an die Staatskasse geht.

Warum es in anderen Ländern höheren Schadensersatz gibt Immer wieder hört man Kritik, dass die Summen an Schadensersatz und Schmerzensgeld in Deutschland zu niedrig seien. Häufig wird dann auf astronomische Summen verwiesen, die zum Teil in den USA gezahlt werden. Das hat mit den unterschiedlichen Rechtssystemen zu tun. In den USA dient der Schadensersatz auch als Strafe, die andere abschrecken soll („punitive damages"), etwas Verbotenes zu tun. In Deutschland steht der Ersatz des rein materiellen Schadens stärker im Mittelpunkt. Die Summen beim Schmerzensgeld sind geringer als in den USA.

„Besitz" ist nicht gleich „Eigentum"! Ob der „Besitzer des Autos", der „Hausbesitzer" oder der „Besitzer der verlorenen Uhr", die gefunden wurde – Besitzer sind sehr präsent in der Berichterstattung. Gemeint sind dabei allerdings meistens nicht die Besitzer, sondern die Eigentümer. Denn Besitz und Eigentum sind inhaltlich nicht dasselbe. Deswegen sollte man darauf achten, den richtigen Begriff zu wählen. Eigentum bedeutet vereinfacht gesagt, dass einer Person die Sache gehört. Besitzer ist derjenige, in dessen Einflussbereich sich eine Sache befindet und der tatsächlich auf sie zugreifen kann. Besitz ist also eine Tatsache, Eigentum ein Recht an einer Sache. Beispiel: Wer auf der Straße eine Uhr findet und einsteckt, ist ihr Besitzer. Gesucht wird dann nicht der „Besitzer", sondern der „Eigentümer".

▶   Empfehlung: Bevor man vom „Besitzer" spricht oder schreibt, kurz prüfen, ob nicht doch die „Eigentümer" korrekt ist.

Garantie ist nicht gleich Gewährleistung „Ist da noch Garantie drauf?" Diese bange Frage kennt man von zu Hause, aber auch bei Servicethemen in der Berichterstattung. Häufig kommt es dabei vor, dass die Begriffe „Garantie" und „Gewährleistung" verwechselt oder nicht richtig verwendet werden. Gewährleistung sind die Rechte gegenüber dem Verkäufer, die das Gesetz automatisch vorsieht, wenn man z. B. eine mangelhafte Sache gekauft hat. Sie verjähren nach zwei Jahren. Garantie ist eine freiwillige Leistung, die der Verkäufer oder Hersteller zusätzlich zu den gesetzlichen Gewährleistungsrechten im wahrsten Sinne des Wortes „garantiert". Sie kann kürzer oder länger als die Gewährleistung laufen und dem Käufer ganz unterschiedliche Rechte geben.

▶   Empfehlung: Bevor man einen der beiden Begriffe verwendet, einmal überprüfen, um welchen es genau geht. Häufig wird der Begriff Garantie benutzt, obwohl es inhaltlich um Gewährleistung geht.

Verträge kann man auch mündlich schließen „Die haben ja gar keinen Vertrag". Das hört und liest man immer wieder, wenn jemand etwas vereinbart hat, es darüber aber kein Schriftstück gibt. Dazu muss man wissen: Verträge kann man im Prinzip auch mündlich schließen. Man kann dem Nachbarn sein Auto auch einfach per Handschlag verkaufen. Dann hat man auf jeden Fall einen Vertrag darüber geschlossen, aber eben mündlich. Für bestimmte Verträge schreibt das Gesetz aber die Schriftform vor, z. B. für Verbraucherkreditverträge. In besonderen Fällen ist neben der Schriftform eine notarielle Beurkundung nötig, etwa für den Kaufvertrag über ein Grundstück.

Eltern haften nicht für ihre Kinder Der Satz „Eltern haften für ihre Kinder" hängt auf den bekannten gelben Schildern an vielen Baustellen. Er wird aber auch gerne als nette Formulierung in journalistischen Texten verwendet. Dazu muss man wissen, dass die Aussage „Eltern haften für ihre Kinder" juristisch so nicht richtig ist. Richtig ist: Eltern haften nur dann, wenn sie ihre Aufsichtspflicht verletzt haben. Was diese umfasst, ist abhängig vom Alter der Kinder. Beispiel: Wenn der 15-jährige Sohn in Nachbars Scheune zündelt, geht das nicht auf die Kappe der Eltern, weil sie ihn nicht Tag und Nacht im Blick haben müssen. Wenn das die dreijährige Tochter macht, womöglich schon. Auch Kinder und Jugendliche können selbst für einen Schaden haftbar gemacht werden, und zwar ab dem Alter von sieben Jahren. Voraussetzung ist im konkreten Fall, dass sie die nötige Einsichtsfähigkeit besitzen. Sie können dann zwar meistens den Schaden nicht direkt bezahlen. Sobald sie aber später eigenes Geld verdienen, ist eine „Vollstreckung" möglich. Wichtig ist für solche Fälle eine private Haftpflichtversicherung.

Erbe und Vermächtnis Es ist für Juristenohren zumindest sprachlich ungenau, „vererben" und „vermachen" als Synonym zu verwenden. Die Begriffe haben eine unterschiedliche Bedeutung. Wenn jemand als „Erbe" eingesetzt ist, gehen das gesamte Vermögen und die Schulden des Verstorbenen auf ihn über. „Vermächtnis" bedeutet, dass der Verstorbene ganz bestimmte Dinge ganz bestimmten Menschen zukommen lässt. Man kann also in seinem Testament seine Kinder als Erben einsetzen, und gleichzeitig regeln: Meine Briefmarkensammlung bekommt aber mein Kumpel XY. Die habe ich ihm dann „vermacht".

Unterschied Zivilgerichte – „zivile" Gerichte Diese beiden sehr ähnlichen Begriffe sollte man nicht verwechseln. Ein ziviles Gericht ist der Gegenbegriff zu einem Militärgericht, also einem speziellen Gericht für Angehörige des Militärs. Nach einer Straftat eines Soldaten in den USA gab es zum Beispiel einmal die Meldung, der Soldat „müsse sich nun vor einem Zivilgericht verantworten". Das konnte in diesem Fall nicht sein, denn es ging um einen strafrechtlichen Vorwurf. Gemeint war, dass er sich in diesem Fall nicht vor einem speziellen Militärgericht, sondern eben vor einem „zivilen" Gericht verantworten musste. Gemeint ist also ein normales Strafgericht.

Unterschied „Beratungshilfe" und „Prozesskostenhilfe" Beides sind staatliche Leistungen, die Menschen mit wenig Geld den Weg zu rechtlicher Hilfe ebnen sollen. „Beratungshilfe" bekommt man für eine erste Beratung durch einen Rechtsanwalt. Der prüft den Fall und führt womöglich eine Einigung herbei, ohne dass es zum Prozess kommt. „Prozesskostenhilfe" kann man beantragen, wenn es zu einem Gerichtsverfahren kommt, der Fall zumindest Aussicht auf Erfolg hat. Manchmal wird sie zunächst abgelehnt, dann kann man sich aber dagegen wehren.

Vergleich statt Urteil Ein Vergleich ist eine Art Kompromisslösung in einer rechtlichen Auseinandersetzung. Man kann ihn mit oder ohne anwaltliche Hilfe schließen, bevor es zu einem Gerichtsverfahren kommt. Dann spricht man von einem „außergerichtlichen Vergleich". Zu Beginn jeder Gerichtsverhandlung in einem Zivilprozess muss das Gericht zunächst prüfen (darauf hinwirken), ob ein Vergleich möglich ist. Wenn das klappt, spricht man von einem „gerichtlichen Vergleich" oder einem „Prozessvergleich". Er ersetzt dann das Urteil.

Was ein Gerichtsvollzieher macht Ein Gerichtsurteil in einem Zivilprozess legt z. B. fest, dass Person A an Person B etwas zahlen oder herausgeben muss. Es kommt vor, dass Person A das aber trotz Urteil nicht freiwillig macht. Dann kommt die „Zwangsvollstreckung" ins Spiel. Das Urteil ist dafür der „Titel", also die Basis. Person B kann dann beantragen, dass das Geld oder die Sache zwangsweise eingetrieben wird. Dafür ist der Gerichtsvollzieher zuständig. Wenn nicht genug Geld da ist, kann er auch Gegenstände beim Schuldner pfänden. Wenn er sie in einer Wohnung nicht sofort mitnehmen kann, klebt er ein offizielles Pfandsiegel drauf. Es wird häufig als „Kuckuck" bezeichnet. Das liegt daran, dass in früheren Zeiten auf dem Pfandsiegel ein Wappenadler zu sehen war, der dann zum Kuckuck umgetauft wurde.

„Staatshaftung" – wenn der Staat auf Schadensersatz verklagt wird Im Zivilrecht verklagt ein Bürger den anderen, das ist der Grundsatz. Es kann aber auch sein, dass der Staat in Form seiner Behörden bzw. Beamtinnen und Beamten Fehler gemacht hat, die beim Bürger zu einem Schaden geführt haben. Dafür gibt es im Grundgesetz und im Bürgerlichen Gesetzbuch eigene Vorschriften, nach denen der Staat Schadensersatz leisten muss, wenn ein Beamter fahrlässig oder vorsätzlich seine Amtspflicht verletzt hat. Beispiel: Die Gemeinde hat grob fahrlässig vergessen, Schlaglöcher auf einer wichtigen Straße auszubessern. Ein Auto- oder Fahrradfahrer hatte dort einen Unfall. Er kann von der Gemeinde Schadensersatz verlangen. Fälle von Staatshaftung können immer wieder Thema in der Berichterstattung sein. Sowohl vor Ort als auch überregional. Beispiel: Es laufen bereits viele Klagen gegen den Staat, dass bestimmte Corona-Maßnahmen rechtswidrig gewesen seien und einen Schaden in Geld verursacht hätten. Fragen der Staatshaftung kommen auch immer wieder zu den obersten Gerichten. Beispiel: Angehörige von Opfern eines umstrittenen Luftangriffs der Bundeswehr im afghanischen Kunduz hatten die Bundesrepublik auf Schadensersatz verklagt und sind durch die Instanzen bis zum Bundesgerichtshof und danach zum Bundesverfassungsgericht gegangen. Im Ergebnis aber ohne Erfolg. Moment, denkt der aufmerksame Leser womöglich – zum Bundesgerichtshof? Nicht zum Bundesverwaltungsgericht? Es geht doch gegen den Staat!

▶   Wichtig: Anders als man denkt, sind für Fälle der Staatshaftung nicht die *Verwaltungs*gerichte, sondern die *Zivil*gerichte zuständig. Der Staat ist hier in derselben Rolle wie ein Normalbürger, der womöglich etwas falsch gemacht hat. Die erste Instanz für eine Staatshaftungsklage ist laut Gesetz immer das Landgericht, egal wie hoch der Streitwert ist.

Basics zu den obersten Bundesgerichten

7.1 Grundlagen zum „Revisionsverfahren"

Typische Situationen bei obersten Bundesgerichten Die obersten Bundesgerichte und das Thema „Revision" können einen in zwei typischen Situationen beschäftigen, egal um welchen Gerichtszweig es geht. (1) Man hat über einen wichtigen Gerichtsprozess vor Ort berichtet (Diesel-Klage, Corona-Maßnahme, Strafprozess) und am Ende des Artikels geschrieben: „Das Urteil ist noch nicht rechtskräftig. Die Parteien können dagegen Revision einlegen." Danach verfolgt man, wie es mit dem Fall im Revisionsverfahren an einem obersten Bundesgericht weitergeht. (2) Oder man ist Journalistin oder Journalist am Standort eines der obersten Bundesgerichte und deswegen für die Berichterstattung zuständig.

Die fünf obersten Bundesgerichte mit Sitz und Abkürzung sind Der Bundesgerichtshof (BGH) in Karlsruhe. Das Bundesverwaltungsgericht (BVerwG) in Leipzig. Das Bundesarbeitsgericht (BAG) in Erfurt. Das Bundessozialgericht (BSG) in Kassel. Der Bundesfinanzhof (BFH) in München.

- Vorsicht beim richtigen Artikel, wenn man die Abkürzung der Gerichte benutzt! Immer wieder liest man falsch: „*Das* BGH hat entschieden …". Richtig ist: „*Der* BGH hat entschieden …".
- Das Bundesverfassungsgericht fällt nicht unter die Kategorie „oberste Bundesgerichte". Es ist nicht Teil des klassischen Instanzenzugs. Also keine weitere Instanz, sondern ein Gericht und Verfassungsorgan, bei

© Der/die Autor(en), exklusiv lizenziert an Springer Fachmedien Wiesbaden GmbH, ein Teil von Springer Nature 2023
F. Bräutigam, *Recht richtig formulieren*, Journalistische Praxis,
https://doi.org/10.1007/978-3-658-41771-0_7

dem man speziell die Verletzung von Grundrechten rügen kann. Voraussetzung dafür ist in aller Regel, dass man vorher alle Instanzen durchlaufen hat (Einzelheiten zum BVerfG in Kap. 8).

Ein Thema – unterschiedliche Urteile in den Instanzen Eine typische Situation im journalistischen Alltag ist: An vielen unteren Gerichten in Deutschland liegen Klagen zu einem neuen Thema. Beispiel: Lange war nicht geklärt, ob der Autohersteller VW die Eigentümer von VW-Autos wegen einer illegalen Abschalteinrichtung „vorsätzlich sittenwidrig geschädigt" hat und ihnen damit Schadensersatz zahlen muss. Einige Land- oder Oberlandesgerichte haben das bejaht, andere nicht. Aufgabe der obersten Bundesgerichte ist es, für „Rechtseinheit" zu sorgen, also eine inhaltliche Linie vorzugeben. Deswegen ist es spannend, wenn ein erster Fall zu einem umstrittenen Thema „oben" ankommt. Im Mai 2020 lautete das erste Urteil des Bundesgerichtshofs zur Haftung von VW: Ja, VW schuldet Schadensersatz. Davon wird aber ein Teil abgezogen, weil der Eigentümer das Auto genutzt hat. Die unteren Gerichte haben seitdem ein Urteil, an dem sie sich orientieren können. Sie sind rein formal nicht daran gebunden, könnten also theoretisch auch anders entscheiden. Das werden sie aber in aller Regel nicht machen. Denn es wäre dann sehr wahrscheinlich, dass ihr Urteil spätestens am BGH wieder aufgehoben würde.

Was „Grundsatzurteil" bedeutet Beim BGH-Urteil zum VW-Dieselskandal war häufig von einem „Grundsatzurteil" die Rede. Dieser Begriff ist ein echter Klassiker, der häufig benutzt wird. Allerdings handelt es sich nicht um eine feststehende Kategorie ganz bestimmter Urteile.

- Ob es sich um ein „Grundsatzurteil" handelt, hängt von der inhaltlichen Bewertung im Einzelfall ab. Den Begriff kann man dann verwenden, wenn ein Urteil besonders viele Fälle betrifft und eine umstrittene Rechtsfrage erstmals klärt.
- Den Begriff „Präzedenzfall" sollte man eher nicht benutzen. Er stammt aus dem anglo-amerikanischen Recht und hat dort eine spezielle Bedeutung.

Was „Revision zulassen" bedeutet, und was nicht In allen Rechtsgebieten außer dem Strafrecht muss die Berufungsinstanz (2. Instanz) in ihrer Entscheidung ausdrücklich feststellen, dass es die Revision (also den Gang in die 3. Instanz) zulässt. Dann darf die unterlegene Partei sie einlegen. Die Zulassung der Revision ist also eine Art Türöffner für die oberste Instanz. Voraussetzung für die Zulassung ist, vereinfacht gesagt, dass der Fall aus Sicht des Berufungsgerichts eine grundsätzliche Bedeutung hat. Am Ende der Pressemeldung eines Landesarbeitsgerichts oder eines Oberverwaltungsgerichts steht oft der Satz: „Das Gericht hat die Revision nicht zugelassen." Dann kann die unterlegene Partei dagegen „Nichtzulassungsbeschwerde" einlegen. Das Revisionsgericht prüft anschließend, ob es von sich aus die Revision zulässt, also die Tür für das Revisionsverfahren selbst öffnet.

- Wenn das Berufungs- oder das Revisionsgericht die „Revision zugelassen" hat, bedeutet dies noch nicht, dass die Revision inhaltlich Erfolg hatte. Das wird vom Revisionsgericht erst in einem weiteren Schritt geprüft und entschieden.
- Umgekehrt wird nach einer erfolgreichen Revision oft formuliert, dass der BGH die „Revision zugelassen" hat. Auch das ist falsch. Am Ende des Revisionsverfahrens hebt der BGH entweder das Urteil der Vorinstanz auf, oder er bestätigt es.

Revision bedeutet: Prüfung auf Rechtsfehler Wichtig: Im Revisionsverfahren, egal in welchem Rechtsgebiet, wird ein Fall nicht mehr komplett neu aufgerollt. Es werden zum Beispiel nicht noch einmal die Zeugen oder Sachverständigen gehört. Den Sachverhalt, also die Fakten des konkreten Falls, hat das Gericht der Vorinstanz abschließend festgestellt. Die obersten Bundesgerichte überprüfen das schriftliche Urteil der Vorinstanz darauf, ob es rechtliche Fehler enthält. Beispiel: Der Bundesgerichtshof prüft in einem Mietrechtsfall nicht mehr: An welchem Tag ist der Mieter ausgezogen? War das der 30. September oder der 2. Oktober? Das hat das Landgericht schon festgestellt. Daran ist der BGH gebunden. Er prüft aber, ob das Landgericht die Paragrafen aus dem Mietrecht korrekt angewendet hat oder nicht, und was sie genau bedeuten.

Was heißt „auf Rechtsfehler überprüfen"? Die Vorinstanzen können rechtliche Fehler in *zwei Bereichen* gemacht haben. (1) Beim Ablauf des Gerichtsverfahrens (Verfahrensfehler). Beispiel: Das Gericht der Vorinstanz hätte die Pflicht gehabt, einen Gutachter zu beauftragen, um den Fall besser aufzuklären. Das hat es aber nicht gemacht. Der BGH verweist den Fall deswegen an die Vorinstanz zurück. (2) Rechtsfehler bei der Anwendung der einschlägigen Paragrafen. Beispiel: Das Gericht der Vorinstanz hat bei einer Diesel-Klage entschieden, dass dem Kläger die gefahrenen Kilometer nicht vom Schadensersatz abgezogen werden müssen. Der BGH legt die Paragrafen aus dem Bürgerlichen Gesetz zu dieser Frage aus und entscheidet: Doch, man muss die gefahrenen Kilometer abziehen.

- *Falsch*: „Der Bundesgerichtshof prüft das Urteil nur noch auf formale Fehler/Verfahrensfehler".
- Richtig: „Der Bundesgerichtshof muss nun prüfen, ob das Urteil des Land-/Oberlandesgerichts rechtliche Fehler enthält".

Mündliche Verhandlung dauert meist nur ein Tag An den Instanzgerichten kann eine Gerichtsverhandlung über mehrere Verhandlungstage gehen, manchmal sogar Wochen oder Monate dauern. Dort findet ja auch eine Beweisaufnahme statt, es werden also Zeugen oder Gutachter gehört. Die mündliche Verhandlung an den obersten Bundesgerichten dauert in der Regel nur einige Stunden an einem einzigen Tag. Vor der Verhandlung wurden bereits Schriftsätze gewechselt. In der Verhandlung tauschen die Beteiligten über ihre Anwältinnen und Anwälte die rechtlichen Argumente aus. Die Richterinnen und Richter können Fragen stellen. Manchmal geben sie auch schon zu erkennen, wie sie den Fall vorläufig bewerten. Anschließend wird entweder am selben Nachmittag oder an einem separaten Termin einige Wochen oder Monate später das Urteil verkündet.

- Weil es in der Regel nur um einen Tag geht, sollte man *nicht* formulieren: „Der Bundesgerichtshof verhandelt *seit* heute über …", so wie man es bei einem Landgericht zum Auftakt eines mehrtägigen Prozesses machen könnte.

Ergebnis Nr. 1: Das Urteil wird bestätigt Das Bundesgericht bestätigt das Urteil der Vorinstanz. Damit ist das Urteil rechtskräftig, es bleibt also endgültig so bestehen. Beispiel: Das OLG Koblenz hat VW im Dieselskandal dazu verurteilt, einem Kunden Schadensersatz zu zahlen. Der Bundesgerichtshof weist die Revision von VW zurück und bestätigt das Urteil der Vorinstanz. Es wird damit rechtskräftig.

Die richtige Überschrift oder Eilmeldung lautet: „Bundesgerichtshof weist Revision im Diesel-Skandal zurück (nicht: weist ab)." Oder: „Bundesgerichtshof bestätigt Diesel-Urteil gegen VW."

Ergebnis Nr. 2: Das Urteil wird aufgehoben und an die Vorinstanz zurückverwiesen Wenn das Urteil rechtliche Fehler enthält, hebt das Bundesgericht es auf. Es entscheidet den Fall aber in aller Regel nicht selbst endgültig, sondern verweist den Fall zurück an das Gericht der Vorinstanz. Das muss den Fall dann nach den Vorgaben des Revisionsgerichts erneut prüfen und entscheiden. In diesem Fall hat man in der Regel noch kein klares Ergebnis des Falles, weil die abschließende Entscheidung noch aussteht.

- Die Überschrift oder Eilmeldung kann dann lauten: „Bundesgerichtshof hebt Diesel-Urteil gegen VW auf."

7.2 Filmen der Urteilsverkündungen möglich

Besonderheit: Filmen der Urteilsverkündungen An allen obersten Bundesgerichten gibt es eine Ausnahme vom allgemeinen Filmverbot in Gerichtsprozessen. Seit 2018 ist es gesetzlich zulässig, die Urteilsverkündung aller obersten Bundesgerichte zu filmen, wenn der Vorsitzende Richter dem zugestimmt hat (am BVerfG ist dies bereits seit 1998 erlaubt). Es geht um die reine Urteilsverkündung, nicht um die mündliche Verhandlung. Von dieser Möglichkeit machen wir in der ARD-Rechtsredaktion Karlsruhe vor allem am Bundesgerichtshof häufig Gebrauch. Vor einem Termin muss das Gericht entscheiden, ob es Filmaufnahmen zulässt. In der bisherigen Praxis war das meistens Fall. In Einzelfällen kann es sein, dass Persönlichkeitsrechte von Beteiligten dagegensprechen. Allerdings ist es an den obersten Bundesgerichten in der Regel so, dass Kläger, Beklagte oder Angeklagte nicht persönlich bei den Urteilsverkündungen oder Verhandlungen erscheinen, sondern von ihren Anwältinnen und Anwälten vertreten werden. Für das Filmen der Urteilsverkündung hat der BGH bestimmte Regeln aufgestellt. Danach ist es z. B. nur zulässig, die Richterinnen und Richter selbst zu filmen, nicht die Verfahrensbeteiligten an ihren Plätzen.

- Für Medien am Ort der obersten Bundesgerichte gehört zur Planung der Berichterstattung über ein wichtiges Urteil die Frage dazu: Können und wollen wir die Urteilsverkündung filmen oder sogar live streamen? Dieses Anliegen sollte man rechtzeitig bei der Pressestelle des Gerichts hinterlegen, damit das Gericht über die Zulassung der Aufnahmen entscheiden kann.

Playlist für Urteilsvideos bei Phoenix Für die Aufnahmen mit dieser Urteilsverkündung hat der Ereigniskanal „Phoenix" auf seinem YouTube-Kanal eine eigene
Playlist „Recht und Urteile" eingerichtet. Dort veröffentlichen wir die Videos der
Urteilsverkündung in der Regel einige Stunden nach dem Termin. Dies ist auch für
externe Journalistinnen und Journalisten eine gute Möglichkeit, den Original-
Wortlaut der Urteilsverkündung anzuhören und anzuschauen. Einen Mehrwert gibt
es besonders dann, wenn die mündliche Urteilsbegründung ausführlicher ist als die
schriftliche Pressemitteilung. Einzelne prägnante Sätze aus der Urteilsverkündung
verwenden wir für unsere kurzen Fernsehberichten z. B. in der „Tagesschau". Sie
ersetzen dann häufig den klassischen O-Ton des Pressesprechers oder der Pressesprecherin. Die Vorsitzende Richterin oder der Vorsitzende Richter sprechen stattdessen selbst. In besonders wichtigen Fällen übertragen wir die Urteilsverkündung
auch live auf Phoenix oder im Stream auf tagesschau.de.

Das Bundesverfassungsgericht und die Grundrechte

8

8.1 Basics zum Bundesverfassungsgericht

Gericht und Verfassungsorgan Nachdem das Grundgesetz 1949 verabschiedet wurde, nahm das Bundesverfassungsgericht im September 1951 seine Arbeit auf. Es hat seinen Sitz im Schlossbezirk in Karlsruhe, im bekannten Glasbau des Berliner Architekten Baumgarten. Die Mütter und Väter des Grundgesetzes haben es mit weitreichenden Befugnissen ausgestattet. Unter anderem kann es vom Parlament beschlossene Gesetze für verfassungswidrig erklären, also kippen. Daraus ergibt sich ein gewisses Spannungsfeld zwischen Gericht und Politik. Häufig wird das Bundesverfassungsgericht als Deutschlands „höchstes" oder „oberstes" Gericht bezeichnet. Das ist nicht wirklich falsch, aber kann einen falschen Eindruck vermitteln. Denn das Bundesverfassungsgericht ist nicht einfach ein weiteres Gericht am Ende des Instanzenzuges. Der endet an den fünf obersten Bundesgerichten. Als Gericht ist es Teil der rechtsprechenden Gewalt und hat das letzte Wort darüber, wie das Grundgesetz ausgelegt wird. Was es von den anderen Gerichten aber unterscheidet: Das BVerfG ist eines von fünf Verfassungsorganen (neben Bundespräsident, Bundestag, Bundesrat und Bundeskanzler). Das BVerfG ist speziell dafür zuständig, über Streit rund um die Vorschriften des Grundgesetzes zu entscheiden. Es hat im Wesentlichen zwei Aufgaben: (1) Es entscheidet darüber, ob der Staat die Grundrechte der Bürgerinnen und Bürger verletzt hat. (2) Und es entscheidet über Streitigkeiten von Staatsorganen untereinander.

© Der/die Autor(en), exklusiv lizenziert an Springer Fachmedien Wiesbaden GmbH, ein Teil von Springer Nature 2023
F. Bräutigam, *Recht richtig formulieren*, Journalistische Praxis, https://doi.org/10.1007/978-3-658-41771-0_8

▶

- Mit Formulierungen wie „Deutschlands höchstes/oberstes Gericht" oder „Deutschlands oberste/höchste Richter" sollte man eher zurückhaltend sein.
- Wichtig: Die richtige Abkürzung lautet nicht „BVG", sondern **„BVerfG"**. BVG ist die Berliner Verkehrsgesellschaft – das sind die mit den lustigen Werbesprüchen.

Wie die Richterinnen und Richter des BVerfG gewählt werden Die eine Hälfte der 16 Richterinnen und Richter wird vom Bundestag, die andere vom Bundesrat gewählt. Für die Wahl ist eine Zweidrittelmehrheit erforderlich. Drei Richter pro Senat müssen zuvor Richter an einem obersten Bundesgericht gewesen sein. Die anderen waren vorher zum Beispiel als Juraprofessorin oder -professor an der Uni oder als Politiker tätig. Die Amtszeit dauert 12 Jahre oder bis zum Ende des 68. Lebensjahres. Eine Wiederwahl ist nicht möglich.

▶   Die richtige Amtsbezeichnung lautet: „Richter *des* Bundesverfassungsgerichts". Falsch: „Richter *am* (oder *vom*) Bundesverfassungsgericht".

Die roten Roben Symbol für das Bundesverfassungsgericht sind die roten Roben der Richterinnen und Richter. Nachdem sie in den ersten Jahrzehnten die gleichen weinroten Roben wie am Bundesgerichtshof hatten, wurden die aktuellen Modelle Anfang der 1960er-Jahre von einem Karlsruher Theaterschneider nach einem Vorbild aus dem Florenz des 15. Jahrhunderts in einem helleren rot geschneidert. Die Kopfbedeckung heißt „Barett", der weiße Stoff um den Hals ist das „Bäffchen".

Zwei Senate sind jeweils „das Bundesverfassungsgericht" Das Bundesverfassungsgericht hat 16 Richterinnen und Richter, die sich auf zwei Senate mit je acht Richterinnen und Richtern aufteilen. Der *Erste Senat* (beide Worte großschreiben) ist vor allem für Verfassungsbeschwerden zuständig; also Klagen von Bürgerinnen und Bürgern, die eine Verletzung ihrer Grundrechte geltend machen. Der *Zweite Senat* ist für die sogenannten „Organstreitverfahren" zuständig, also für Streitigkeiten zwischen Staatsorganen. Daneben entscheidet er aber ebenfalls über Verfassungsbeschwerden. Jeder Senat hat einen Vorsitzenden bzw. eine Vorsitzende. Sie leiten die mündlichen Verhandlungen und verkünden die Urteile. Stand 2023 ist BVerfG-Präsident Stephan Harbarth Vorsitzender des Ersten Senats. Vizepräsidentin Doris König ist Vorsitzende des Zweiten Senats.

Prüfen, ob ein Richter wirklich am Urteil beteiligt war Wenn man einzelne Richter in Berichten mit bestimmten Urteilen in Verbindung bringt, muss man darauf achten, dass sie an diesen Urteilen auch mit beteiligt waren. Beispiele: Der aktuelle Präsident und Vorsitzende des Ersten Senats hat nichts mit dem umstrittenen EZB-Urteil von 2020 zu tun. Denn das hat der Zweite Senat gefällt. Die aktuelle Vizepräsidentin und Vorsitzende des Zweiten Senats hat 2021 nicht über die Corona-Maßnahmen der „Bundesnotbremse" entschieden. Denn das hat der Erste Senat gemacht.

Typischer Foto-Fehler: Der falsche Senat Eine häufige Fehlerquelle ist es, wenn Redaktionen Fotos zu Texten oder als Hintergrundbild auswählen und dabei den falschen Senat nehmen, der den konkreten Fall nicht entschieden hat. Das passiert häufig.

- Bei der Auswahl von Fotos unbedingt darauf achten, *welcher Senat* die Entscheidung getroffen hat. Dann das richtige Foto auswählen. Und zwar ein aktuelles, denn die Richterinnen und Richter wechseln. Besonders der Vorsitzende oder die Vorsitzende muss unbedingt stimmen.
- Alternative: Symbolfotos wählen (z. B. rote Roben neutral, Barette auf dem Richtertisch, BVerfG außen, keinen Hammer auf der Richterbank!).
- Den richtigen Senat kann man schnell am Aktenzeichen erkennen, das weit oben auf der Pressemitteilung zur Entscheidung steht (die man wiederum auf der Homepage findet). An der Zahl am Anfang erkennt man den Senat. Beispiele: 1 BvR 1547/19 ist vom Ersten Senat. 2 BvR 1719/21 ist vom Zweiten Senat.
- Viele BVerfG-Entscheidungen werden nur schriftlich veröffentlicht. Dann gibt es keine aktuellen Fotos vom Tag in roten Roben. Wenn man ein Archivfoto nimmt, sollte man das kennzeichnen.

Die Rolle des „Berichterstatters" Für jedes Verfahren ist eine Richterin oder ein Richter als „Berichterstatter" bzw. „Berichterstatterin" zuständig. Das bedeutet, er oder sie bereitet die Entscheidung mit einem vorbereitenden Gutachten („Votum") und mit einem Entscheidungsentwurf vor. Jeder Richter und jede Richterin ist nach dem Geschäftsverteilungsplan der beiden Senate für bestimmte Rechtsgebiete zuständig. Die Rolle des Berichterstatters darf man weder über- noch unterschätzen. Er oder sie hat nicht mehr Macht als die weiteren sieben Senatsmitglieder, sondern am Ende nur eine Stimme wie alle anderen. Durch sein „Votum" ist er aber womöglich besser als die anderen sieben im Fall drin und kann die Diskussion im Beratungszimmer zumindest beeinflussen. In mündlichen Verhandlungen sitzt die Berichterstatterin oder der Berichterstatter immer neben dem oder der Vorsitzenden und stellt in der Regel die meisten Fragen an die Beteiligten.

Welche Mehrheit nötig ist Um ein Gesetz oder einen anderen Rechtsakt für verfassungswidrig zu erklären, braucht es eine Mehrheit von 5:3 Stimmen im zuständigen Senat. Der Präsident und die Vizepräsidentin haben auch als Senatsvorsitzende nur eine Stimme, und daher nicht mehr Entscheidungsmacht als die anderen Mitglieder des Gerichts. Bei einem „Unentschieden" von 4:4 Stimmen liegt kein Verstoß gegen das Grundgesetz vor. Die Verfassungsbeschwerden oder Anträge werden zurückgewiesen. Die jeweilige Mehrheit muss nicht, kann aber in der Entscheidung und in der Pressemitteilung mitgeteilt werden.

- Ein Blick auf ein mögliches Abstimmungsergebnis am Ende der Pressemitteilung lohnt sich meistens. Wenn es z. B. 5:3 lautet, bedeutet es, dass der Fall im Senat umstritten war.

Das „Sondervotum" Wenn ein Mitglied des Gerichts anders als die Mehrheit seines Senats abgestimmt hat, kann es ein sogenanntes „Sondervotum" schreiben, auch „abweichende Meinung" genannt. Darin erläutert es, warum es den Fall anders beurteilt. Dies zeigt, dass es im Verfassungsrecht nicht immer nur die *eine* rechtliche Lösung gibt. In der Geschichte des Gerichts hat es immer wieder fulminante Sondervoten gegeben, etwa zum Abtreibungsurteil 1975, zum ESM-Urteil 2012 oder im Fall „AfD gegen Merkel" 2022. In Kurzberichten fehlt oft der Platz, auf ein Sondervotum einzugehen. Für längere Artikel sollte man dies aber prüfen.

Die Kammern Die meisten Entscheidungen am BVerfG werden nicht von allen acht Mitgliedern des zuständigen Senats getroffen. Das wäre bei vielen tausend Neueingängen pro Jahr nicht möglich. Deshalb gibt es pro Senat jeweils drei kleinere Einheiten, die „Kammern". Sie bestehen aus jeweils drei Richterinnen oder Richtern (es gibt also jeweils eine Richterinn oder einen Richter, die oder der in zwei Kammern sitzt). Nach Eingang einer Verfassungsbeschwerde entscheidet der für das Thema zuständige Richter, ob er den Fall „in den Senat bringt", oder ob ihn eine Kammer entscheiden soll. Im Jahr 2022 gab es bei Verfassungsbeschwerden z. B. 13 Senatsentscheidungen und rund 4300 Kammerentscheidungen. Sie ergehen immer schriftlich, werden also nicht im Gerichtssaal öffentlich verkündet.

Akkreditierung etc. Für mündliche Verhandlungen und Urteilsverkündungen gibt es ein standardisiertes Akkreditierungsverfahren der Pressestelle, das mit Ankündigung des jeweiligen Termins stets schriftlich beschrieben wird. Für Kamerateams und Fotografen gibt es aber in der Regel eine Pool-Lösung für die Zeit ab dem Einzug des Gerichts. Außerdem muss man ankündigen, mit welchen (Übertragungs-)Fahrzeugen man kommt. Im Foyer und im ersten Stock gibt es feste Positionen, an denen Fernsehsender Live-Positionen oder kleine Studios aufbauen können. Der Presseraum befindet sich im ersten Stock. Dorthin wird auch der Ton aus dem Gerichtssaal übertragen (nicht das Bild). Man kann dort also der Verhandlung oder der Urteilsverkündung folgen und nebenbei schon an seinem Artikel schreiben. Allerdings ist es gerade bei mündlichen Verhandlungen von Vorteil, den persönlichen und optischen Eindruck von den Akteuren aus dem Gerichtssaal im zweiten Stock zu haben. Dort kann man von der Pressetribüne der Verhandlung folgen.

Mündliche Verhandlungen Mit dem Bundesverfassungsgericht verbinden viele den Einzug der Richterinnen und Richter in roten Roben in den Gerichtssaal. Allerdings werden nur die wenigsten Verfahren nach einer mündlichen Verhandlung mit einem Urteil im Gerichtssaal entschieden. Solche Verfahren gibt es nur ca. fünf bis zehn Mal pro Jahr. Es sind meistens besonders bedeutende und umstrittene Themen, bei denen der Senat besonderen tatsächlichen und rechtlichen Aufklärungsbedarf hat und Sachverständige befragen möchte. In den Monaten vor der Verhandlung hat sich der Senat dann schon intensiv mit dem Thema befasst. Mündliche Verhandlungen laufen wie folgt ab: Nach dem Einzug des Gerichts eröffnet der oder die Vorsitzende die Verhandlung. Dann führt er kurz ins Thema ein. Schließlich wird die Anwesenheit festgestellt. Bis zu diesem Zeitpunkt sind Film- und Fotoaufnahmen erlaubt. Danach müssen Kamerateams und Fotografen den Saal verlassen.

• Aus dem Eingangsstatement der oder des Vorsitzenden kann man O-Töne für Hörfunk- oder Fernsehberichte ziehen. Dafür muss der Kameramann darauf achten, während des Eingangsstatements keine allgemeinen Bilder im Saal zu machen. Dafür ist Zeit beim Einzug und bei der Feststellung der Anwesenheit.

Mehrwert der mündlichen Verhandlung Wenn die Kamerateams den Saal verlassen haben, führt der Berichterstatter nochmal ausführlicher in den Sach- und Streitstand ein. Dann können die Beteiligten jeweils ein kurzes Eingangsstatement halten. Die inhaltlichen Themen ergeben sich aus der Verhandlungsgliederung, die online abrufbar ist und im Presseraum ausliegt. Nach und nach kommen die Parteien ans Rednerpult und nehmen zu einzelnen Punkten Stellung. Besonders interessant ist meistens, welche Fragen die Richterinnen und Richter stellen. Oder wie sie auf Antworten reagieren. Daraus kann man einen recht guten Eindruck bekommen, wo die Richterbank die Knackpunkte des Falles sieht. Mit eindeutigen Prognosen zum Ausgang sollte man auf dieser Basis allerdings zumindest vorsichtig sein. Manchmal geht es bei Fragen auch darum, einfach mal „gegenzubürsten". Die mündliche Verhandlung dauert in der Regel einen Tag; manchmal zwei, ganz selten auch mal drei Tage. Das Urteil wird dann einige Monate (manchmal auch erst ein Jahr) später im Gerichtssaal verkündet.

• Wichtig: Weil meistens nur ein Tag lag verhandelt wird, bitte nicht formulieren (was aber häufig in Anmoderationen zu hören ist): „Das Bundesverfassungsgericht verhandelt *seit* heute …". Richtig ist fast immer: Das BVerfG *hat* heute über … verhandelt. „Das Urteil kommt in einigen Monaten."

Ablauf von Urteilsverkündungen Das Bundesverfassungsgericht verkündet seine Urteile in aller Regel um zehn Uhr im Gerichtssaal am Karlsruher Schlossplatz. Die Richterinnen und Richter gehen kurz vorher ins Ankleidezimmer hinter dem Gerichtssaal. Im Saal gibt es vorab das übliche Gewusel von ankommenden Beteiligten, Kamerateams, Fotografen und Zuschauern. Vorne sitzen die Beteiligten des Verfahrens, dahinter das Publikum. Für Medienvertreter ist die Pressetribüne reserviert. Um kurz vor zehn Uhr bittet der Saaldiener darum, dass alle ihre Plätze einnehmen, und nur noch die Pool-Führer im Saal bleiben. Um Punkt zehn Uhr zieht das Gericht ein. Zunächst setzen sich die Richterinnen und Richter. Bevor die eigentliche Urteilsverkündung beginnt, verliest die oder der Vorsitzende nochmal den Gegenstand der Verfassungsbeschwerde und die konkreten Anträge. Dann wird die Anwesenheit festgestellt. Erst wenn das Gericht danach aufsteht, die Barette aufsetzt und die Worte „Im Namen des Volkes" fallen, beginnt die Urteilsverkündung.

Eingangsstatement als kurze Zusammenfassung Den Tenor, also das reine Ergebnis, verkündet das Gericht stehend. Es folgt das Eingangsstatement, eine kurze Zusammenfassung des Urteils und seiner Begründung in der Länge von ca. 5–10 min. Es eignet sich oft gut für O-Töne in Fernseh- oder Hörfunkbeiträgen oder für Zitate. Auf der Pressetribüne und im Presseraum wird das Eingangsstatement und die Pressemitteilung verteilt (und online gestellt). Schließlich verliest der oder die Vorsitzende große Teile des gesamten schriftlichen Urteils. Einen Teil davon übernimmt meistens der Berichterstatter. Die komplette Verlesung kann zwischen ca. 30 und 120 min dauern. Erst danach kann man O-Töne mit den Beteiligten machen.

Liveübertragung von Urteilen möglich Urteilsverkündungen des Bundesverfassungsgerichts dürfen seit 1998 komplett in Ton und Bild aufgenommen oder auch live übertragen werden. ARD, ZDF und auch einige Privatsender machen dies immer wieder. Entweder auf Phoenix, auf Tagesschau24, bei sehr großen Verfahren auch im Hauptprogramm von ARD und ZDF (Beispiele: NPD-Verbotsverfahren, Sterbehilfe, Euro-Rettungsschirm ESM etc.). Eine typische Sondersendung im klassischen TV oder im Livestream sieht so aus: Einige Minuten vor zehn Uhr geht man auf Sendung und führt mit einem kurzen Filmbeitrag und einem kurzen Gespräch ins Thema ein. Dann überträgt man den Urteilstenor und das Eingangsstatement live, womit das Ergebnis und die groben Linien der Begründung bekannt sind. Danach versucht man eine erste Einordnung; entweder mit einem Gesprächspartner oder im Alleingang. Die Verlesung des gesamten Urteils kann man dann z. B. im weiteren Live-Stream anbieten, oder auf die schriftliche Fassung des Urteils verweisen.

Wichtig: Zu Beginn ganz genau hinhören! Am 17. Januar 2017 gab es um kurz nach zehn die Eilmeldung „Bundesverfassungsgericht verbietet die NPD". Dabei war das gar nicht geschehen. Das BVerfG hat die Anträge auf ein Parteiverbot zurückgewiesen. Was war der Grund für die Falschmeldung? Das Gericht beginnt nicht sofort nach dem Einzug mit der Urteilsverkündung. In der Regel werden nochmal die gestellten Anträge verlesen. Gerichtspräsident Voßkuhles erste Worte lauteten sinngemäß, er eröffne die Sitzung zur Verkündung eines Urteils über die *Anträge*: „Die NPD wird verboten". Dieser zitierte *Antrag* muss die falsche Eilmeldung ausgelöst haben.

Die meisten Entscheidungen ergehen schriftlich Das ist der Grund dafür, dass es bei vielen BVerfG-Entscheidungen keine aktuellen Bilder aus dem Gerichtssaal mit den „roten Roben" gibt. Uhrzeit für die Veröffentlichung von presserelevanten Entscheidungen ist in der Regel 9.30 Uhr. Dann wird die Pressemitteilung mit dem Beschluss per Mail verschickt und auf der Homepage veröffentlicht. Eilentscheidungen werden oft unmittelbar veröffentlich, wenn sie fertig sind, ohne feste Uhrzeit. Rekordverdächtig war einmal eine Eilentscheidung um 19.50 Uhr. Für eine Live-Schalte in die Tagesschau gerade noch rechtzeitig. Für den Redaktionsschluss vieler gedruckter Zeitungen nicht mehr.

„Beschluss" oder „Urteil"? Diese Unterscheidung ist für die Berichterstattung von allen Gerichten wichtig, auch bei Entscheidungen des Bundesverfassungsgerichts.

- Die Grundregel lautet: Wenn in einem Verfahren öffentlich verhandelt wurde und die Entscheidung später im Gerichtssaal verkündet wird, ist es ein „Urteil". Wenn ohne Verhandlung einfach eine schriftliche Entscheidung veröffentlicht wird, ist es ein „Beschluss".
- Hinweis: Im oberen Abschnitt der Pressemitteilungen ist ausdrücklich benannt, ob es ein „Beschluss" oder ein „Urteil" ist.
- Wenn man unter Zeitdruck unsicher ist: Einfach „Entscheidung" schreiben oder sagen. Das ist der Oberbegriff und daher immer richtig.

Mehr „Beschlüsse" als „Urteile" Der Regelfall ist, dass nicht öffentlich verhandelt und BVerfG-Entscheidungen rein schriftlich veröffentlicht werden (bei größeren Verfahren verbunden mit einer Pressemitteilung). Dies hat Auswirkungen auf die richtige Formulierung. Das in vielen Medien so bezeichnete „Klima-Urteil" des Bundesverfassungsgerichts vom April 2021 war z. B. gar kein „Urteil", sondern ein „Beschluss". Auch die Entscheidung zur Bundesnotbremse im November 2021 war ein Beschluss.

Die Verfassungsbeschwerde: Hat der Staat die Grundrechte verletzt? Am BVerfG gibt es mehrere Verfahrensarten. Die häufigste mit tausenden Fällen pro Jahr ist die „Verfassungsbeschwerde". Das Bundesverfassungsgericht „entscheidet über Verfassungsbeschwerden, die von jedermann mit der Behauptung erhoben werden können, durch die öffentliche Gewalt in einem seiner Grundrechte (…) verletzt zu sein", so steht es in Artikel 93 des Grundgesetzes. Jede Bürgerin und jeder Bürger kann also in Karlsruhe überprüfen lassen, ob ein staatlicher Akt seine oder ihre Grundrechte verletzt. Das Verfahren dafür ist die „Verfassungsbeschwerde".

▶   Die korrekte Bezeichnung für die Person, die Verfassungsbeschwerde „erhoben" hat, lautet „Beschwerdeführer(in)". Es ist aus meiner Sicht aber in Ordnung, von der „Klägerin" oder dem „Kläger" zu sprechen. Auch wenn dies ausnahmsweise nicht absolut korrekt ist, aber kürzer. Das kann man aber auch anders sehen.

Bedingung: Vorher durch den Instanzenzug Damit das BVerfG eine Verfassungsbeschwerde inhaltlich prüft, müssen die Beschwerdeführer aber einige formale Voraussetzungen erfüllen. Sie sind Bedingung für die „Zulässigkeit" einer Verfassungsbeschwerde. Die Prüfung der Zulässigkeit ist aber kein eigener Verfahrensschritt, der vom Ablauf her zeitlich getrennt wird. Das Gericht prüft sie zusammen mit der „Begründetheit", also den inhaltlichen Fragen der Verfassungsbeschwerde. Die wichtigste Hürde für die Zulässigkeit ist: In aller Regel muss man zunächst durch sämtliche Instanzen gegangen sein, also den „Rechtsweg erschöpft" haben. Man kann also in der Regel nicht direkt vors BVerfG ziehen. Wenn man Verfassungsbeschwerde gegen Gerichtsurteile oder andere staatliche Einzelakte einlegen möchte, muss man das innerhalb der Frist von einem Monat tun.

Ausnahme: Verfassungsbeschwerde direkt gegen ein Gesetz Keine Regel ohne Ausnahme. In bestimmten Fällen ist es auch möglich, dass man unmittelbar gegen ein Gesetz Verfassungsbeschwerde einlegt. Voraussetzung ist, dass man von dem Gesetz unmittelbar betroffen ist, und es nicht erst von den staatlichen Behörden umgesetzt werden muss. Beispiel: In der sogenannten „Bundesnotbremse" vom April 2021 wurden direkt per Gesetz Corona-Maßnahmen für bestimmte Situationen angeordnet. Die Verwaltungsbehörden der Länder mussten sie nicht erst in einzelne Maßnahmen umsetzen. Deswegen konnten Bürgerinnen und Bürger direkt gegen diesen Teil des Infektionsschutzgesetzes Verfassungsbeschwerde einlegen. Man muss dies innerhalb einer Frist von einem Jahr machen. Auch gegen viele der Sicherheitsgesetze wie den „Großen Lauschangriff", die „Online-Durchsuchung" oder die „Vorratsdatenspeicherung" hat das BVerfG eine direkte Verfassungsbeschwerde gegen das jeweilige Gesetz zugelassen. Es sei nicht zumutbar, eine mögliche Überwachung abzuwarten und erst danach dagegen vorzugehen.

Die „Annahme" bzw. Nichtannahme zur Entscheidung Auch um der Masse an Verfahren Herr zu werden, gibt es bei der Verfassungsbeschwerde eine Art Filter. Sie muss laut Gesetz „zur Entscheidung angenommen" werden. Das BVerfG muss sie danach annehmen, wenn dem Fall „grundsätzliche verfassungsrechtliche Bedeutung" zukommt, oder wenn es „zur Durchsetzung der Grundrechte des Beschwerdeführers angezeigt" ist. Das kann z. B. der Fall sein, wenn dem Beschwerdeführer ohne eine inhaltliche Entscheidung des Gerichts ein besonders schwerer Nachteil entsteht. Es muss also entweder um noch nicht geklärte verfassungsrechtliche Fragen gehen, die eine Bedeutung über den Einzelfall hinaus haben. Oder um Fälle, in denen der Staat die Grundrechte der Beschwerdeführer besonders stark vernachlässigt hat. Diese eher schwammig klingenden Kriterien führen dazu, dass das BVerfG praktisch einen gewissen Beurteilungsspielraum hat. Sie zeigen aber, dass das Gericht nicht völlig frei darüber entscheiden kann, welche Fälle es annimmt und welche nicht. Das unterscheidet es z. B. vom US-Supreme Court.

„Nichtannahme" ohne Begründung möglich In der Praxis werden viele Verfassungsbeschwerden nicht zur Entscheidung angenommen. Das Gericht muss dies nicht zwingend begründen. Ein Beschwerdeführer kann also eine Antwort aus Karlsruhe bekommen, die aus einem einzigen Satz besteht, nämlich dass die Beschwerde nicht angenommen wurde und auf eine Begründung verzichtet wird. Intern hat das Gericht jeden Fall trotzdem rechtlich geprüft und ein schriftliches Votum angefertigt. Für Beschwerdeführer und auch Journalisten kann das eine unbefriedigende Situation ein. Beispiel: Die Verfassungsbeschwerde von Jan Böhmermann gegen die teilweise Untersagung seines „Schmähgedichts" über Erdogan wurde ohne Begründung nicht zur Entscheidung angenommen. Es gibt aber auch Nichtannahme-Entscheidungen mit einer ausführlichen Begründung. Rechtspolitisch wird zum Teil gefordert, dass jede Nichtannahme eine Begründung haben muss.

▶   Die richtige Formulierung lautet: „Das Bundesverfassungsgericht hat
     die Verfassungsbeschwerde nicht zur Entscheidung angenommen."

Thema „Annahme" kann zu Missverständnissen führen Der Begriff der „Annahme" zur Entscheidung wird manchmal so verstanden, als sei dies eine erste Zwischenentscheidung, in der das BVerfG die Erfolgschancen für den Ausgang des Verfahrens geprüft hat. Vergleichbar mit der Situation, dass ein Strafgericht die Anklage zulässt und das Hauptverfahren eröffnet. Das stimmt aber so nicht. Die Entscheidung über die Annahme einer Verfassungsbeschwerde ist der abschließenden inhaltlichen Entscheidung nicht zwingend zeitlich vorgeschaltet. Häufig werden beide Entscheidungen gleichzeitig getroffen. Allein daraus, dass das Gericht das Verfahren vorantreibt, kann man für die Berichterstattung also nicht auf eine „Annahme" und auch nicht auf die Erfolgschancen schließen.

Gericht holt Stellungnahmen ein – was bedeutet das? Manchmal erfahren Medienvertreter, dass das Gericht in einem Verfahren die Beteiligten und auch Verbände und Organisationen zu einer Stellungnahme aufgefordert hat. Das ist oft ein Zeichen dafür, dass es einen Fall ernst nimmt und intensiv prüfen will. In solchen Fällen hatten Verfassungsbeschwerden am Ende auch schon oft Erfolg. Zwingend ist das aber nicht, weswegen man mit Spekulationen eher zurückhaltend sein sollte. Beispiel: Im Fall Böhmermann hatte das BVerfG die Beteiligten und viele Verbände zu Stellungnahmen aufgefordert. Am Ende wurde die Verfassungsbeschwerde ohne Begründung nicht zur Entscheidung angenommen.

- Falsch wäre daher: „Das Gericht hat die Verfassungsbeschwerde angenommen, denn es hat die Beteiligten zu Stellungnahmen aufgefordert."
- Sinngemäß kann man z. B. schreiben: „Das BVerfG hat nun die Beteiligten und einige Verbände zu Stellungnahmen aufgefordert. Dies kann ein Anzeichen dafür sein, dass das Gericht den Fall ernst nimmt und intensiv prüfen will."

Das Ergebnis einer Verfassungsbeschwerde Wenn eine Verfassungsbeschwerde gegen ein Gesetz erfolgreich ist, gibt es für den Tenor mehrere Varianten. (1) Entweder das Gericht erklärt das Gesetz für verfassungswidrig. Es verstößt gegen das Grundgesetz, kann aber (manchmal mit bestimmten Vorgaben) für eine Übergangszeit bestehen bleiben. (2) Oder das Gericht erklärt das verfassungswidrige Gesetz für nichtig. Dann gilt das Gesetz als von Anfang an nicht existent. In einem Text kann man aber immer den Begriff „verfassungswidrig" werden. Möglich ist auch, dass nur bestimmte Vorschriften eines Gesetzes verfassungswidrig sind, andere nicht. Dann ergänzt das Gericht: „Im Übrigen wird die Verfassungsbeschwerde zurückgewiesen." Wenn mit der Verfassungsbeschwerde erfolgreich das Urteil eines anderen Gerichts angegriffen wurde, hebt das Gericht dieses Urteil auf und verweist den Fall an das andere Gericht zurück.

Sorgfalt bei den ersten (Eil-)Meldungen Gerade bei den ersten Meldungen muss man besonders darauf achten, den Kern des Urteils richtig widerzugeben. Es empfiehlt sich, für die Eilmeldung schon im Vorfeld die möglichen Konstellationen durchzugehen und mehrere Entwürfe zu schreiben. Eine schnelle Orientierung kann oft die Überschrift der Pressemitteilung des Gerichts geben. Beispiele für typische Meldungen:

- „BVerfG: Sterbehilfegesetz verfassungswidrig." „BVerfG erklärt BKA-Gesetz für teilweise verfassungswidrig."
- „BVerfG weist Verfassungsbeschwerde gegen Bundesnotbremse zurück." „BVerfG: Impfpflicht für Pflegeberufe verfassungsgemäß."
- „BVerfG weist Verfassungsbeschwerde gegen Zensus 2011 zurück" (nicht „ab"). Oder: „BVerfG: Zensus 2011 verfassungsgemäß."

„**Wie kann es sein, dass das Parlament ein verfassungswidriges Gesetz beschließt?**" Diese Frage hört man immer wieder, wenn das Bundesverfassungsgericht ein Gesetz gekippt hat. Das ist eine berechtigte Frage. Zur Einordnung: Die verfassungsrechtliche Prüfung ist eine komplexe Sache. Zu vielen Gesetzen kann es unterschiedliche verfassungsrechtliche Einschätzungen geben. Ob es z. B. gegen den Grundsatz der Verhältnismäßigkeit verstößt, kann man bisweilen unterschiedlich beurteilen. Gerade wenn es um thematisches Neuland geht. Beispiel: Das Gesetz zur Strafbarkeit der Suizidbeihilfe wurde von einer breiten, fraktionsübergreifenden Mehrheit im Bundestag getragen. Zwar gab es schon vor und nach der Abstimmung rechtliche Kritik. Dass Karlsruhe das Gesetz aber 2020 für nichtig erklären würde, war nicht zwingend vorhersehbar. Nicht jedes gekippte Gesetz ist sofort eine „Ohrfeige" oder „Klatsche" für den Gesetzgeber.

Manchmal gibt es „Niederlagen mit Ansage" Das bedeutet allerdings nicht, dass Verfassungsrecht beliebig ist. Manchmal kann man aus früheren BVerfG-Urteilen ableiten, wo gewisse rote Linien verlaufen. Beispiel: In vielen Urteilen zu neuen Sicherheitsgesetzen im Spannungsfeld zwischen Freiheit und Sicherheit (großer Lauschangriff, Online-Durchsuchung, BKA-Gesetz, BND-Gesetz etc.) hat das BVerfG die Maßstäbe dafür aufgestellt, was der Staat darf und was nicht. Trotzdem gibt es immer wieder neue Sicherheitsgesetze, die diese Grenzen trotz der vorhandenen Maßstäbe nicht beachten. Es kann also auch „Niederlagen mit Ansage" geben.

Erfolgsquote von Verfassungsbeschwerden insgesamt gering In den Jahren 2013 bis 2022 waren durchschnittlich 1,69 % der eingelegten Verfassungsbeschwerden erfolgreich. In der Öffentlichkeit entsteht bisweilen ein anderer Eindruck, weil häufiger über die erfolgreichen Verfassungsbeschwerden berichtet wird. Auch die große Mehrzahl der Verfassungsbeschwerden gegen Gesetze ist nicht erfolgreich. Es ist also nicht so, dass Karlsruhe dem Gesetzgeber ständig in die Parade fährt.

Die „einstweilige Anordnung" Eine Entscheidung über die Verfassungsbeschwerde kann sehr lange dauern. Ein Gesetz oder ein anderer staatlicher Akt kann bis dahin jedoch Fakten schaffen. Deswegen kann man die Verfassungsbeschwerde mit einem Antrag auf „einstweilige Anordnung" verbinden. Damit kann das Gericht ein Gesetz bis zur endgültigen Entscheidung vorläufig stoppen, oder andere Dinge anordnen. Beispiel: Das Gesetz zur „Mietpreisbremse" ist in Kraft getreten. Gegner des Gesetzes beantragen zusammen mit der eingelegten Verfassungsbeschwerde, es per einstweiliger Anordnung so lange auf Eis zu legen, bis das BVerfG abschließend über die Verfassungsmäßigkeit des Gesetzes entschieden hat. Allerdings ohne Erfolg.

In der Regel nur eine „Folgenabwägung" Was das Gericht in so einem Eilverfahren genau prüft, ist nicht einfach zu verstehen und zu formulieren. In einem ersten Schritt prüft es, ob die Verfassungsbeschwerde „offensichtlich unzulässig oder unbegründet" ist. Wenn das der Fall ist, lehnt das Gericht den Eilantrag schon aus diesem Grund ab. Wenn der Ausgang des späteren „Hauptsacheverfahrens" offen ist, macht das Gericht in einem zweiten Schritt eine reine „Folgenabwägung". Dabei vergleicht es zwei Situationen und fragt: Was wäre schlimmer? (1) Wenn das Gericht das Gesetz vorläufig stoppt, es später aber für verfassungsgemäß erklärt. (2) Oder wenn es jetzt keine einstweilige Anordnung erlässt, das Gesetz aber später für verfassungswidrig erklärt. An diesen Kriterien merkt man, dass es in der Regel nicht um eine inhaltliche Prüfung des Gesetzes geht.

▶ Wenn das Gericht einen Eilantrag ablehnt, kann man z. B. formulieren: „BVerfG lehnt Eilantrag gegen Gesetz zur Mietpreisbremse ab." Wenn das Gericht eine einstweilige Anordnung erlässt: „BVerfG stoppt vorläufig Gesetz zur Mietpreisbremse." Oder: „Eilantrag gegen Gesetz zur Mietpreisbremse erfolgreich."

Abgelehnter Eilantrag sagt nichts über Endergebnis Aus einem erfolglosen Eilantrag sollte man nicht automatisch schließen, dass auch die Verfassungsbeschwerde im Hauptsacheverfahren erfolglos sein wird. Denn im Eilverfahren findet in der Regel keine inhaltliche Prüfung statt. Bei Eilanträgen gegen Gesetze betont das BVerfG zudem regelmäßig, dass es dem Gesetzgeber ziemlich in die Parade fahren würde, wenn es ein beschlossenes Gesetz vorläufig stoppt (Stichwort Gewaltenteilung). Das passiert ziemlich selten. Wenn der Antrag auf eine einstweilige Anordnung erfolgreich ist, wird allerdings am Ende auch oft das Gesetz gekippt. Das Hauptsacheverfahren läuft nach der Entscheidung über den Eilantrag ganz normal bis zu einer endgültigen Entscheidung weiter.

Ausnahme: Klare Richtung schon im Eilverfahren Ausnahmsweise gibt das BVerfG aber auch schon mal im Eilverfahren Hinweise auf den Ausgang des Verfahrens. Meistens dann, wenn es um ein sehr umstrittenes Thema geht, das einer schnellen Klärung bedarf. Beispiel: Im Februar 2022 lehnte das Gericht eine einstweilige Anordnung gegen den Vollzug der gesetzlichen Impfpflicht im Pflege- und Gesundheitswesen ab. Die Einführung dieser Pflicht begegne zum Zeitpunkt der

Entscheidung „keinen durchgreifenden verfassungsrechtlichen Bedenken". Damit war die Richtung für die abschließende Entscheidung einige Monate später klar.

Der „Organstreit" Immer wieder kommt es zu Streit darüber, ob ein Staatsorgan die Rechte eines anderen verletzt hat. Seit Jahrzehnten klärt das BVerfG auf diesem Wege staatsrechtliche Fragen mit hochpolitischem Hintergrund. Beispiel: Eine Fraktion im Bundestag ist der Ansicht, die Bundesregierung habe den Bundestag nicht genug in bestimmte EU-Themen einbezogen und sie darüber informiert. Oder: Eine Partei fühlt sich durch negative Äußerungen eines Bundesministers oder der Bundeskanzlerin in ihren Rechten verletzt. Dann kann das jeweilige Staatsorgan im Organstreitverfahren einen „Antrag" beim Bundesverfassungsgericht stellen. Über einen solchen Antrag muss das Gericht laut Gesetz immer mündlich verhandeln; es sei denn, die Beteiligten verzichten darauf. Im Urteil stellt das BVerfG dann fest, ob die Rechte des Antragsstellers verletzt wurden oder nicht. Weitere rechtliche Sanktionen für einen Verstoß gibt es nicht, also z. B. keine Strafzahlung. Für eine erste Meldung kann man gut mit den Formulierungen „verfassungswidrig/verfassungsgemäß" oder „verstößt (nicht) gegen das Grundgesetz" arbeiten.

• Beispiel: „Merkel-Äußerung zur AfD verfassungswidrig." „Gauck-Äußerung zur NPD verstößt nicht gegen das Grundgesetz."

Die „abstrakte Normenkontrolle" Ein Gesetz kann nicht nur nach einer Verfassungsbeschwerde von Bürgerinnen und Bürgern in Karlsruhe kontrolliert werden. Auch Abgeordnete des Bundestags können dazu einen „Antrag" stellen. Dafür brauchen sie ein Quorum von 25 %. In der Regel ist die abstrakte Normenkontrolle ein Mittel der Oppositionsfraktionen, ein mit der Regierungsmehrheit beschlossenes Gesetz vom BVerfG überprüfen zu lassen. Beispiel: 2018 stellten Abgeordnete von Grünen, FDP und Linken einen Antrag, die neuen Regeln zur Parteienfinanzierung zu überprüfen. Auch die Bundesregierung oder eine Landesregierung kann einen solchen Antrag stellen. Beispiel: Die Bundesländer Hamburg und Berlin haben gegen den Zensus 2011 geklagt. Mit der abstrakten Normenkontrolle können sämtliche Normen des Bundes- und des Landesrechts daraufhin überprüft werden, ob sie gegen das Grundgesetz verstoßen.

• Korrekterweise geht es bei einer Normenkontrolle um einen „Antrag" der „Antragsteller". Man kann aus meiner Sicht vereinfachend von einer „Klage" und den „Klägern" sprechen. Auch darüber kann man aber diskutieren.

Die „konkrete Normenkontrolle" Verfassungsrechtliche Fragen spielen auch regelmäßig vor den Instanzgerichten eine Rolle. Zum Beispiel wenn ein Strafrichter am Amtsgericht sagt: Dieses Gesetz, nach dem ich den Angeklagten verurteilen soll, halte ich für verfassungswidrig. Dazu muss man wissen: Nur das Bundesverfassungsgericht hat das Recht, ein Gesetz für verfassungswidrig zu erklären. Wenn ein anderes Gericht davon überzeugt ist, dass ein Gesetz verfassungswidrig ist, kann es das Gesetz nicht einfach außer Acht lassen. Sondern muss es mit einer „konkreten Normenkontrolle" dem BVerfG zur Prüfung vorlegen. Beispiel: Ein Strafrichter des Amtsgerichts Bernau in Brandenburg hat den Paragrafen zur Strafbarkeit von Cannabiskonsum in Karlsruhe vorgelegt, weil er die Strafnorm für verfassungswidrig hält. Beispiel: Der Bundesfinanzhof in München war überzeugt davon, dass das neue Gesetz über die Erbschaftssteuer verfassungswidrig ist. Es begründet diese Ansicht ausführlich in einem „Antrag" auf konkrete Normenkontrolle. Das BVerfG hat das Gesetz daraufhin für verfassungswidrig erklärt. Für eine Vorlage ans BVerfG muss das Gericht von der Verfassungswidrigkeit des Gesetzes überzeugt sein. Bloße Zweifel reichen nicht aus. Wenn ein Instanzgericht einen Antrag auf konkrete Normenkontrolle stellt, liegt das Verfahren in der Instanz solange auf Eis, bis das BVerfG über den Antrag entscheiden hat.

- Falsch ist die Überschrift: „Bundesfinanzhof erklärt Erbschaftssteuer für verfassungswidrig." Richtig: „Bundesfinanzhof hält Erbschaftssteuer für verfassungswidrig." Oder: „Bundesfinanzhof legt Erbschaftssteuer in Karlsruhe vor."

Wahlprüfungsverfahren zur Bundestagswahl Für mögliche Fehler bei einer Bundestagswahl gibt es ein „Wahlprüfungsverfahren" in zwei Schritten. In Schritt eins entscheidet der Wahlprüfungsausschuss des Bundestags über die Einsprüche gegen die Wahl. Wenn man damit nicht einverstanden ist, kann man in einem zweiten Schritt vor das Bundesverfassungsgericht gehen. Karlsruhe hat auf diesem Weg schon viele Entscheidungen zum Thema Wahlrecht gefällt. Das Wahlrecht ist eines der kompliziertesten Themen überhaupt. Bei der Berichterstattung darüber kann man (ausnahmsweise) an Grenzen der Erklärbarkeit stoßen.

▶ Beim Wahlrecht sollte man unabhängig vom Ausspielweg Zeit und Platz in eine gute grafische Darstellung investieren.

Die Bund-Länder-Streitigkeit Manchmal kann es im Bundesstaat Streit darüber geben, welche Rechte der Bund und welche Rechte die Länder haben. Auf einen entsprechenden „Antrag" hin entscheidet auch darüber das BVerfG. Diese Verfahrensart kommt in der Praxis nicht sehr häufig vor.

• In Verfahren am BVerfG wird auch in anderen Verfahrensarten oft um „Kompetenzen" gestritten. Der Begriff „Kompetenz" meint dabei nicht die Fähigkeit, etwas besonders gut zu können. Im rechtlichen Sinne bedeutet Kompetenz „Zuständigkeit". Beispiele: Ist der Bund oder sind die Länder für dieses Gesetz zuständig? Ist die EU oder sind die Mitgliedsstaaten für ein Thema zuständig?

Das Parteiverbotsverfahren   Nur das Bundesverfassungsgericht hat die Befugnis, eine politische Partei für verfassungswidrig zu erklären und damit zu verbieten. Das Parteiverbot ist eines der schärfsten Schwerter im Verfassungsstaat und greift in den politischen Wettbewerb ein. Deswegen sind die rechtlichen Hürden hoch. Den „Antrag" auf ein Parteiverbot können der Bundestag, der Bundesrat oder die Bundesregierung stellen. Parteiverbotsverfahren gibt es selten. 1952 und 1956 gab es die einzigen erfolgreichen Versuche gegen die sozialistische Reichspartei und gegen die KPD. In den Jahren 2003 und 2017 scheiterten Versuche, die NPD verbieten zu lassen. Beim ersten Mal waren zahlreiche V-Leute des Staates innerhalb der NPD ein unüberwindbares rechtliches Hindernis. Beim zweiten Mal attestierte das BVerfG der NPD zwar massiv verfassungsfeindliche Inhalte. Ein Verbot lehnte das Gericht aber ab, weil der Partei das Potenzial fehle, diese Inhalte auch in die Tat umzusetzen.

▶   Äußerungen aus der Politik oder in Artikeln, eine Partei sei „verfassungswidrig", können nur eine politisch gemeinte oder eigene rechtliche Bewertung sein. Eine Partei ist nur dann offiziell verfassungswidrig, wenn das BVerfG sie verboten hat.

„Verfassungswidrig!" Interviews mit Professoren und Ex-Richtern   Wenn es umstrittene Fragen rund um die Verfassung geht, suchen Medien häufig nach Einschätzungen von Expertinnen und Experten. Gerne werden dafür Juraprofessoren oder ehemalige Bundesverfassungsrichter genommen. Sie kommen bisweilen zu der Einschätzung, dass dieses oder jenes Gesetz gegen das Grundgesetz verstoße. „Verfassungswidrig!" liest man dann oft in Überschriften. Dazu muss man wissen: Meistens geht es in solchen Situationen um neuartige Fragen, die noch nicht gerichtlich geklärt sind. Das Grundgesetz ist ein kurzer Text. Seine Vorschriften lassen sich oft unterschiedlich auslegen. Beispiel: Im März 2023 beschließt der Bundestag mit der Mehrheit der Ampelkoalition ein neues Wahlrecht. In dutzenden Einschätzungen in den Medien kommen Fachleute zu völlig unterschiedlichen Ergebnissen, ob das neue Gesetz verfassungswidrig ist oder nicht.

Eine Experten-Einschätzung ist kein Urteil Es handelt sich um eine persönliche Einschätzung. Gerade bei ehemaligen BVerfG-Richtern (auch Präsidenten) denkt man vielleicht: „Na, der muss es doch ganz genau wissen!". Aber er ist nun mal nicht mehr im Amt und entscheidet nicht mehr über den Fall. Ob etwas tatsächlich verfassungswidrig ist oder nicht, entscheidet allein das Bundesverfassungsgericht. Dessen Urteile kann man dann kritisieren und das neue Gesetz inhaltlich anders bewerten. Aber die BVerfG-Entscheidungen sind der offizielle Maßstab für das Urteil „verfassungswidrig". Schon oft kam vor Gericht ein anderes Ergebnis heraus, als die Einschätzung der Expertinnen oder Experten vorausgesagt hatte.

Gutachten des „Wissenschaftlichen Dienstes" sind keine Urteile Häufig liest man Überschriften wie „Bundestagsjuristen: Gesetz zu … verfassungswidrig." Sie beziehen sich auf ein Gutachten des „Wissenschaftlichen Dienstes" des Bundestags. Dort können Bundestagsabgeordnete Gutachten u. a. zu rechtlichen Fragen anfordern. Selbstverständlich haben die Autoren des Gutachtens die gestellte Frage intensiv geprüft. Dennoch sind im journalistischen Umgang damit zwei Dinge wichtig. Erstens: Es ist ein wissenschaftliches Gutachten, kein Urteil des Bundesverfassungsgerichts. Es ist immer wieder vorgekommen, dass das Ergebnis vor Gericht ein anderes war. Zweitens: Man sollte das Gutachten selbst lesen und nicht nur aus Artikeln darüber zitieren. Schon häufiger war das Ergebnis zumindest nicht so eindeutig, wie es nach Lektüre mancher Überschriften klang.

„EU-Klagen" am BVerfG Immer wieder gibt es am BVerfG große Verfahren zum Thema Europa, die medial intensiv begleitet werden. Bei den Verträgen von Maastricht und Lissabon ging es in Urteilen von 1993 und 2009 darum, ob Deutschland in den jeweils neuen EU-Verträge insgesamt zu viel Macht an die EU abgegeben hat. Seit 2010 geht es mit Beginn der europäischen Finanzkrise um finanzielle Rettungsmaßnahmen der EU, die manchen zu weit gehen, etwa der Euro-Rettungsschirm ESM oder die Staatsanleihenkäufe der EZB.

Warum einzelne Bürger klagen können Dass einzelne Bürgerinnen und Bürger vor dem nationalen Verfassungsgericht gegen EU-Akte klagen können, ist eine Besonderheit, die es so nur in Deutschland gibt. Das BVerfG gibt ihnen für solche Fälle ein Klagerecht. Begründung in Kurzform: Wenn die EU mehr machen würde als sie nach den EU-Verträgen darf, hat nicht nur „Deutschland", sondern haben auch die einzelnen Wählerinnen und Wähler nicht zugestimmt. Sie könnten also in einem „Grundrecht auf Demokratie" verletzt sein und dürfen deswegen am BVerfG klagen. Dieses sehr weitgehende Klagerecht für EU-Fragen ist durchaus umstrit-

ten. Das BVerfG kann einer EU-Institution aber nichts direkt verbieten. Das darf
nur der Europäische Gerichtshof. Das BVerfG kann aber feststellen, dass Deutschland bei einem EU-Rechtsakt nicht mitmachen darf.

> **Überblick: Die wichtigsten Punkte zum Bundesverfassungsgericht**
> Das Bundesverfassungsgericht (BVerfG, nicht BVG) entscheidet darüber, ob
> der Staat Grundrechte verletzt hat, sowie über Streit zwischen Staatsorga-
> nen. Es hat zwei Senate mit je acht Richterinnen und Richtern, weshalb man
> auf ein richtiges Foto achten muss. Das BVerfG entscheidet per „Beschluss"
> oder „Urteil". Die Verhandlungen dauern in der Regel nur einen Tag, es ver-
> handelt also nicht „seit heute".

8.2   Basics zum Grundgesetz

Überblick. So ist das Grundgesetz entstanden Im Mai 1945 lag Deutschland
nach dem Zweiten Weltkrieg in Schutt und Asche. Staatliche Strukturen gab es
nicht mehr. Die Siegermächte teilten Deutschland in vier Besatzungszonen auf. Ab
1946 entstanden die Bundesländer mit ihren Landtagen und Ministerpräsidenten.
Der Konflikt unter den Siegermächten zwischen Ost und West wurde immer grö-
ßer. Während der „Berlin-Blockade" war West-Berlin fast ein Jahr lang nur über
den Luftweg zu erreichen. Am 1.7.1948 erteilten die drei westlichen Alliierten den
Ministerpräsidenten der West-Bundesländer den Auftrag, eine demokratische Verfassung zu entwerfen. Diese Aufgabe übernahm in Bonn der „Parlamentarische
Rat". Er bestand aus 61 Männern und vier Frauen, die von den Landtagen gewählt
wurden. Vorsitzender war der spätere erste Bundeskanzler, Konrad Adenauer. Acht
Monate lang rangen die „Mütter und Väter" des Grundgesetzes um die zentralen
Themen Staatsaufbau und Grundrechte.

Grundgesetz trat am 23. Mai 1949 in Kraft Am 8. Mai 1949 war das „Grundgesetz" fertig. Die westlichen Besatzungsmächte stimmten dem Entwurf in den
Tagen darauf zu. Die gewählten Volksvertreter in den Länderparlamenten stimmten
darüber ab. Am 23. Mai 1949 wurde das Grundgesetz in Bonn unterzeichnet und
trat mit Ablauf des Tages in Kraft. Von den Inhalten her ist es eine komplette Verfassung. Trotzdem wählte man bewusst den Namen „Grundgesetz" Es sollte eine

provisorische Verfassung sein, mit Blick auf eine mögliche Wiedervereinigung des geteilten Deutschlands. Mit dem Fall der Mauer und der Wiedervereinigung am 3. Oktober 1990 wurde das Grundgesetz zur gesamtdeutschen Verfassung. Seitdem ist es kein Provisorium mehr. In der Präambel heißt es seit 1990: Die Deutschen haben die „Einheit und Freiheit Deutschlands vollendet".

Das Grundgesetz war schon immer eine „Verfassung" „Das Grundgesetz ist doch gar keine richtige Verfassung". Diesen Satz liest man erstaunlich oft in Leserbriefen oder Online-Kommentaren mit Verweis auf den Begriff „Grundgesetz". Erst recht hört man ihn von sogenannten „Reichsbürgern". Ich antworte dann immer: „Doch, das Grundgesetz ist eine richtige Verfassung, ohne jeden Zweifel." Es hatte von Anfang an alle inhaltlichen Elemente einer Verfassung (Staatsorganisation, Grundrechte etc.). Der einzige Unterschied zu Verfassungen anderer Länder war, dass es als Provisorium bis zu einer möglichen Wiedervereinigung gedacht war. Und auch diese Einschränkung ist seit der Wiedervereinigung 1990 ausgeräumt.

▶   Die Begriffe „Grundgesetz" und „Verfassung" kann man als Synonym verwenden.

Inhalt des Grundgesetzes Teil I: Grundrechte Die Grundrechte finden sich in den Artikeln 1–19. Artikel 1 ist eine Art Leitsatz: „Die Würde des Menschen ist unantastbar." Eine bewusste Reaktion auf das Grauen der NS-Zeit. Die anderen Grundrechte spielen mitten im Leben der Menschen: Gleichberechtigung, Religionsfreiheit, Meinungsfreiheit, Versammlungsfreiheit, Berufsfreiheit, das Recht auf Eigentum. Wichtig ist: Die Grundrechte sind nicht irgendwelche schön klingenden Sätze. Das Grundgesetz regelt ausdrücklich, dass der Staat rechtlich an sie gebunden ist. Das Bundesverfassungsgericht kontrolliert, ob der Staat die Grundrechte einhält.

Inhalt des Grundgesetzes Teil II: Staatsorganisation Der zweite wichtige Bereich im Grundgesetz regelt, wie der Staat organisiert ist. Artikel 20 des Grundgesetzes enthält die tragenden Säulen dafür: Demokratie, Rechtsstaat, Bundesstaat, Gewaltenteilung. Das Grundgesetz regelt auch die Wahlen zum Bundestag und viele Fragen rund um die fünf Verfassungsorgane, also Bundespräsident, Bundestag, Bundeskanzler, Bundesrat, Bundesverfassungsgericht. Die wichtigsten Grundsätze, also die tragenden Säulen und der Schutz der Menschenwürde dürfen im Grundgesetz nicht verändern werden, solange es gilt. Das ist die sogenannte „Ewigkeitsgarantie" in Artikel 79 Absatz 3 GG. Andere Regeln im Grundgesetz können geändert werden, mit einer Zweidrittelmehrheit in Bundestag und Bundesrat. In den ersten 70 Jahren wurde es dreiundsechzig Mal geändert. Das Grundgesetz war von Anfang an offen in Richtung Europa. Deutschland darf laut Artikel 23 GG Befugnisse auf die EU übertragen, bleibt aber ein eigenständiger Staat.

Basics zu den Grundrechten Häufig geht es bei journalistischen Berichten darum, ob der Staat mit einer Maßnahme gegen Grundrechte verstößt (Meinungsfreiheit, Religionsfreiheit, Versammlungsfreiheit, Gleichheitsgebot), die Maßnahme also verfassungswidrig ist. Eine wichtige Grundlage zum Verständnis des Themas Grundrechte ist dabei: Dass ein Grundrecht vom Staat eingeschränkt wird, ist allein noch kein Verstoß gegen die Verfassung. Fast jedes Grundrecht sieht ausdrücklich vor, dass es per Gesetz eingeschränkt werden darf. Dass wir Steuern zahlen oder uns beim Autofahren anschnallen müssen, ist eine Einschränkung von Grundrechten. Aber nicht verfassungswidrig. Die entscheidende Frage ist dann immer, ob man die Einschränkung mit guten Gründen rechtfertigen kann, oder ob sie zu weit geht. Erst dann hat der Staat das Grundrecht verletzt. Das kontrolliert das Bundesverfassungsgericht.

• Falsch ist der oft gehörte Satz: *„Der Staat darf Grundrechte nicht einschränken, sonst wären es ja keine Grundrechte. "*

Wichtig: Bei Grundrechten immer auch Absatz 2 lesen Diese Systematik erkennt man, wenn man sich die einzelnen Grundrechte durchliest. Jedes Grundrecht hat nicht nur einen ersten Absatz, sondern auch einen zweiten. In Absatz eins steht in der Regel, was das Grundrecht genau schützt (Religion ausüben, Meinung frei sagen, gewaltfrei demonstrieren etc.). In Absatz zwei steht dann meistens, ob und unter welchen Bedingungen ein staatlicher Eingriff gerechtfertigt sein kann. Eine Maßnahme ist erst dann verfassungswidrig, wenn der staatliche Eingriff in das Grundrecht nicht gerechtfertigt ist. Dabei spielt das (ungeschriebene) Prinzip der „Verhältnismäßigkeit" in der Praxis eine große Rolle.

• Der „Eingriff" in ein Grundrecht ist nicht automatisch eine „Verletzung" des Grundrechts.
• Es kommt immer wieder vor, dass Redaktionen einen Artikel des Grundgesetzes posten möchten, z. B. Artikel 5 zur Meinungsfreiheit. Nur den ersten Absatz zu posten, ist zwar gut gemeint, aber meistens nicht korrekt. Denn es erweckt den Eindruck, dass dieses Recht ohne jede Einschränkung gilt.

Was bedeutet „verhältnismäßig"? „Das ist doch nicht mehr verhältnismäßig", liest und hört man immer wieder, wenn es um staatliche Eingriffe in Grundrechte geht. Spätestens seit der Corona-Pandemie ist der Grundsatz der Verhältnismäßigkeit in aller Munde. Dazu nur in aller Kürze: Die Verhältnismäßigkeit ist ein wichtiger Rechtsgrundsatz, der auf dem Rechtsstaatsprinzip basiert und staatliches Handeln rechtlich begrenzt. Vereinfacht gesagt bedeutet er, dass staatliches Handeln nicht zu hart sein darf. Der Staat darf nicht „mit Kanonen auf Spatzen schießen". Wer im Gesetz aber nach einer Formulierung sucht, was der Grundsatz genau bedeutet, wird nicht fündig werden. Die Kriterien für die „Verhältnismäßigkeit" haben im Laufe der Jahrzehnte die Gerichte entwickelt. Sie lauten: Eine staatliche Maßnahme muss ein „legitimes Ziel" verfolgen, und sie muss „geeignet", „erforderlich" und „angemessen" sein, um das legitime Ziel zu erreichen. Das sind anerkannte Rechtsbegriffe, die von den Gerichten ausgefüllt wird.

Kriterien lassen Spielraum Dennoch merkt man den Kriterien an, dass Gerichte bei ihrer Prüfung Spielraum haben. Das ist der Grund dafür, dass verschiedene Gerichte bei einem ähnlichen Sachverhalt zu unterschiedlichen Ergebnissen kommen können. Oder dass man nach einem Urteil des Bundesverfassungsgerichts darüber diskutieren kann, ob es den Grundsatz der Verhältnismäßigkeit richtig angewendet hat.

- Beispiel: Ob nächtliche Ausgangsbeschränkungen verhältnismäßig waren oder nicht, haben (Ober)verwaltungsgerichte aus unterschiedlichen Bundesländern in der Pandemie zeitnah unterschiedlich entschieden. Das Bundesverfassungsgericht hat sie in Form des Gesetzes zur „Bundesnotbremse" aus dem Frühjahr 2021 gebilligt. Darüber wurde intensiv diskutiert.

Europäische Gerichte – Da gehen wir bis nach Luxemburg. Oder Straßburg?   9

Zwei unterschiedliche europäische Gerichte Die europäischen Gerichte werden für den Alltag der Bürgerinnen und Bürger – und damit auch für die Medien – immer wichtiger. An den europäischen Gerichten geht es einerseits um praktische Fragen rund ums Arbeiten, Reisen, Kaufen, um Ablösen im Profifußball und vieles mehr. Andererseits um politisch bedeutende Themen wie die PKW-Maut, Vorratsdatenspeicherung, Sterbehilfe, Sicherungsverwahrung oder die Unabhängigkeit der Justiz. Für den medialen Alltag ist die Welt der europäischen Gerichte allerdings manchmal noch Neuland. *„Der europäische Gerichtshof in Straßburg hat entschieden ..."* So beginnen immer wieder Meldungen. Teilweise mit einem Foto aus Luxemburg bebildert. Schon hier lauert eine große Fehlerquelle.

▶ Wichtig zu wissen: Es gibt *zwei* unterschiedliche europäische Gerichte mit verschiedenen Namen, Standorten und Funktionen. (1) Den „Europäischen Gerichtshof" (EuGH). Er sitzt in Luxemburg. (2) Den „Europäischen Gerichtshof für Menschenrechte" (EGMR). Er sitzt in Straßburg.

9.1   Der Europäische Gerichtshof in Luxemburg (EuGH)

Der „Europäische Gerichtshof" sitzt in Luxemburg. Die Abkürzung lautet „der EuGH" Der EuGH ist das oberste Gericht der „Europäischen Union" (EU). Der Gerichtshof entscheidet abschließend darüber, wie das Recht der EU in den Europäischen Verträgen, den EU-Richtlinien und Verordnungen auszulegen ist.

F. Bräutigam, *Recht richtig formulieren*, Journalistische Praxis, https://doi.org/10.1007/978-3-658-41771-0_9

Damit sorgt er für eine einheitliche Anwendung in der gesamten EU. Alle 27 Mitgliedsstaaten der EU stellen jeweils einen Richter oder eine Richterin. EuGH-Präsident ist der Belgier Koen Lenaerts. Der EuGH existiert seit 1952. Damals gab es noch keine Europäische Union, sondern die „Europäische Gemeinschaft für Kohle und Stahl" (EGKS) – auch „Montanunion" genannt – mit sechs Mitgliedern (Benelux-Staaten, Deutschland, Frankreich, Italien). Sie war als Reaktion auf den Zweiten Weltkrieg geschaffen worden, um die Produktion von Rohstoffen zur Waffenproduktion gemeinsam zu gestalten. Für diese Gemeinschaft wurde der Gerichtshof gegründet und dann jeweils parallel zur vertieften europäischen Einigung erweitert.

▶ **Tipp**
- Wichtig: Bei der Berichterstattung über den EuGH unbedingt kontrollieren, ob ein *richtiges Foto* ausgewählt wurde. Das Gebäude des EuGH besteht aus einem dunkelbraun-grauen Flachbau und drei hohen, goldfarbenen Türmen, vor denen die Flaggen der Mitgliedsstaaten wehen. Nicht mit dem „Europäischen Gerichtshof für Menschenrechte" in Straßburg verwechseln.
- Unbedingt auf den richtigen Artikel achten. Es ist „der" EuGH und nicht „das" EuGH, wie manchmal zu lesen ist.

Typisches Verfahren: Die „Vorlage" nationaler Gerichte an den EuGH Wichtig: Der EuGH ist keine weitere Gerichtsinstanz nach den nationalen Gerichten. Es ist daher in der Regel nicht möglich, als Einzelperson direkt vor dem EuGH zu klagen. Viele Regeln sind EU-weit in Verordnungen oder in Richtlinien geregelt, die die Mitgliedsstaaten in nationales Recht umgesetzt haben. Der Gerichtshof arbeitet dabei in einer Art Ping-Pong-Spiel mit den Gerichten der Mitgliedsstaaten zusammen. Das Mittel dazu ist die „Vorlage" des nationalen Gerichts an den EuGH. Das nationale Gericht legt dem EuGH rechtliche Fragen zu einem Fall vor, wenn für die Entscheidung des konkreten Falles das EU-Recht maßgeblich, aber dessen Auslegung unklar ist. Meist legen die obersten Bundesgerichte oder das Bundesverfassungsgericht einen Fall vor. Es kommt auch immer wieder vor, dass untere Instanzen dies direkt tun.

Der EuGH legt EU-Recht aus Ein typisches Beispiel aus dem Verbraucherrecht: Ein Kunde in Deutschland hat online eine Matratze bestellt. Nach dem Probeliegen möchte er sie zurückgeben und beruft sich auf sein Widerrufsrecht von 14 Tagen beim Onlinekauf. Der Verkäufer sagt: Nein, bei „Hygieneprodukten" ist ein Widerruf laut Gesetz ausgeschlossen. Die Klage geht durch die Instanzen und landet schließlich am Bundesgerichtshof in Karlsruhe. Die deutschen Gesetze zu diesem Streit basieren auf einer EU-Richtlinie. Aber es ist unklar, wie diese zu interpretieren sind. Ist die Matratze ein Hygieneprodukt oder nicht? Also legt der BGH dem EuGH diese Frage vor. Der EuGH antwortete: Die Matratze gilt nicht als Hygieneprodukt. Der BGH entscheidet nach der Antwort aus Luxemburg abschließend über die Klage. Der Kunde darf die online bestellte Matratze zurückgeben.

▶   Richtig: „Der Bundesgerichtshof hat den Fall dem Europäischen Gerichtshof *vorgelegt*. Der EuGH muss nun entscheiden, ob ...". Falsch: „Der BGH hat den Fall an den EuGH abgegeben/weitergegeben."

EU-Kommission kann „Vertragsverletzungsverfahren" einleiten Die Vorlage an den EuGH ist zwar das häufigste, aber nicht das einzige Verfahren am EuGH, das einen in der Berichterstattung beschäftigen kann. Eine weitere Variante ist das „Vertragsverletzungsverfahren". Wenn ein Staat gegen EU-Recht verstößt, kann die EU-Kommission dieses Verfahren einleiten. Beispiel: Polen verletzt aus Sicht der EU-Kommission durch seine Justizreform wichtige Grundsätze der EU-Verträge zum Thema Rechtsstaat. In einem ersten Schritt bekommt der betroffene Staat ein „Aufforderungsschreiben" und Gelegenheit zur Stellungnahme innerhalb von zwei Monaten. Danach kann die Kommission einen Verstoß feststellen und den Staat auffordern, ihn abzustellen. Wenn die Kommission damit nicht zufrieden ist, geht das Verfahren weiter an den EuGH. Der entscheidet dann abschließend darüber, ob ein Staat gegen EU-Recht verstoßen hat. Wenn der Staat dann immer noch nichts unternimmt, kann der EuGH auf Vorschlag der Kommission Strafgelder verhängen. Solche Verfahren gab es auch schon gegen Deutschland, wenn z. B. Richtlinien zum Umweltrecht nicht umgesetzt wurden.

Ein EU-Staat kann den anderen verklagen Es kommt vor, dass ein EU-Staat mit einem Gesetz eines anderen Staates nicht einverstanden ist und darin einen Verstoß gegen das EU-Recht sieht. Dann kann er eine „Nichtigkeitsklage" gegen dieses Gesetz vor dem EuGH erheben. Beispiel: Österreich und die Niederlande hielten das deutsche Gesetz zur PKW-Maut für eine Diskriminierung von Bürgern aus anderen EU-Staaten und damit für einen Verstoß gegen EU-Recht. Sie klagten dagegen vor dem EuGH – mit Erfolg. Der EuGH erklärte die deutsche PKW-Maut im Juni 2018 für rechtswidrig.

Die „Schlussanträge" des Generalanwalts Zu einem Urteil des EuGH gibt es meistens eine Vorstufe: Die Schlussanträge des Generalanwaltes. Über sie wird bei sehr wichtigen Fällen manchmal berichtet, etwa bei der deutschen PKW-Maut. Die Funktion eines Generalanwaltes gibt es an deutschen Gerichten nicht. Deswegen herrscht oft Unklarheit über seine genaue Rolle und die Folgen seiner Anträge. Der Generalanwalt ist ein vom Gerichtshof unabhängiger Gutachter. Sein Gutachten nennt man die „Schlussanträge". Der EuGH ist nicht an sie gebunden. Er kann deren Ergebnis und Begründung übernehmen oder nicht. Statistisch folgt der EuGH den Schlussanträgen weit häufiger, als er das nicht tut. Deswegen hat sich folgender Standardsatz in Artikeln eingebürgert: „In aller Regel folgt der EuGH den Schlussanträgen". Hier ist Vorsicht angebracht, denn der Mehrwert dieser Prognose kann im konkreten Fall gering sein. Gerade in für Deutschland wichtigen Fällen hat der EuGH nämlich anders entschieden als vom Generalanwalt vorgeschlagen. Zum Beispiel im Urteil zur deutschen PKW-Maut oder beim Urteil zum „Recht auf Vergessenwerden".

▶   Die bessere Formulierung lautet daher: „In vielen Fällen folgt der EuGH
     den Schlussanträgen, aber nicht immer."

Was ist „das EuG"? Der EuGH ist das zentrale Gericht der EU. Fast alle Entscheidungen, über die man berichtet, werden von ihm kommen. Es gibt in Luxemburg aber noch das „Europäische Gericht erster Instanz". Es ist für bestimmte Klagen und Verfahren zuständig. Seine Abkürzung lautet – jetzt wird es ein wenig kompliziert – „das EuG". Also nicht „der", und ohne das „H" am Ende. Wenn also in einer Ankündigung oder Pressemitteilung einmal vom „Europäischen Gericht" oder vom „EuG" die Rede ist, hat sich niemand verschrieben und das H vergessen, sondern es sehr genau genommen mit der Bezeichnung des richtigen Gerichts. Über die Entscheidungen des EuG wird nicht so oft für eine breite Öffentlichkeit berichtet. Gegen seine Entscheidungen sind Rechtsmittel zum EuGH möglich.

Urteilsverkündungen und Verhandlungen im Stream Seit April 2022 streamt der EuGH seine Urteilsverkündungen live auf seiner Homepage. Der vorgetragene Teil ist dabei allerdings meistens nur ein paar Sätze lang, sodass die parallel veröffentlichte schriftliche Pressemitteilung weit mehr Informationen zum Inhalt bietet. Auf der Homepage werden aber auch die mündlichen Verhandlungen der Großen Kammer zeitversetzt gezeigt. Das kann ein wichtiges Mittel sein, um die Argumente der einzelnen Parteien und die Nachfragen der Richterinnen und Richter nachzuvollziehen oder auch zu zitieren.

9.2 Der Europäische Gerichtshof für Menschenrechte in Straßburg (EGMR)

Der „Europäische Gerichtshof für Menschenrechte" sitzt in Straßburg. Die Abkürzung lautet „EGMR" Wichtig: Der EGMR ist kein Gericht der EU, sondern des „Europarates". Der Europarat wurde 1949 gegründet und ist ein Zusammenschluss von 46 Staaten; darunter auch Länder außerhalb der EU, z. B. die Türkei oder die Schweiz. Zum Beispiel haben sich viele verhaftete türkische Journalisten, Lehrer und Richter nach dem gescheiterten Putschversuch 2016 an das Straßburger Gericht gewandt mit dem Argument, der türkische Staat habe ihre Menschenrechte verletzt. Oft mit Erfolg. Viele Jahre war auch Russland Mitglied des Europarates und damit der Gerichtsbarkeit des EGMR unterworfen. Kremlkritiker Nawalny hat dort z. B. häufiger gegen den russischen Staat geklagt. Seit März 2022 ist Russland nicht mehr Mitglied des Europarates.

- Wichtig: Den EGMR in Straßburg darf man auf keinen Fall mit dem EuGH in Luxemburg verwechseln. Wenn es um ein Urteil aus Straßburg geht, also *nicht* formulieren: „Der Europäische Gerichtshof hat entschieden, dass …". Auch die Überschrift „EU-Gericht entscheidet: …" ist falsch.
- Unbedingt kontrollieren, ob ein *richtiges Foto* ausgewählt wurde. Das Gebäude des EGMR in Straßburg liegt an einem Fluss und soll mit seinen zwei silberfarbenen rundförmigen Gebäudeteilen an eine Waage der Justitia erinnern. Auf keinen Fall mit dem EuGH in Luxemburg verwechseln (goldfarbene Hochhäuser mit Fahnenmeer davor).

„Europäischer Gerichtshof für Menschenrechte" ist eine sehr lange Bezeichnung Sie passt oft nicht in Überschriften. Dieses Problem lässt sich nicht immer leicht lösen. Für die Überschrift zumindest etwas kürzer ist der Begriff „Menschenrechtsgerichtshof". Im Text sollte man den „Europäischen Gerichtshof für Menschenrechte" dann möglichst einmal komplett ausschreiben, und kann anschließend mit der Abkürzung „EGMR" arbeiten.

Eigener Grundrechte-Katalog: Die „Europäische Menschenrechtskonvention" Der Europarat hat schon 1951 einen eigenen Katalog von Menschenrechten beschlossen: „Europäische Menschenrechtskonvention" (EMRK). Der Gerichtshof in Straßburg prüft, ob die Staaten des Europarates mit Gesetzen oder Urteilen gegen die Rechte der „Europäischen Menschenrechtskonvention" verstoßen haben.

Bürgerinnen und Bürger können sich unmittelbar an den Gerichtshof in Straßburg wenden (anders als beim EuGH in Luxemburg, dem die nationalen Gerichte einen Fall vorlegen). Wichtig: Nach den Regeln des EGMR muss man zunächst den Rechtsschutz im eigenen Land ausschöpfen. In Deutschland muss man also in der Regel schon durch die Instanzen und danach bis zum Bundesverfassungsgericht gegangen sein, bevor der Gerichtshof in Straßburg den Fall inhaltlich prüft.

Beispiel für einen Fall aus Deutschland: Sicherungsverwahrung Ein verurteilter Sexualstraftäter hatte sich in Deutschland bis hin zum Bundesverfassungsgericht gegen die Anordnung der „Sicherungsverwahrung" gewehrt, ohne Erfolg. Er legte dagegen Beschwerde beim EGMR in Straßburg ein und kritisierte unter anderem: Die deutschen Gerichte hätten sein Recht auf Freiheit aus Artikel 5 der EMRK verletzt. Seine Unterbringung in der Sicherungsverwahrung unterscheide sich nicht von der jahrelangen Haft im Gefängnis. Dabei habe er doch seine Schuld durch die Haftstrafe verbüßt. In der anschließenden Sicherungsverwahrung müssten die Bedingungen besser sein und er stärker auf ein Leben in Freiheit vorbereitet werden. Der Europäische Gerichtshof für Menschenrechte stellte fest, dass Deutschland im konkreten Fall die Menschenrechte des Verurteilten verletzt hat. Deutschland musste dem Beschwerdeführer eine Entschädigung zahlen.

Wirkung der Straßburger Urteile Ein Urteil des EGMR kann ein nationales Gesetz oder Urteil nicht förmlich aufheben und hat daher keine automatischen Konsequenzen. Der EGMR stellt fest, dass der Staat gegen die EMRK verstoßen hat. Er ist dann darauf angewiesen, dass der jeweilige Staat die Entscheidung akzeptiert und umsetzt. Dazu haben sich alle Staaten des Europarates verpflichtet. In Deutschland haben mehrere Gerichte nach den Straßburger Urteilen zur Sicherungsverwahrung Insassen auf freien Fuß gesetzt. In den Folgejahren wurden außerdem die gesetzlichen Regeln zur Sicherungsverwahrung und die Art der Unterbringung reformiert. Aber natürlich hat der Gerichtshof keinen Gerichtsvollzieher, der seine Urteile auch durchsetzen kann. Die Türkei hält sich zum Beispiel regelmäßig nicht daran, was der EGMR entschieden hat.

Entschädigung möglich Neben der festgestellten Rechtsverletzung kann der EGMR im Erfolgsfall auch festlegen, dass der verurteilte Staat dem Betroffenen eine Entschädigung zahlen muss. Dabei geht es in der Regel aber nicht um riesige Summen. Oft bewegen sich die Entschädigungen im fünfstelligen Bereich.

„Interim measures" – einstweilige Anordnung Auch beim EGMR in Straßburg kann man Eilanträge stellen; mit dem Ziel, dass der Gerichtshof einem Staat etwas vorläufig untersagt. Das kommt immer wieder auch in medienträchtigen Fällen vor. Beispiele: Der EGMR stoppte im Juni 2022 einen Abschiebeflug aus Großbritannien nach Ruanda. Die Eltern des todkranken Kindes Archie aus Großbritannien versuchten, per „interim measure" das Einstellen lebenserhaltender Maßnahmen zu verhindern.

Russland und der EGMR seit Kriegsbeginn Russland wurde am 15. März 2022 aus dem Europarat ausgeschlossen. Nur Mitglieder des Europarats unterliegen der EMRK. Da diese aber vorsieht, dass ein Austritt sechs Monate vorher angekündigt werden muss, unterlag Russland theoretisch noch bis zum 16. September der Straßburger Gerichtsbarkeit. Der EGMR kann also alle russischen Fälle überprüfen, die sich vor dem 16. Sept 2022 ereignet haben. Russland hat allerdings ein Gesetz beschlossen, nach dem man sich an alle nach dem 15. März 2022 ergehenden Urteile nicht halte.

Völker(straf)recht und der Krieg

10

Das **Völkerrecht und Rechtsfragen rund um einen Krieg** haben in der Berichterstattung seit den Prozessen rund um den Krieg im ehemaligen Jugoslawien länger keine große Rolle mehr gespielt. Das hat sich mit dem Angriff Russlands auf die Ukraine im Februar 2022 geändert. Täglich geht es seitdem um Themen wie Kriegsverbrechen, Völkermord, Verbrechen gegen die Menschlichkeit, das Gewaltverbot oder das Recht auf Selbstverteidigung. Plötzlich ist auch Den Haag in den Niederlanden ein Gerichtsstandort, auf den sich die Augen der ganzen Welt richten. Gerade weil dies kein alltägliches Thema ist, lauern in der Berichterstattung zahlreiche Fehlerquellen.

10.1 Wichtige Begriffe, und was sie bedeuten

In vielen Berichten und Statements rund um den Krieg fallen Begriffe, deren genaue Bedeutung nicht auf Anhieb klar ist. Deshalb hier als Basis eine Auswahl typischer Begriffe samt kurzer Definition.

Völkerrecht regelt die Beziehungen von *Staaten untereinander*. Meistens ist es in internationalen Verträgen geregelt. Kernfrage: Was dürfen Staaten und was nicht? Eine zentrale Rechtsquelle des Völkerrechts ist die „Charta der Vereinten Nationen".

Völker*straf*recht regelt strafrechtliche Sanktionen gegenüber verantwortlichen *Personen* für Kriegsverbrechen und andere Delikte. Es geht um die persönliche Schuld einzelner Personen, vom einzelnen Soldaten bis hin zum Staatschef. Das Völkerstrafrecht spielt in der Berichterstattung eine größere Rolle als das allgemeine Völkerrecht und ist in internationalen und nationalen Gesetzen geregelt.

© Der/die Autor(en), exklusiv lizenziert an Springer Fachmedien
Wiesbaden GmbH, ein Teil von Springer Nature 2023
F. Bräutigam, *Recht richtig formulieren*, Journalistische Praxis,
https://doi.org/10.1007/978-3-658-41771-0_10

Charta der Vereinten Nationen (UN-Charta) Sie ist eine Art Verfassung der Vereinten Nationen und regelt unter anderem das „Gewaltverbot". Die UN-Charta enthält auch Regeln dazu, wann eine Gewaltanwendung durch einen Staat ausnahmsweise erlaubt ist. Dafür gibt es zwei typische Gründe: Das „Selbstverteidigungsrecht" eines Staates, der angegriffen wird. Oder einen Beschluss des UN-Sicherheitsrates.

Kriegsrecht Bei diesem Begriff geht es nicht darum, ob ein Staat das Recht hat, gegen einen anderen Krieg zu führen. Kriegsrecht meint rein nationale Regeln, die besondere Vorschriften für Kriegszeiten aufstellen, zum Beispiel nächtliche Ausgangssperren. So etwas ist gemeint, wenn man es heißt „Land XY hat das Kriegsrecht verhängt."

Humanitäres Völkerrecht Ist eine Unterkategorie des Völkerrechts mit Vorschriften, wie ein Staat und seine Soldaten sich in einem Krieg verhalten müssen. Beispiel: Die „Genfer Konventionen", die die Regeln für den Umgang mit Kriegsgefangenen aufstellen. Außerdem geht es dort um verbotene Angriffe auf Zivilisten oder die Nutzung verbotener Waffen.

Kombattanten sind Personen, die in einem Krieg Gewalt ausüben dürfen. Man erkennt sie an Uniform, Waffe und besonderen Kennzeichen. Wenn sie in Gefangenschaft geraten, gelten die Rechte nach der Genfer Konvention. Der Gegenbegriff zu Kombattanten sind die „Zivilisten".

10.2   Zwei unterschiedliche Gerichte in Den Haag

Den Haag ist vielen als Stadt des internationalen Rechts ein Begriff. Weniger bekannt ist allerdings, dass es dort gleich *zwei* internationale Gerichte mit unterschiedlichen Aufgaben gibt.

Der „Internationale Gerichtshof" Die Richtige Abkürzung lautet IGH (im Englischen „ICJ" für „International Court of Justice"). Er war das erste Gericht in den Haag, das am 16. März 2022 eine Eilentscheidung zum Krieg in der Ukraine getroffen hat. Der IGH ist ein Gericht der Vereinten Nationen, das 1946 seine Arbeit aufnahm.

▶ Wichtig: Am IGH werden nicht einzelne Personen verklagt oder angeklagt. Am IGH *verklagt ein Staat den anderen Staat* wegen möglicher Verstöße gegen das Völkerrecht.

Der „Internationale Strafgerichtshof" Seit 2002 gibt es den „Internationalen Strafgerichtshof". Die Abkürzung lautet IStGH (im Englischen „ICC" für „International Criminal Court"). Er gehört nicht zu den Vereinten Nationen. Seine Grundlage ist ein eigener internationaler Vertrag von 1998, das „Römische Statut". Dieses Statut ist ein kombiniertes Strafgesetzbuch samt Strafprozessordnung für den IStGH. 123 Staaten haben ihn anerkannt und sich ihm unterworfen, darunter Deutschland. Wichtig ist auch, welche Staaten das Römische Statut nicht ratifiziert haben. Zum Beispiel: Russland, die Ukraine, die USA, China, Israel oder Syrien.

Übersicht
- Vorsicht Fehlerquelle: Bei der Auswahl von Fotos unbedingt darauf achten, dass man das richtige Gerichtsgebäude zeigt. Das wird häufig falsch gemacht. Merkposten: Der IGH ist ein älteres, traditionelles Gebäude aus rotem Klinker und mit einem Turm. Der IStGH ein moderneres Gebäude mit vielen Glaselementen.
- Vorsicht Fehlerquelle: Am IStGH werden nicht *Staaten ver*klagt, sondern *einzelne Personen* vom dortigen Chefankläger *angeklagt*. Vom einzelnen Soldaten bis hin zum obersten Befehlshaber. Falsch sind daher Überschriften wie: „Staat XY will Russland wegen Kriegsverbrechen anklagen/verklagen". Richtig: „Staat XY möchte, dass Verantwortliche für Kriegsverbrechen angeklagt werden/vor Gericht kommen." Oder: „Staat XY fordert Anklagen gegen Kriegsverbrecher."

Spezialtribunale für bestimmte Regionen Für bestimmte Kriegsgebiete wie Ex-Jugoslawien oder Runda haben die Vereinten Nationen in den neunziger Jahren jeweils einen speziellen Internationalen Gerichtshof in Den Haag eingerichtet. Man sprach insoweit auch vom „Jugoslawien-Tribunal" oder vom „Ruanda-Tribunal". Das Jugoslawien-Tribunal hat zum Beispiel die Serbenführer Milosevic und Mladic verurteilt. Inzwischen gibt es diese beiden Gerichte nicht mehr, allerdings noch eine Nachfolgeeinrichtung. Als die Sondertribunale gegründet wurden, gab es den Internationalen Strafgerichtshof noch nicht.

10.3   Wie Kriegsverbrechen verfolgt werden können

Wer ist zuständig? – Die Basics am Beispiel Ukraine Kriegsverbrechen können an drei Orten vor einem Strafgericht landen. Erstens: Vor den nationalen Strafgerichten in der Ukraine. Zweitens: Vor dem Internationalen Strafgerichtshof in Den Haag. Drittens: Vor den nationalen Gerichten in einem anderen Staat, z. B. in Deutschland.

Nationale Gerichte der Ukraine Für Kriegsverbrechen und andere Straftaten sind zunächst einmal die Justizbehörden des Landes zuständig, auf dessen Gebiet sie begangen wurden. Die Generalstaatsanwaltschaft der Ukraine ermittelt seit Beginn des Krieges intensiv und wird dabei von Strafrechtsexperten aus anderen Staaten unterstützt, auch aus Deutschland. Am 23. Mai 2022 hat ein ukrainisches Gericht ein erstes Urteil gesprochen und einen russischen Soldaten zu lebenslanger Haft verurteilt. Weitere sind seitdem gefolgt.

IStGH hat nicht automatisch Vorrang Es ist nicht so, dass alle Verfahren zu Kriegsverbrechen automatisch am IStGH landen. In seinen Statuten steht sinngemäß: Er ist zuständig, wenn einzelne Staaten selbst die Verbrechen nicht verfolgen können oder wollen. Diese Voraussetzungen sind bei der Ukraine auf den ersten Blick nicht zwingend erfüllt, denn die nationale Justiz hat ja schon Verfahren geführt. Trotzdem besteht bei dieser Frage ein gewisser Spielraum. Womöglich ist für sehr große Verfahren Den Haag der geeignetere Ort. Das zeigt das Ermittlungsverfahren und der im März 2023 erlassene Haftbefehl gegen Wladimir Putin. Die Ukraine hat ausdrücklich begrüßt, dass der IStGH Verfahren eingeleitet hat.

IStGH für Taten in der Ukraine zuständig Russland und die Ukraine sind dem IStGH nicht beigetreten. Eine wichtige Weichenstellung ist aber: Der Gerichtshof kann trotzdem mögliche Verbrechen auf dem Gebiet der Ukraine untersuchen, weil die Ukraine in zwei Erklärungen 2014 und 2015 nach der Annexion der Krim eine sogenannte „ad hoc-Anerkennung" ausgesprochen hat. Damit hat sie bis heute Ermittlungen auf ihrem Staatsgebiet zugestimmt. Nur Ermittlungen wegen des Delikts der „Aggression", also des Angriffskriegs, sind über diesen Weg rechtlich nach den Regeln zum IStGH nicht möglich und deshalb ausgenommen. Damit der IStGH im Fall des russischen Angriffskriegs auch für das Delikt der „Aggression" zuständig wird, müsste entweder Russland Vertragsstaat werden, oder der UN-Sicherheitsrat müsste den Fall an den IStGH überweisen. Das könnte Russland im Sicherheitsrat aber blockieren.

Chefermittler leitet Ermittlungsverfahren ein Karim Khan ist der Chefankläger des IStGH, also der oberste Staatsanwalt dort. Er untersucht bereits seit 2014, ob es in der Ukraine zu Kriegsverbrechen und anderen Delikten gekommen ist. Hintergrund waren die Besetzung der ukrainischen Halbinsel Krim durch Russland und der Konflikt in der Ostukraine. Diese Ermittlungen sollen nun auch „alle neuen mutmaßlichen Verbrechen" umfassen, die auf dem Gebiet der Ukraine begangen werden und in die Zuständigkeit des IStGH fallen, teilte Khan Anfang März 2022 mit.

Sicherung von Beweismitteln wichtig Damit es – egal vor welchem Gericht – zu einer Anklage kommen kann, brauchen die Ankläger gerichtsfeste Beweismittel für die möglichen Verbrechen vor Ort. Wie sind Menschen gestorben? Waren es Zivilisten? Welche Zeugenaussagen gibt es? Deswegen ist es wichtig, dass verschiedene nationale und internationale Behörden und Organisationen an den Schauplätzen möglicher Verbrechen Beweise sichern. In Berichten zu diesem Thema werden viele unterschiedliche Organisationen genannt (EUROJUST, Menschenrechtsorganisationen etc.). Von den vielen Namen und Abkürzungen sollte man sich nicht verwirren lassen. Alle Beweismittel können am Ende nur durch die Staatsanwaltschaften auf den unterschiedlichen Ebenen für eine Anklage genutzt werden.

Aufklärung von Befehlsketten wichtig Vor den Strafgerichten geht es um die individuelle Schuld von Personen. Was kann man ihnen genau vorwerfen? Beweise vor Ort zu sichern, reicht deshalb nicht aus. Vor allem, wenn man an höherrangige Militärs oder Personen aus der Staatsspitze heranmöchte. Für eine Anklage bzw. spätere Verurteilung ist deswegen ein zentraler Punkt, Befehlsketten genau nachvollziehen und beweisen zu können. Das kann eine schwierige Herausforderung sein. Allerdings kann eine persönliche Schuld auch darin liegen, dass ein Vorgesetzter z. B. von Kriegsverbrechen Kenntnis hatte (oder hätte haben müssen), aber nicht eingeschritten ist.

Problem: Bekommt man Verantwortliche auf die Anklagebank? „Putin nach den Haag?" Diese Schlagzeile liest man seit Kriegsbeginn immer wieder. Kurzfristig ist das unrealistisch. Und ein Prozess in Abwesenheit von Angeklagten ist dort nicht möglich. Der IStGH kann aber Haftbefehle erlassen. Das hat er im März 2023 gegenüber Präsident Putin und die russische Beauftragte für Kinderrechte wegen des Vorwurfs der Verschleppung ukrainischer Kinder getan. Der Erlass der Haftbefehle wurde auch veröffentlicht. In anderen Fällen kann es sein, dass dies nicht öffentlich kommuniziert wird, damit die Betroffenen davon nichts mitbekommen. Es gibt aber ein praktisches Problem. Der IStGH hat keine eigene Polizei, die er nach Russland schicken könnte, um dort jemanden zu verhaften. Solange die Beschuldigten in Russland bleiben, haben die Haftbefehle eher symbolische Bedeutung. Allerdings: Mögliche Beschuldigte – ob einfacher Soldat, Militärführung oder Staatsspitze – müssten sich in so einem Fall jedoch gut überlegen, in welche Länder sie künftig reisen. Weil das Risiko bestünde, dort verhaftet zu werden. Wichtig: Immunität (also Schutz vor Strafverfolgung wegen eines bestimmten Amtes) genießen Staatschefs am IStGH nicht.

IStGH zuständig für vier spezielle Delikte Im „Römischen Statut" ist genau festgelegt, dass der IStGH Angeklagte wegen vier Delikten verurteilen kann. „Die Gerichtsbarkeit des Gerichtshofs ist auf die schwersten Verbrechen beschränkt, welche die internationale Gemeinschaft als Ganzes berühren" heißt es dort wörtlich. Sie lauten: *(1) Kriegsverbrechen, (2) Verbrechen gegen die Menschlichkeit, (3) Völkermord, (4) Verbrechen der Aggression.*

• Jedes dieser Delikte hat eine genaue Bedeutung. Beim Formulieren sollte man darauf achten, sie korrekt zu benennen und ihre Bedeutung richtig rüberzubringen. Hier lauern Fehlerquellen.

„Kriegsverbrechen" Sind schwere Verstöße gegen das humanitäre Völkerrecht, zum Beispiel die Tötung oder Folter von Zivilisten oder Kriegsgefangenen. So grausam das klingt: Rechtlich ist die Tötung von Zivilisten kein „Kriegsverbrechen", wenn diese nicht das eigentliche Ziel des Angriffs sind. Wenn bei einem Bombenangriff auf ein Waffenlager oder eine Kaserne Zivilisten in einem benachbarten Haus getötet werden, ist das noch kein Kriegsverbrechen im rechtlichen Sinne. In der Praxis kann es für Ankläger und Gerichte manchmal schwierig zu beweisen sein, dass es sich um rein zivile Ziele oder Opfer handelte. Für Kriegsverbrechen können nicht nur die Personen verurteilt werden, die selbst Zivilisten erschossen oder vergewaltigt haben. Es können auch militärische Vorgesetzte bis hin zu Personen aus der Staatsspitze sein, wenn man ihnen eine Verantwortung als Vorgesetzte nachweisen kann.

▶   Nicht jedes Verbrechen während eines Krieges ist ein „Kriegsverbrechen" im Sinne des Völkerstrafrechts. Wenn ein Soldat den anderen im Kampf erschießt, fällt das nicht in diese Kategorie (kann aber natürlich trotzdem strafbar sein!)

„Verbrechen gegen die Menschlichkeit" Dieses Delikt klingt sehr weitgehend, hat aber eine ganz bestimmte Bedeutung. Es geht um Morde, Folter oder Vergewaltigungen, die im Rahmen eines „systematischen und weitverbreiteten Angriffs auf die Zivilbevölkerung" oder einen Teil der Bevölkerung begangen worden sein müssen. Unabhängig davon, ob das in einem Krieg oder außerhalb davon geschehen ist. Vor Gericht muss den Angeklagten also die Verantwortung für die Taten nachgewiesen werden; und zusätzlich, dass so ein „systematischer" Angriff vorliegt. Das ist eine hohe Hürde.

Übersicht

- Nicht jede (mögliche) Verletzung von Menschenrechten im russischen Angriffskrieg gegen die Ukraine ist automatisch ein „Verbrechen gegen die Menschlichkeit" im Sinne des Völkerstrafrechts. Beim Formulieren von Überschriften und Texten sollte man diesen Terminus nur verwenden, wenn es wirklich um genau diesen Vorwurf geht. Wenn nicht, lieber mit dem Begriff „Menschenrechtsverletzungen" oder anderen Begriffen arbeiten.
- Beispiel: Im Prozess gegen zwei Mitglieder des syrischen Geheimdienstes wegen Folter im Gefängnis stellte das OLG Koblenz nach der Beweisaufnahme fest, dass es in Syrien während des „arabischen Frühlings" um systematische Staatsfolter des Assad-Regimes gehandelt habe. Beide wurden wegen (Beihilfe zu) Verbrechen gegen die Menschlichkeit verurteilt.

„Völkermord" (Genozid) Auch hier ist die genaue rechtliche Bedeutung wichtig. Selbst wenn es in einem Konflikt viele Opfer aus einem bestimmten Land oder einer Volksgruppe gibt, ist dies rechtlich nicht automatisch ein „Völkermord". Laut Gesetz braucht es bei Tötungen und anderen schwerwiegenden Delikten die Absicht, eine bestimmte Gruppe von Menschen ganz oder teilweise auszulöschen, die sich nach Kriterien wie Nationalität, Religion oder Rasse definieren lässt. Im Januar 2023 hat der deutsche Bundesgerichtshof zum Beispiel ein Urteil des OLG Frankfurt bestätigt, dass einen „Völkermord" an den Jesiden im Irak durch den sogenannten „Islamischen Staat" festgestellt hatte.

„Verbrechen der Aggression" (Angriffskrieg) Erst seit 2018 kann der IStGH seine Gerichtsbarkeit auch beim „Verbrechen der Aggression" ausüben. Das Delikt stellt die Beteiligung an einem Angriffskrieg unter Strafe. Also an einer Gewaltanwendung, die nicht wegen des Rechts auf Selbstverteidigung oder wegen eines Beschlusses des UN-Sicherheitsrates gerechtfertigt ist. Strafbar können sich nur Führungskräfte (Kommandant, General, Oberbefehlshaber) machen, nicht der einzelne Soldat. Im Krieg gegen die Ukraine kann ein Verstoß gegen diese Vorschrift aber nicht vom Internationalen Strafgerichtshof sanktioniert werden. Speziell das Delikt der Aggression ist nach den aktuellen Regeln zum IStGH nur gegenüber Staatsangehörigen anwendbar, deren Staat Mitglied des Römischen Statuts ist. Möglich wäre die Strafverfolgung speziell für dieses Delikt nur durch eine Überweisung des UN-Sicherheitsrates an den IStGH, was Russland aber blockieren könnte. In diesem speziellen Punkt besteht also eine rechtliche „Lücke".

Diskussion über Sondertribunal zur „Aggression" Mitglieder der russischen Staatsspitze können wegen des Verbrechens der Aggression also nicht in Den Haag angeklagt werden (wegen anderer Delikte schon). Wegen dieser rechtlichen „Lücke" wurde von verschiedenen Seiten die Gründung eines Sondertribunals vorgeschlagen, vor dem dann speziell eine Anklage wegen Aggression möglich wäre. Alternativ könnte man z. B. auch eine Reform des IStGH anstreben, um dort die Verfolgung dieses Delikt rechtlich zu ermöglichen. Die Diskussion um ein Sondertribunal kann an dieser Stelle nicht geführt werden. Es gibt Argumente dafür und dagegen, und viele offene Fragen zur Umsetzung. Wichtig für die Berichterstattung ist aber:

Sondertribunal ist keine Bedingung für eine Strafverfolgung Putins Die Schaffung eines Sondertribunals ist nicht die Voraussetzung dafür, Personen der russischen Staatsspitze vor Gericht zu bringen. Sie können wegen der drei Delikte „Kriegsverbrechen", „Verbrechen gegen die Menschlichkeit" und „Völkermord" vor dem IStGH angeklagt und verurteilt werden (wenn man ihnen eine Schuld daran nachweisen kann und sie auf die Anklagebank bekommt). Das sieht man auch am erlassenen Haftbefehl gegen Putin.

▶   Falsch ist daher der Satz: „Die Politik diskutiert gerade darüber, ob ein Sondertribunal geschaffen werden soll, um Wladimir Putin anklagen zu können."

Strafen am IStGH Der IStGH kann wegen der genannten vier Verbrechen eine Freiheitsstrafe von bis zu 30 Jahren oder eine lebenslange Freiheitsstrafe verhängen. Er bestimmt, in welchem Staat ein Verurteilter seine Strafe absitzen muss.

Stream aus Den Haag Die Gerichtsverhandlungen des IStGH in Den Haag werden zeitversetzt gestreamt, zum Beispiel auf Youtube. Die Urteilsverkündungen werden live übertragen.

Warum auch der deutsche Generalbundesanwalt ermittelt Nach dem deutschen Völkerstrafgesetzbuch ist es möglich, dass der Generalbundesanwalt auch bei bestimmten Verbrechen ermittelt, die nicht in Deutschland begangen wurden, und bei denen es keine deutschen Täter und Opfer gibt. Ein Beispiel dafür war der Koblenzer Prozess gegen syrische Geheimdienstmitarbeiter wegen Verbrechen gegen die Menschlichkeit, der Anfang 2022 mit Verurteilungen endete. Damit solche Ermittlungen aber rein praktisch in einem Strafprozess vor deutschen Gerichten münden können, müssten sich Beschuldigte in Deutschland aufhalten, so wie es beim Syrien-Prozess der Fall. Ob das beim Thema Ukraine realistisch wird, lässt sich heute noch nicht absehen. In einem deutschen Strafverfahren würde ein amtierendes ausländisches Staatsoberhaupt rechtlich aber Immunität genießen. Die Ermittler in Karlsruhe sammeln Beweismittel (z. B. durch Zeugenbefragungen unter Geflüchteten in Deutschland). Diese kann man später dem IStGH zur Verfügung stellen oder für eigene Anklagen verwenden.

10.4   Staat gegen Staat vor Gericht

Das zweite wichtige internationale Gericht in den Haag ist der „Internationale Gerichtshof". Dort kann ein Staat den anderen wegen möglicher Verstöße gegen das Völkerrecht verklagen. Als Beispiel soll hier ebenfalls der russische Angriff auf die Ukraine dienen. Von Anfang an war klar, dass internationale Gerichte den Angriff faktisch nicht stoppen würden. Die Ukraine hat trotzdem sehr schnell juristisch reagiert und eine Klage gegen Russland plus Eilantrag am Internationalen Gerichtshof (IGH) in Den Haag eingereicht. Der IGH hat schon Mitte März 2022 über den Eilantrag zugunsten der Ukraine entschieden. Inzwischen haben zahlreiche Staaten rechtliche Stellungnahmen dazu abgegeben, darunter Deutschland.

Was der IGH zum Krieg in der Ukraine entschieden hat Inhaltlich dreht sich der Streit um die „Völkermord-Konvention" von 1948. Russlands Präsident Putin hatte den Krieg öffentlich damit gerechtfertigt, dass in der Ost-Ukraine ein Völkermord durch die Ukraine stattfinde. Die Ukraine hatte daraufhin in Den Haag um

Klarstellung gebeten, dass das nicht stimme. Russland und die Ukraine haben beide die „Völkermord-Konvention" ratifiziert. Darin steht, dass für Streit rund um die Konvention der IGH zuständig ist. Der Schachzug der Ukraine war es, die russischen Argumente vom vermeintlichen Völkermord zu nutzen. Über diesen Weg hat der Gerichtshof im konkreten Fall seine Zuständigkeit bejaht. Inhaltlich lagen aus Sicht des Gerichtshofs zum Zeitpunkt der Eilentscheidung keine substanziierten Belege für einen Völkermord in der Ukraine vor. Einer der zentralen Sätze in der Entscheidung über den Eilantrag vom Frühjahr 2022 lautet: Russland sei verpflichtet, die militärischen Einsätze zu unterbrechen. Das Gericht hat mehrere vorläufige Maßnahmen angeordnet. Das Hauptsacheverfahren läuft weiter.

Keine direkten Folgen – trotzdem Signalwirkung Die Entscheidung ist zwar bindend. Der IGH hat aber keine Mittel, um seine Entscheidungen durchzusetzen, also russische Panzer zu stoppen. Die Umsetzung von Völkerrecht hängt sehr oft von der Akzeptanz der Staaten ab. Im Prinzip ist der UN-Sicherheitsrat dafür zuständig, Urteilen des IGHs Wirksamkeit zu verschaffen. Doch dort hat Russland ein Vetorecht. Immerhin hat das zuständige Gericht der Vereinten Nationen Russlands zentrale Rechtfertigung für den Kriegsbeginn – in der Ostukraine finde ein Völkermord statt – massiv ins Wanken gebracht. Schon diese rechtliche Einschätzung aus Den Haag war ein wichtiges Signal. Russland hatte nicht an der Verhandlung in Den Haag teilgenommen, aber eine schriftliche Stellungnahme nachgereicht. Darin wurde nicht mehr die Gefahr eines Völkermords als Kriegsgrund genannt, sondern nur noch das Selbstverteidigungsrecht aus Artikel 51 der Charta der Vereinten Nationen. Der IGH sei deshalb gar nicht zuständig für den Fall, weil Russland sich nicht generell unterworfen hat.

IGH kann Rechtsgutachten erstellen Eine weitere Aufgabe des IGH ist es, Rechtsgutachten zu völkerrechtlichen Fragen zu erstellen. Beispiel: Im März 2023 hat der IGH von der UN-Vollversammlung den Auftrag bekommen, ein Gutachten über die Pflichten der Staaten im Kampf gegen die Erderwärmung zu schreiben.

Journalistisches Arbeiten mit dem Thema Recht

Thema Recht spielt mitten im Leben „Recht ist doch so trocken und kompliziert" – mit diesem Vorurteil hat die Berichterstattung rund um die Themen Recht und Justiz seit jeher zu kämpfen. Kompliziert – okay. Trocken – manchmal. Trotzdem halte ich immer dagegen: Recht spielt mitten im Leben der Menschen. Hinter jedem Paragrafen und hinter jedem Urteil stehen Menschen, Konflikte und Schicksale, über die sich zu berichten lohnt. Beispiele: Muss der Sohn die Heimkosten seines Vaters übernehmen, obwohl der ihn immer grün und blau geschlagen hat? Hat man ein Recht auf selbstbestimmtes Sterben? Darf eine Sparkasse in den Formularen einfach vom „Kunden" sprechen, oder muss auch von der „Kundin" die Rede sein? Wie bestraft man einen Vater, der sein Kind aus Versehen in der Hauseinfahrt überfahren hat? Die Themen Recht und Justiz gehören jedenfalls zur journalistischen Grundversorgung jedes Mediums.

Motto: Erzählen und erklären Als Leitlinie hat sich bewährt, für die Berichterstattung eine Mischung aus Erzählen und Erklären zu wählen. Recht lässt sich am besten an den Originalfällen und den Geschichten dahinter erzählen. Damit kann man sich am besten in das Thema hineindenken, sich identifizieren oder auch abgrenzen. Immer wieder kann man dabei innehalten, um einzelne Punkte kurz und einfach zu erklären. Je nach Medium sind Grafiken ein gutes Hilfsmittel.

© Der/die Autor(en), exklusiv lizenziert an Springer Fachmedien Wiesbaden GmbH, ein Teil von Springer Nature 2023
F. Bräutigam, *Recht richtig formulieren*, Journalistische Praxis,
https://doi.org/10.1007/978-3-658-41771-0_11

11.1   Justiz und Medien – zwei unterschiedliche Welten

Wenn Journalistinnen und Journalisten das erste Mal Kontakt mit der Justiz haben, kann das eine besondere Erfahrung sein. Sie kann zum Beispiel mit einem stundenlangen Anstehen vor dem Gerichtsgebäude ab fünf Uhr morgens und bei minus zwei Grad beginnen, um einen Platz im Saal zu bekommen. Im Gerichtssaal als Fotograf oder als Journalist mit einem Kamerateam wird man, wenn man Pech hat, wenige Sekunden nach Einzug des Gerichts mit einem freundlichen „Presse raus!" aus dem Saal geschickt. Seine Texte schreibt man möglicherweise mit dem Laptop auf den Knien auf den Treppen vor dem Gerichtsgebäude. Wer mit einer Rechercheanfrage bei der Pressestelle eines kleinen Gerichts anruft, wird vielleicht einen ganzen Tag lang niemanden erreichen. Und am nächsten Tag die Auskunft bekommen, dass man zu dieser Frage leider keine Auskunft geben könne. Das alles ist nicht der Regelfall. Aber es kommt vor.

Justiz und Medien haben unterschiedliche Interessen Man versteht das Spannungsverhältnis zwischen Justiz und Medien besser, wenn man einen Blick auf das Selbstverständnis und die Aufgaben beider Bereiche wirft. Richterinnen und Richter sind in erster Linie daran interessiert, ihren Prozess reibungslos und korrekt zu führen. Das ist ihre Kernaufgabe. Im Mittelpunkt stehen dabei die ungestörte Wahrheitsfindung und der Schutz von Persönlichkeitsrechten. Dabei können Beobachter der Medien erst einmal „stören". Medien möchten für ihre Berichte möglichst früh möglichst viele Informationen sammeln. Ihnen geht es um Aufklärung und Recherche, um die Geschichten dahinter, mögliche Missstände und Kritik. Bildmedien sind zudem für ihre Berichterstattung auf Bilder angewiesen. Das klingt banal, ist es aber gerade beim Thema Recht nicht. Diese unterschiedlichen Interessen lassen sich nicht immer leicht miteinander vereinbaren.

Öffentlichkeitsgrundsatz zentral Klar ist dabei aber: Der Grundsatz der Öffentlichkeit von Gerichtsprozessen ist ein zentrales Element des Rechtsstaats. Die Öffentlichkeit dient der Kontrolle der Staatsgewalt durch die Bürgerinnen und Bürger und die Medien im Gerichtssaal. Öffentlichkeit bedeutet: Man kann im Saal sitzend dem Prozess folgen. Ton- und Filmaufnahmen von Gerichtsverhandlungen und -urteilen sind in aller Regel verboten. Ausnahmen sind die Urteilsverkündungen des BVerfG und der obersten Bundesgerichte. Dass unter Ausschluss der Öffentlichkeit verhandelt wird, ist nur in wenigen Ausnahmefällen zulässig. Zum Beispiel in Verfahren nach Jugendstrafrecht oder im Familienrecht. Manchmal auch in bestimmten Phasen eines Strafprozesses, wenn es um besonders intime Dinge und den Schutz von Persönlichkeitsrechten geht. Zum Grundsatz der Öffentlichkeit kommt das Grundrecht der Pressefreiheit hinzu, das die Gerichte nicht zu stark einschränken dürfen, indem sie die Akkreditierung oder die journalistische Arbeit vor Ort erschweren. Zur Aufgabe der Justiz gehört aus meiner Sicht nicht allein das Fällen von Urteilen, sondern auch – innerhalb gewisser Grenzen – die Berichterstattung darüber zu ermöglichen. Wenn Urteile „Im Namen des Volkes" ergehen, muss das „Volk" davon auch etwas mitbekommen können.

Medienarbeit der Justiz hat sich stark verbessert „Ein Gericht spricht (allein) durch seine Urteile." Dieser klassische Satz hält sich bis heute hartnäckig in Teilen der Justiz. Aber man hört ihn immer seltener. In den vergangenen Jahren hat sich in den Gerichten aller Instanzen immer mehr die Erkenntnis durchgesetzt, dass die Justiz ihre Arbeit und deren Inhalte besser erklären muss. Auf vielen Veranstaltungen und Fortbildungen innerhalb der Justiz ist dies ein Thema. Eine zentrale Rolle spielen dabei die Pressestellen von Gerichten und Staatsanwaltschaften.

Pressestellen und ihre Ausstattung Wenn man die Pressestellen in Behörden, bei der Polizei oder in der Politik betrachtet, fällt auf: Sie sind personell deutlich besser ausgestattet als in der Justiz. In den seltensten Fällen hat ein Instanzgericht einen hauptamtlichen Pressesprecher oder eine Pressesprecherin. Meistens ist sie oder er zu einem gewissen Prozentsatz (zwischen zehn und 50 %) von der Arbeit als Richter oder Staatsanwältin entlastet, aber eben nicht komplett. Manchmal auch gar nicht. Es ist also der Normalfall, dass Pressesprecher Teile ihres Arbeitstages selbst im Gerichtssaal sitzen, eigene Fälle bearbeiten müssen und während dieser Zeit nicht erreichbar sein können. Ohne ein besonderes persönliches Engagement über die üblichen Dienstzeiten hinaus ist eine angemessene Medienarbeit unter diesen Bedingungen kaum zu schaffen. Das muss man als Journalist in der konkreten Situation nicht gut finden. Es ist aber wichtig zu wissen. Hier wären vor allem die Landesjustizministerien in der Pflicht, für eine bessere personelle Ausstattung zu sorgen. Ausnahmen bestätigen wie immer die Regel. Die Berliner Justiz hat zum Beispiel je eine hauptamtliche Pressesprecherin für die Straf- und für die Zivilgerichte. Das Bundesverfassungsgericht hat zwei volle Stellen für hauptamtliche Pressesprecher, die Bundesanwaltschaft eine Stelle plus Vertretungen.

Pressesprecher und ihre Ausbildung Für Journalisten ist auch wichtig zu wissen, wie die Pressesprecher innerhalb der Justiz zu ihrem Job kommen. In der Regel übernimmt ein Richter oder ein Staatsanwalt diese Aufgabe befristet für einige Jahre. Danach übernimmt eine andere Person, die sich neu einarbeiten muss.

Zu Beginn absolvieren viele von ihnen eine Fortbildung in Sachen Medienarbeit, zum Beispiel an der „Deutschen Richterakademie". Darüber hinaus ist der Umgang mit den Medienvertretern und die Organisation großer medienträchtiger Verfahren oft ein „learning by doing". Das ist keinesfalls abwertend gemeint, sondern eine reine Beschreibung der Situation. Viele engagierte Pressesprecherinnen und -sprecher stoßen im Übrigen aufgrund der Kapazitäten immer wieder an Grenzen. Wie intensiv ein Gericht Medienarbeit betreibt, hängt nicht zuletzt auch davon ab, ob die Gerichtspräsidentinnen und -präsidenten eine offene Medienarbeit fördern, oder eher eine restriktive Linie verfolgen. Tage der offenen Tür, das Betreuen von Schulklassen und andere Aktionen bedeuten viel Aufwand, können aber vor Ort durchaus eine größere (publizistische) Wirkung entfalten. Außerdem hängt viel davon ab, wie gut die Vorsitzenden Richter die Pressestelle mit Infos über spannende, medienrelevante Fälle informieren.

11.2 Orga-Tipps für Gerichtsreporter vor Ort

Rund um einen Prozessauftakt oder eine Urteilsverkündung gibt es neben der inhaltlichen Vorbereitung auch viel Organisatorisches zu regeln. Die folgenden Tipps gehen vom klassischen Fall eines Strafprozesses aus, weil er in der Praxis der Berichterstattung am häufigsten vorkommt. Die typischen Abläufe und Tipps gelten aber auch für alle anderen Gerichtszweige. Auch der Auftakt einer Musterfeststellungsklage gegen VW oder das Urteil eines Verwaltungsgerichts zu einem möglichen Fahrverbot in einer Großstadt können zu einem Großkampftag für Justiz und Medien werden.

Akkreditierungsverfahren nicht unterschätzen Wer als Journalist oder Journalistin über einen Gerichtsprozess berichtet, möchte in aller Regel selbst im Gerichtssaal sitzen und den Prozess beobachten. Das ist nicht immer einfach. Ein wichtiger Schritt im Vorfeld des Prozessauftakts ist daher die Pressemitteilung des Gerichts, in der es die Bedingungen für die Akkreditierung mitteilt. Man sollte sie genau durchlesen, denn es gibt hier mehrere Varianten. Einmal kann es das „Windhundprinzip" geben. Das bedeutet: Es gibt einen Beginn der Akkreditierungsfrist. Wer sich am schnellsten meldet, wird akkreditiert. In so einer Situation muss man besonders darauf achten, dass man zu dem benannten Zeitpunkt alle Formulare vorbereitet hat und pünktlich auf „Senden" drückt. Wenn das „Windhundprinzip" nicht gilt, muss man die Mail einfach innerhalb der Frist abschicken. Weitere wichtige Fragen sind: Gibt es für die Plätze im Gerichtssaal eine Poolbildung für bestimmte Medienarten? Zu welchem Pool gehöre ich? Gibt es Kolleginnen aus einer anderen Redaktion meines Hauses, mit denen ich mich vielleicht abstimmen sollte?

Das „Prinzip Schlange"   Trotz Akkreditierung – oder wenn es keine gibt – gilt am Tag des Prozessauftakts oft das „Prinzip Schlange". Man muss sich also möglichst früh vor dem Gerichtsgebäude anstellen, um auch als akkreditierter Journalist einen Platz im Gerichtssaal zu bekommen. Ich habe deswegen wie viele Kolleginnen und Kollegen schon häufig ab fünf oder sechs Uhr morgens bei eisiger Kälte in einer Schlange vor dem Gerichtssaal gestanden. Augen auf bei der Berufswahl, mag man da zurecht sagen. Ein krasses Beispiel war insofern der Lübcke-Prozess am OLG Frankfurt, bei dem zum Prozessauftakt schon um 22 Uhr am Vorabend die ersten Journalisten in der Schlange standen. Das war im Juni, also unter einigermaßen „warmen" Bedingungen. Im Winter stellte das Gericht zumindest einen Warteraum für die Nacht zur Verfügung.

Poolbildung – fester Platz im Saal   Einfacher kann es sein – zumindest ein wenig – wenn das Gericht schon im Rahmen des Akkreditierungsverfahrens bestimmte Pools gebildet hat. Etwa für Zeitungen, Nachrichtenagenturen, Onlineportale, öffentlich-rechtliche Medien in Radio und Fernsehen, internationale Medien etc., für die feste Plätze im Gerichtssaal reserviert sind. Damit können zumindest einige Journalisten sicher sein und mit ihrer Akkreditierung zu normalen Zeiten das Gerichtsgebäude betreten. So war es – nach den extremen Schwierigkeiten im Vorfeld – dann von Beginn bis Ende des NSU-Prozesses in München.

„Pool-Lösung" für Kamerateams   Neben einem Sitzplatz im Gerichtssaal geht es bei der Akkreditierung in großen Prozessen auch darum, welche Kamerateams und Fotografen im Gerichtssaal filmen und fotografieren dürfen. Wenn von großem medialem Interesse auszugehen ist, ordnen Gerichte häufig die so genannte „Pool-Lösung" an (nicht zu verwechseln mit den „Pools" für die Sitzplätze im Gerichtssaal). Sie ist heute geübte Praxis an den Gerichten aller Instanzen. Ziel ist es, den oft engen Gerichtssaal nicht mit zahlreichen Kamerateams zu überlasten. Das Gericht ordnet dafür in der Regel an, dass ein Kamerateam von den öffentlich-rechtlichen Sendern und eines von den Privatsendern zugelassen wird. Eine ähnliche Regel gibt es dann für die Fotografen. Die „Poolführer" sind verpflichtet, das gedrehte oder fotografierte Material anderen Medienanstalten oder Agenturen kostenlos zur Verfügung zu stellen. Wenn man auf Bilder des Poolführers angewiesen ist, sollte man *vorher* klären, auf welchem Wege man die Bilder möglichst schnell bekommt.

Filmverbot für Verhandlung und Urteile Besonders zum Prozessauftakt und am Urteilstag ist die Frage besonders wichtig, welche Film- und Fotoaufnahmen im Gerichtssaal zulässig sind. In Deutschland gilt im Prinzip ein gesetzliches Verbot, Gerichtsverhandlungen und Urteile zu filmen (Ausnahmen: Urteilsverkündungen am BVerfG und an den obersten Bundesgerichten). Es gibt also nicht wie in anderen Staaten ein „Court-TV", in dem ganze Prozesse live übertragen werden. Wichtig ist deshalb die Zeit vor Prozessbeginn inklusive Einzug des Gerichts. Kamerateams und Fotografen werden in aller Regel schon vor Prozessbeginn in den Gerichtssaal gelassen.

Den Einzug des Gerichts darf man filmen Wichtig: Medien haben im ein Recht darauf, den Einzug des Gerichts zu filmen. Das hat das Bundesverfassungsgericht ausdrücklich entschieden. Die Erfahrung zeigt, dass sich zumindest manche Richterinnen und Richter damit immer noch schwertun. Sollte im Vorfeld eines Prozesses angeordnet werden, dass das Gericht nicht gefilmt werden dürfe, sollte man dies nicht einfach so akzeptieren. Das Gericht müsste eine Ausnahme von diesem Grundsatz ausdrücklich damit begründen, dass die Richterinnen und Richter in diesem Fall durch veröffentlichte Bilder besonders gefährdet wären und deswegen nicht öffentlich gezeigt werden dürfen. Das ist aber die absolute Ausnahme. Fernsehjournalisten sind für die Berichterstattung auf die wenigen Bilder aus dem Gerichtssaal angewiesen.

Dauer im Ermessen der Vorsitzenden Wie lange man den Einzug des Gerichts filmen darf, liegt im Ermessen der Vorsitzenden Richterin oder des Richters. Gut beratene Richterinnen und Richter ziehen mit einer dem Anlass angemessen Miene in den Gerichtssaal ein. Sie setzen sich hin, schauen einmal in die Runde und sagen nach ca. 30 bis 60 Sekunden den Kamerateams und Fotografen, dass sie nun bitte den Saal verlassen sollen. Ich habe aber auch schon erlebt, dass ein Vorsitzender Richter bereits mit von Ärger verzerrtem Gesicht in den Gerichtssaal stürmt und sofort mit einer Handbewegung die Kameraleute aus dem Saal weist. Er muss wissen: Genau so kommt er dann abends ins Fernsehen, denn die Medien haben nur diese kurzen Sequenzen. Bei der Urteilsverkündung im Prozess wegen Staatsfolter in Syrien hat die Vorsitzende Richterin z. B. schon wenige Sekunden nach dem Einzug „Presse raus" gerufen.

Erneutes Filmen an weiteren Prozesstagen Wenn an weiteren Prozesstagen zum Beispiel eine wichtige Aussage ansteht, wollen Medien oft erneut den Einzug des Gerichts filmen, um ihre Beiträge vom Tag bebildern zu können. Das haben die Gerichte nicht immer auf dem Schirm.

▶   Es empfiehlt sich daher, den Wunsch nach einem erneuten Filmen früh-
    zeitig mit der Pressestelle zu besprechen. Sonst kann es am Tag selbst
    zu Überraschungen und Unstimmigkeiten kommen.

Angeklagte muss man oft „verpixeln"   In den meisten Fällen muss man den oder
die Angeklagte zum Schutz der Persönlichkeitsrechte „verpixeln", also das Gesicht
technisch verfremden. Dabei reicht es nicht aus, einen schwarzen Balken über die
Augen zu legen. Dass gesamte Gesicht muss ausreichend stark verfremdet sein. In
der Regel wird man nur den Vornamen nennen und den Nachnamen abkürzen. Doch
immer wieder stellt sich in der Praxis die Frage, ob man im konkreten Fall den Angeklagten nicht doch zeigen und den Namen nennen darf. Meistens, wenn es um
besonders schwere oder Aufsehen erregende Straftaten geht. Der Name der Hauptangeklagten im NSU-Prozess, Beate Zschäpe, wurde wegen der besonderen Dimension
der Vorwürfe von den Medien voll genannt, und sie voll gezeigt. In anderen prominenten Fällen haben Medien schon unterschiedlich agiert. Befriedigend ist das dann
nicht. Doch auch wenn man sich dies für die Praxis wünschen würde – pauschale und
ganz klare Lösungen gibt es leider nicht. Man muss jeden Einzelfall neu prüfen und
entscheiden. An dieser Stelle sind nur einige Merkposten möglich.

Übersicht
- Häufig ordnet das Gericht von sich aus an, dass ein Angeklagter verpixelt
  werden muss. Wichtig zu wissen: Das allein ist für Medien nicht bindend.
  Sie treffen eigenverantwortlich ihre Entscheidung, ob sie pixeln müssen
  dabei die rechtlichen Voraussetzungen beachten und bei Rechtsverstößen
  die Konsequenzen tragen. Wenn ein Gericht anordnet, dass das Justiz-
  personal (z. B. die Wachtmeister) gepixelt werden müssen, sollte man
  dem nachkommen.
- Grobe Leitlinie: Verpixeln ist der Regelfall, das volle Zeigen und die
  volle Namensnennung die Ausnahme.
- Kriterien für eine Ausnahme können sein: Schwere und Bedeutung der
  vorgeworfenen Tat. War der Beschuldigte schon von sich aus in der
  Öffentlichkeit? In welchem Stadium ist das Verfahren?
- Auch wenn ein unverpixeltes Zeigen zulässig wäre, kann man darauf verzichten, um Angeklagte nicht zu heroisieren. Beispiel: Der Prozess um
  den Terrorakt an der Synagoge von Halle.
- Frühzeitig vor Prozessbeginn über die Frage nachdenken und mit dem
  Justiziariat besprechen. Am Tag selbst ist es zu hektisch dafür.

Online-Arbeit im Gerichtssaal oft eingeschränkt Im Gerichtssaal ist es bei großen Prozessen oft verboten, per Laptop oder Handy ins Internet zu gehen. Manchmal muss man das Handy an der Sicherheitsschleuse abgeben. In seltenen Fällen sind sogar Laptops verboten. Dann muss man klassisch auf Stift und Schreibblock setzen. Gerichte begründen dies dann mit Bedenken, dass die Verhandlung mit Handy oder Laptop heimlich aufgezeichnet werden könnte (was verboten und strafbar ist). Zeitgemäß sind solche Verbote für typische journalistische Arbeitsmittel jedoch nicht.

Tonübertragung in einen Medienraum Seit 2018 dürfen Gerichtsverhandlungen und Urteilsverkündungen sämtlicher Instanzen in einen Nebenraum für Journalistinnen und Journalisten per Ton übertragen werden. Das entschärft das Platzproblem im Gerichtssaal und bietet mehr Medienvertretern die Möglichkeit, dem Prozess zu folgen. Allerdings geht es tatsächlich nur um den Ton. Eine Bildübertragung in den Nebenraum ist gesetzlich nicht erlaubt. Als Gerichtsreporter wird man den Wunsch haben, das Geschehen in Ton und Bild zu verfolgen. Dennoch ist die Tonübertragung in einen Nebenraum für große Gerichtsverfahren eine bessere Lösung als früher.

▶   **Tipp** Wenn es an kleineren Gerichten bei einem unerwartet großen Verfahren zu Platzproblemen kommt, kann man die Pressestelle auf die Möglichkeit der Tonübertragung hinweisen. Nicht immer ist sie schon bekannt.

Arbeitsraum für Medien Gerichte stellen immer häufiger einen Medienarbeitsraum zur Verfügung, in dem man in den Pausen oder nach Prozessende seine Texte schreiben kann. Im besten Fall gibt es dort auch genügend Steckdosen für Laptops und Handys. Man sollte externe Ladegeräte dabeihaben. Ein wunder Punkt aus Journalistensicht ist die Frage, wie lange der Medienraum nach Ende des Verhandlungstages geöffnet bleibt. Darüber sollte man sich frühzeitig informieren. Am ersten Tag des Lübcke-Prozesses am OLG Frankfurt war der Prozesstag gegen 16 Uhr zu Ende, als ein Justizwachtmeister um 16.30 Uhr den Medienraum räumen wollte. Also kurz vor dem Redaktionsschluss großer Zeitungen. Nicht selten muss man den Artikel auf der Treppe vor dem Gericht mit dem Laptop auf den Knien zu Ende schreiben.

„Wie lange wird es dauern?" Tage am Gericht sind für Medienvertreter von großer Unsicherheit geprägt, wie lange der Tag dauern wird. Zum Prozessauftakt fragt man sich: Wird es viele Anträge noch vor Verlesung der Anklage geben

(z. B. Befangenheitsanträge)? Wie lange dauert die Verlesung der Anklage? Am Tag des Urteils: Wie lange dauert die Urteilsverkündung? Wichtig zu wissen ist: Manche Dinge lassen sich kaum prognostizieren. Ein lange erwarteter Prozessauftakt kann wegen Krankheit des Angeklagten Minuten vor Beginn abgesagt werden. Oder der Richter vertagt die Verhandlung schon nach wenigen Minuten. Andere Dinge hängen davon ab, wie gut die Richterinnen mit der Pressestelle kommunizieren. Eine Auskunft nach dem Motto „Die Urteilsverkündung könnte ca. zwei Stunden dauern" hilft Medienvertretern enorm für ihre Planung. Nicht jede Kammer oder jeder Senat gibt solche Informationen aber an die Pressestelle weiter.

„Kommt heute noch das Urteil?"   So lautet oft eine Frage, wenn eine Gerichtsverhandlung (meistens in anderen Rechtsgebieten als dem Strafrecht) anberaumt ist. Beispiel: Während der gesamten Verhandlung zur Frage der Beobachtung der AfD durch den Verfassungsschutz vor dem Verwaltungsgericht Köln im März 2022 blieb unklar, ob am Nachmittag oder am Abend desselben Tages noch das Urteil kommt. Der Vorsitzende Richter ließ dies auch am späten Nachmittag völlig offen. Das Urteil kam dann schließlich um 19.45 Uhr. Noch rechtzeitig für eine Live-Schalte in die Tagesschau, aber für viele große Printmedien viel zu spät. Die Pressestelle ist in solchen Fällen darauf angewiesen, dass das Gericht mit ihr über solche Fragen kommuniziert.

O-Töne frühzeitig organisieren   Ein wichtiges Element für einen Bericht sind O-Töne der Beteiligten, also: Angeklagter oder Verteidiger, Staatsanwaltschaft oder Bundesanwaltschaft, Opfer oder Nebenklageanwälte, Gerichtssprecher. Man sollte schon vor dem Prozesstag (über die Pressestellen bzw. direkt mit den Beteiligten) versuchen zu klären, wer zu O-Tönen bereit ist, und wann und wo diese möglich sind. Bei großen Prozessen organisiert die Pressestelle des Gerichts nach Ende des Prozesstages manchmal einen zentralen Termin und Ort für Medienstatements. Dort können dann alle Medienvertreter ihre Kameras und Mikros aufbauen und die Beteiligten nacheinander ihre Interviews oder Statements geben.

Wo stehen Ü-Wagen und Live-Kamera?   Im Vorfeld sollte man mit der Pressestelle klären, wo vor dem Gerichtsgebäude Platz für einen Ü-Wagen oder ein Schnittmobil ist. Gleiches gilt für die Position einer Live-Kamera. Gibt es dafür eine gute Stelle im Gerichtsgebäude, oder muss man sich einen Platz davor suchen? Komme ich ohne größeren Aufwand wieder ins Gebäude zurück, wenn ich für eine Schalte oder den Schnitt nach draußen musste? Verliere ich meinen Sitzplatz, wenn ich den Gerichtssaal verlasse?

Probleme frühzeitig mit der Pressestelle besprechen Die Arbeitsbedingungen für Medien bei Gerichtsprozessen können Anlass für Unzufriedenheit sein. Das Gericht muss zwar darauf achten, dass der Prozess reibungslos ablaufen kann. Gleichzeitig darf es die Arbeit der Medien aber nicht zu stark einschränken. Wenn man schon beim Lesen der schriftlichen Akkreditierungs- und Arbeitsbedingungen Bedenken hat, sollte man frühzeitig den Kontakt mit den Pressestellen suchen. Einige Punkte lassen sich so oft klären und verbessern. In krassen Fällen von Einschränkungen kann man gemeinsam mit seinem Medienhaus besprechen, ob ein Eilantrag vor dem Bundesverfassungsgericht Sinn ergibt. Auf diesem Wege sind schon einige Fragen rund um die Bedingungen für Medien vor Ort geklärt worden, zum Beispiel das Recht auf Drehen des Einzugs der Richter. So ein Antrag sollte aber eher das letzte Mittel sein. Auch im Laufe eines Prozesses kann man mögliche Probleme ansprechen und auf Lösungen hinarbeiten.

11.3 Tipps zur Recherche

Wie man den Originalfall finden kann Recht lässt sich besonders gut an konkreten Fällen erklären, am besten anhand des Originalfalles. Beispiele: Ein Bankkunde greift vor Gericht das Kleingedruckte seiner Bank an. Oder ein Autokäufer verklagt seinen Händler oder den Autokonzern. Für eine Fernseh- und Hörfunkberichterstattung oder ein Gespräch für einen Artikel sollte man frühzeitig klären, ob man mit dem Originalfall drehen oder sprechen kann. Die Pressestellen der Gerichte geben den Namen von Klägerinnen und Klägern nicht heraus. Man sollte aber darum bitten, die Kontaktdaten des Anwalts oder der Anwältin zu bekommen. Dort kann man dann sein Anliegen schildern und um Weitergabe an die Mandanten bitten. Häufig wird auf diesem Weg ein Kontakt hergestellt, und man kann das Ob und Wie eines Interviews besprechen. Wenn ein Kläger oder eine Klägerin nicht in die Medien möchte, kann man versuchen, einen vergleichbaren Fall zu finden, mit dem man das Thema erklären kann.

Originaltexte lesen Zu wichtigen Gerichtsverfahren veröffentlichen Gerichte vorab eine Terminvorschau mit den Basics des anstehenden Falles. Nach einem Urteil gibt es eine Pressemitteilung. Wichtig: Für Vorbereitung und Berichterstattung unbedingt (auch) die Originalquellen lesen, nicht nur Meldungen und andere Artikel. Wenn etwas unklar ist, zum Beispiel bei der Pressestelle nachfragen.

Erst den Sachverhalt klären – dann bewerten Bei rechtlichen Themen besteht immer die Gefahr, zu schnell konkrete Schlüsse zu ziehen. Die rechtliche Bewertung hängt immer vom genauen Sachverhalt ab. Die erste Frage muss lauten: Was ist genau passiert? Wenn das noch nicht klar ist und es Unsicherheiten gibt, muss man diese benennen. Beispiel: In Berlin haben sich Klimaaktivisten auf einer Autobahn festgeklebt. Gleichzeitig wird eine Radfahrerin von einem Betonmischer überfahren. Die Feuerwehr sagt, sie sei wegen des durch die Blockade verursachten Staus verspätet an den Unfallort gekommen. Als erster Schluss scheint nahe zu liegen: Die Blockierer waren mit schuld am Tod der Frau. Das kann so sein, hängt aber von vielen Stellschrauben ab, zum Beispiel: Wie weit waren Feuerwehr, Blockade und Unfall voneinander entfernt (jeweils vier Kilometer)? Hätte die Feuerwehr das Leben der Frau noch retten können? Das sind Fragen, die womöglich unklar sind und auf die Schnelle nicht geklärt werden können.

Methode bei unklarem Sachverhalt: Knackpunkte benennen Eine unsichere Situation und ungeklärte Fragen bedeuten aber nicht, dass man überhaupt nicht berichten kann. Oft besteht gerade in diesen Situationen ein besonderes Interesse bei Publikum und Leserschaft. Man kann solche Situation lösen, indem man die entscheidenden Knackpunkte benennt. Was sind die Kriterien, was hängt nun wovon ab? Beispiel: „Eine Strafbarkeit wegen fahrlässiger Tötung hängt davon ab, ob die Straßenblockade Einfluss auf den Tod der Radfahrerin hatte." In einer noch unklaren Situation bieten sich auch Formate wie „Was wir wissen – und was nicht" an.

Expertinnen und Experten anrufen und zitieren Wenn man die zentralen Recherchefragen identifiziert hat, bietet sich auch ein Gespräch mit Expertinnen oder Experten an. Das können zum Beispiel Professorinnen und Professoren oder Anwältinnen und Anwälte sein. Spezialisierte Anwälte kann man zum Beispiel über die Pressestelle des „Deutschen Anwaltvereins" (ohne „s" nach dem „Anwalt") erfragen. Wenn sie einem wirklich weitergeholfen haben, ist es fair, sie mit einem Zitat im Beitrag unterzubringen. Zwei Dinge sind beim Einbinden von Experten wichtig. (1) Man sollte man prüfen, wie neutral sie bei einem Thema sind. Also ob sie dabei schon einmal eine Partei als Anwalt vertreten oder für sie ein Gutachten geschrieben haben. (2) Eine gewisse Vorsicht ist geboten bei Einschätzungen, ob eine bestimmte Maßnahme rechtmäßig oder verfassungswidrig ist. Gerade bei ungeklärten Rechtsfragen gibt es nicht immer nur die eine, glasklare und richtige Einschätzung.

▶ Vorsicht bei allgemeinen Formulierungen und Überschriften wie „XY-Gesetz verfassungswidrig!" Hier gehören Formulierungen wie „nach Ansicht des Gutachters Prof. XY" oder die Einschränkung „Experte *hält* Gesetz für verfassungswidrig" unbedingt dazu.

Warum es nicht immer die „eine" rechtliche Lösung gibt Gerade von Naturwissenschaftlern werde ich oft gefragt, wie es denn sein kann, dass unterschiedliche Gerichte (oder Juristen) dieselbe Rechtsfrage völlig unterschiedlich bewerten. Die einen erklären die nächtliche Ausgangsbeschränkung für rechtswidrig, die anderen für rechtmäßig. Die Antwort in Kurzform: Bei rechtlichen Maßstäben wie z. B. dem Grundsatz der Verhältnismäßigkeit, also wann der Staat zu hart in die Grundrechte eingreift, spielen immer auch Wertungsfragen eine Rolle. Das hat nichts mit Beliebigkeit zu tun. Wenn es konträre Gerichtsentscheidungen zu einer Frage gibt, ist es die Aufgabe der obersten Bundesgerichte und des Bundesverfassungsgerichts, möglichst schnell für Rechtseinheit zu sorgen.

Gute Planung: Terminhinweise der Gerichte Damit man wichtige Termine an den Gerichten vor Ort mitbekommt, sollte man sich auf die üblichen Presseverteiler setzen lassen. Dann verpasst man auch keine Pressemitteilung über Gerichtsentscheidungen. Manche Gerichte (vor allem in den höheren Instanzen) haben auf ihrer Homepage auch eine Terminübersicht mit kurzen Zusammenfassungen, worum es jeweils gehen wird.

Justiz und Social Media Die Justiz ist auf diesem Gebiet eher zurückhaltend. Das mag daran liegen, dass viele Plattformen vom direkten Austausch leben, also von den Reaktionen der User. Hier sind der Justiz gewisse Grenzen gesetzt. Antworten auf konkrete Nachfragen zu Entscheidungen oder eine Diskussion darüber sind für Gerichte in aller Regel nicht möglich oder leistbar. Immer mehr Gerichte haben inzwischen einen Twitteraccount, den sie für die Verbreitung ihrer Pressemitteilungen nutzen. Es kann sich also lohnen, die Gerichte aus der Region und bei Bedarf die obersten Bundesgerichte, das Bundesverfassungsgericht und die Bundesanwaltschaft in die eigene Timeline aufzunehmen. Das Bundesverfassungsgericht und der Europäische Gerichtshof in Luxemburg haben für die eigene Homepage und für Youtube eigene Erklärfilme produziert, die die Abläufe und Verfahren am Gericht erklären.

Gute Quellen für rechtliche Recherchen Journalisten sind meistens Generalisten und müssen sich ständig in neue Themen einarbeiten. Wenn von Journalistenseite bisweilen die Medienarbeit der Gerichte kritisch betrachtet wird, hört man umgekehrt aus Justizkreisen immer wieder Kritik, dass Journalistinnen und Journalisten bei rechtlichen Themen nicht immer sorgfältig arbeiten würden. Die Presserichterinnen und -richter können eine gute Anlaufstelle sein, wenn es um Wissensfragen rund um ein Verfahren geht. Sie können einem die inhaltliche Recherche aber nicht abnehmen. Ein Portal für rechtliche Informationen ist zum Beispiel „Legal Tribune Online". Dort schreiben viele Fachleute in verständlicher Sprache über fast alle aktuellen Themen. Früh morgens gibt es dort täglich eine juristische Presseschau, mit der man einen guten Themenüberblick erhält und sieht, welche Medien über juristische Themen geschrieben haben. Auf tagesschau. de schreibt das Team der ARD-Rechtsredaktion regelmäßig Hintergrundtexte zu aktuellen Themen; ebenso die ZDF-Rechtsredaktion auf heute.de. Die FAZ hat neben den Artikeln im Blatt mit ihrem „Einspruch" ein eigenes Online-Portal. In der „Süddeutschen Zeitung" schreibt der Karlsruher Korrespondent Wolfgang Janisch im Akkord Texte zu Gerichtsentscheidungen und Rechtsthemen. Der freie Journalist Christian Rath schreibt seit Jahrzehnten für die taz, zahlreiche Regionalzeitungen und Fachmagazine über rechtliche Themen. Auch einige Nachrichtenagenturen und der Spiegel sind in Karlsruhe vor Ort. Diese Aufzählung an guten Quellen ist ausdrücklich nicht abschließend gemeint.

Vorsicht vor Antworten in allgemeinen Foren Zurückhaltend wäre ich bei rechtlichen Antworten in allgemeinen Foren wie „gutefrage.net" und anderen. Nach meinen Erfahrungen sind dort zahlreiche Userinnen und User aktiv, die zwar mit großem Selbstbewusstsein ihre Meinung zu Rechtsfragen des Alltags posten, damit aber bei Weitem nicht immer richtig liegen.

11.4   Tipps zum Formulieren und für Fotos

Vorsicht bei Eilmeldungen, Überschriften, Teaser-Texten etc. Bei rechtlichen Themen geben die ersten Eilmeldungen über eine Entscheidung und die Überschriften von Online-Artikeln besonders häufig die inhaltliche Richtung vor. Gleiches gilt für kurze Teaser-Texte, die neben der Überschrift für den Leseimpuls sorgen sollen. Häufig sind dafür aber nicht die Autorinnen oder Autoren des Artikels zuständig, sondern die Online- oder Schlussredaktionen in der Zentrale. Das gilt auch für Zwischenüberschriften, die einzelne Abschnitte trennen und Aufmerksamkeit erzeugen sollen. Die Praxis zeigt, dass Überschriften, Teaser und ganz besonders Social-Media-Posts fehleranfällig sind. Die Autoren der Headlines und Posts müssen unter Zeitdruck zahlreiche Texte überfliegen und eine knackige Überschrift finden. Gleichzeitig sollte man dabei unbedingt sorgfältig arbeiten, und zum Beispiel nichts in den Teaser einbauen, was der Text nicht hergibt. Im Zweifel lieber kurz beim Autoren nachfragen. Als Autor des Textes ist es ratsam, sich den Text samt Überschrift nach Veröffentlichung noch einmal zu überprüfen, ob alles in Ordnung ist.

▶   Natürlich geht es bei Eilmeldungen um Sekunden. Wenn es als Autor
     der Meldung aber irgendwie möglich sein sollte – ein kurzer Anruf beim
     berichtenden Kollegen kann von großem Wert sein.

Kompliziertes einfach formulieren Für rechtliche Themen gelten insoweit die gleichen Grundregeln wie in allen anderen journalistischen Bereichen auch. Die Herausforderung ist hier, ein kompliziertes Thema nicht nur richtig, sondern auch in einfacher Sprache zu formulieren.

Übersicht

Einfaches Formulieren

   Auf kurze Sätze achten. In aller Regel nur ein Nebensatz, dann kommt der Punkt. Fremdwörter und Fachbegriffe weglassen und in einfache Sprache übersetzen. Lieber Verben statt Substantive verwenden. Bei Verben lieber Aktiv statt Passiv verwenden. Bei Themen mit viel Inhalt (z. B. langen Urteilen) den Mut haben, sich auf das Wesentliche zu konzentrieren.

   Themenbilder und Symbole – Es gibt keinen Hammer auf der Richterbank!

   Oft muss man zu einem rechtlichen Thema unter Zeitdruck ein Themenbild als Foto oder als Hintergrundbild für eine Meldung in den Nachrichten aussuchen. Manchmal auch – ohne Zeitdruck – ein neues Logo oder Symbolbild für eine Rubrik oder neue Sendung entwerfen. Aber was nimmt man da am besten? Häufig fällt die Wahl auf den Richterhammer, der auf einer Richterbank liegt. Dazu muss man wissen: Den gibt es zum Beispiel in den USA. Aber auf den Richterbänken in deutschen Gerichtssälen gibt es keinen Hammer.

• Deswegen sollte man ein Foto vom Richterhammer auf keinen Fall nehmen. Klassische Alternativen sind z. B. eine Justitia mit Waage, ein Paragrafenzeichen, ein passendes Gesetzbuch, bei einer Gerichtsentscheidung ein passendes Gerichtsschild, beim Bundesverfassungsgericht die roten Roben oder die Barette, die auf dem Richtertisch liegen.

11.5   Bausteine eines Fernsehbeitrags

Fernsehen braucht Bilder. Das klingt wie eine Binsenweisheit, ist es aber nicht. 90 oder 120 Sekunden einziehende Richterinnen und Richter zu zeigen, wäre nicht sehr kreativ. Mal abgesehen davon, dass man oft nur zehn Sekunden Bildmaterial von ihnen hat. Ein guter Fernsehbeitrag besteht daher aus typischen Bausteinen, die später am Schnittplatz zusammengefügt werden. Mit der Recherche und Organisation darf man nicht erst am Urteilstag beginnen. Beispiel: Der Käufer eines VW-Diesels hat den Autokonzern auf Schadensersatz verklagt, weil eine illegale Abgas-Software eingebaut war. Das Urteil am Landgericht/Oberlandesgericht/ Bundesgerichtshof steht an.

Einstieg: Der Originalfall   Über die Rechtsanwälte sucht man Kontakt zum Kläger. Er stimmt einem Dreh bei sich zu Hause zu. Das Auto steht noch in seiner Garage. Davon dreht man zusammen mit dem Kläger einige Bilder, dann macht man in diesem Umfeld einen O-Ton, warum er geklagt hat. Wenn der Kläger sogar vorhat, selbst zum Gericht zu kommen – umso besser. So bekommt man die Verknüpfung von Fall und Gericht hin. Damit ist ein guter Einstieg in den Beitrag gesichert. Wenn der Kläger aus dem Originalfall nicht mitmacht, kann man auch mit einem vergleichbaren anderen Fall arbeiten, wenn der wirklich passt. Aber Vorsicht: Die Vergleichbarkeit muss man genau prüfen. Oft gibt es kleine, aber feine Unterschiede. Wenn man keinen Fall findet, muss man es mit einem Einstieg über Themenbilder versuchen.

Archivmaterial suchen   Im Archiv sucht man nach typischen „Themenbildern", mit denen man Strecke machen kann. Hier bieten sich z. B. die bekannten Bilder von der VW-Zentrale an, plus Bilder aus einer Fabrikhalle mit Autos oder Motoren auf Fließbändern, oder Autos im Straßenverkehr.

Bilder aus dem Gerichtssaal   Mit einem Kamerateam geht es auf in den Gerichtssaal. Dort dreht man allgemeine Bilder im Vorfeld, zum Beispiel den anwesenden Kläger im Gericht und die Vertreter der Gegenseite. Es folgen die Bilder vom Einzug des Gerichts. Die Reporterin hat darauf geachtet, wann sich die Tür öffnet und dem Kameramann ein Zeichen gegeben. Denn oft bleiben nur wenige Sekunden Zeit für die Bilder vom Einzug. Dann muss das Kamerateam in aller Regel den Saal verlassen, nur die Reporterin bleibt drin und hört zu. Geht es um einen Diesel-Fall am Bundesgerichtshof, darf das Kamerateam nach vorheriger Genehmigung auch die Urteilsverkündung filmen.

O-Töne des Gerichts oder der Pressesprecher   Um den Inhalt des Urteils kurz zusammenzufassen, kann man einen O-Ton der Gerichtssprecherin einbauen. Am besten hat man den schon vorab verabredet. Am Bundesgerichtshof und am Bundesverfassungsgericht kann man einen Originalton des Vorsitzenden Richters einbauen, weil man das Urteil ja mitgefilmt hat.

Mit Grafiken arbeiten Beim Thema Recht geht es oft um komplizierte Sachverhalte, die schnell am Publikum vorbeirauschen. Deswegen sollte man für einen Beitrag immer prüfen, ob sich eine grafische Darstellung anbietet. Das kann eine klassische Textgrafik mit Begriffen und Spiegelstrichen sein. Oder eine Verbindung von handelnden Personen mit Pfeilen. Auch ein Zeitstrahl mit wichtigen Stationen bietet sich manchmal an. Im konkreten VW-Fall hat das Gericht entschieden: VW muss Schadensersatz zahlen, aber der Kunde muss sich die gefahrenen Kilometer anrechnen lassen. Je mehr er gefahren ist, desto geringer wird der Schadensersatz. Diesen Mechanismus kann man gut mit einer Grafik verdeutlichen.

O-Töne der Gegenseite Im Beitrag muss natürlich auch die Gegenseite zu Wort kommen. Deswegen macht man nach dem Urteil einen O-Ton mit der Anwältin oder zuständigen Vertreterin von VW. Auch diesen hat man im Vorfeld schon vereinbart. Wenn niemand vor Ort ist, kann man um einen O-Ton aus der Konzernzentrale bitten und sich ihn zuliefern lassen. Oder man verschriftlicht bzw. paraphrasiert auf allgemeine Bilder ein kurzes Statement.

Wenn nötig, weitere Reaktionen Je nachdem, wie lang der Beitrag und wie wichtig das Thema ist, kann man weitere Reaktionen einholen und einbauen. Das kann ein Verbraucherschutzverband sein, die Einschätzung einer Expertin oder eine politische Reaktion.

Der „Aufsager" Ein weiteres Element ist der sogenannte Aufsager der Reporterin oder des Reporters, meistens am Ende des Beitrags. Er bietet die Möglichkeit einer persönlichen Einschätzung des Falles. Außerdem kann man Präsenz vor Ort zeigen. Ob man einen Aufsager macht oder nicht, muss man mit der Redaktion der jeweiligen Sendung absprechen. Er ist auch nicht in jeder Sendung üblich; bei der Tagesschau zum Beispiel nur in der Hauptausgabe um 20 Uhr. Man zeichnet ihn in der Regel am Ort des Geschehens auf, also etwa vor dem Gerichtsgebäude. Entweder direkt nach den Dreharbeiten am Gericht, oder man fährt später am Tag noch einmal dorthin, weil man womöglich erst dann genau weiß, was inhaltlich Sinn ergibt. Danach schneidet man ihn ans Ende des Beitrags. In einem Aufsager kann man z. B. das Urteil noch einmal prägnant zusammenfassen, eine Besonderheit oder Neuigkeit herausstellen, es einordnen, seine Bedeutung für viele andere Fälle herausstellen oder einen Ausblick geben, wie es weitergeht. Die persönliche Meinung zum Urteil hat im Nachrichtenbeitrag nichts zu suchen. Die gehört in den „Kommentar".

11.6   Zusammenfassung aller Gerichte und ihrer Abkürzungen

An verschiedenen Stellen in diesem Buch ging es um die korrekte Bezeichnung einzelner Gerichte und um die richtigen Abkürzungen. Um im Zweifelsfall schnell nachschlagen zu können, sind sie hier nochmal in einer Aufzählung zusammengefasst. Wichtig: Es ist eine reine Aufzählung, mit der nicht automatisch der jeweils richtige Instanzenzug gemeint ist.

Für Straf- und Zivilrecht: Amtsgericht (AG), Landgericht (LG), Oberlandesgericht (OLG), Bundesgerichtshof (BGH).

Verwaltungsgericht (VG), je nach Bundesland Verwaltungsgerichtshof (VGH) oder Oberverwaltungsgericht (OVG), Bundesverwaltungsgericht (BVerwG).

Arbeitsgericht (ArbG), Landesarbeitsgericht (LAG), Bundesarbeitsgericht (BAG).

Sozialgericht (SG), Landessozialgericht (LSG), Bundessozialgericht (BSG).

Finanzgericht (FG), Bundesfinanzhof (BFH).

Europäischer Gerichtshof (EuGH). Europäischer Gerichtshof für Menschenrechte (EGMR). Internationaler Gerichtshof (IGH). Internationaler Strafgerichtshof (IStGH).

Wichtige Gesetzbücher

Grundgesetz (GG), Bürgerliches Gesetzbuch (BGB), Zivilprozessordnung (ZPO), Strafgesetzbuch (StGB), Strafprozessordnung (StPO) Gerichtsverfassungsgesetz (GVG)

Tipps für Drehbuch-Autoren von Krimis

12

Spannungsfeld Fiktion und Wirklichkeit Sonntagabend, 20.15 Uhr, es läuft der „Tatort" aus München. Die Kommissare Batic und Leitmayr stehen vor der Tür eines Verdächtigen. „Batic, Kripo München, das ist mein Kollege Leitmayr. Wir werden uns jetzt mal in Ihrer Wohnung umsehen. Hier ist der Durchsuchungsbeschluss." Verdächtiger: „Heißt das nicht Durchsuchungs*befehl*?" Batic: „Nein, das sagen die nur im Fernsehen". Selten haben sich die Ebenen Fiktion und juristische Wirklichkeit in einem Tatort schöner vermischt als bei diesem Zitat. Fiktion und Realität stehen hier in einem Spannungsfeld. Zwar lässt sich bei polizeilichen Ermittlungen in einem Krimi nicht alles realitätsgetreu abbilden. Es ist ein fiktionales Format und keine True-Crime-Dokumentation. Dramaturgische Kunstkniffe sind hier an manchen Stellen nötig, damit sich Fälle und Geschichten überhaupt erzählen lassen und man Spannung erzeugen kann. Und Verstöße gegen die Strafprozessordnung gibt es auch in der Realität ab und zu, davon zeugen zahlreiche Gerichtsurteile. Trotzdem hat jedes filmische Format eine Sorgfaltspflicht. Die Basics rund ums Recht sollten stimmen. Vermeidbare Fehler sollte man vermeiden.

Ermittler als „einsame Wölfe" Es ist zum Beispiel nicht realistisch, dass die Kommissarinnen und Kommissare oft als „einsame Wölfe" agieren, also den Fall nahezu im Alleingang lösen. Gerne auch am Ende einer Tatort-Folge den Unterschlupf des mutmaßlichen Täters zu zweit oder ganz allein aufsuchen. Würde man ein solches Finale realistisch aufziehen – also mit einer Vielzahl von Beamten und ggf. Spezialeinsatzkräften – wäre das aus Sicht des Publikums aber langweilig.

© Der/die Autor(en), exklusiv lizenziert an Springer Fachmedien
Wiesbaden GmbH, ein Teil von Springer Nature 2023
F. Bräutigam, *Recht richtig formulieren*, Journalistische Praxis,
https://doi.org/10.1007/978-3-658-41771-0_12

Rollenverteilung von Polizei und Staatsanwaltschaft Kommissarinnen und Kommissare im Film brauchen aus dramaturgischen Gründen bei ihren Ermittlungen Mit- und Gegenspieler. Dass sich Polizei und Staatsanwaltschaft aneinander reiben, ist daher dramaturgisch oft nötig. Gleichzeitig ist so mancher Krimi dazu geeignet, dem Publikum ein falsches Bild vom Verhältnis dieser beiden Behörden zu verschaffen. Richtig ist: Die Staatsanwaltschaft leitet das Ermittlungsverfahren, die Polizei führt die konkreten Ermittlungen aus. Eine Staatsanwältin, die allein für das gesamte Kommissariat zuständig scheint und auch im selben Gebäude arbeitet, gibt es in der Realität nicht. Sie ist auch nicht die Dienstvorgesetzte der Polizisten, kann also z. B. nicht über Disziplinarmaßnahmen für die Polizisten entscheiden. Manchmal wird ein Staatsanwalt auch als eine Art „Gegenspieler" der Ermittler aufgebaut, der ihnen Steine in den Weg legt. Wenn er nicht grade mit seinem teuren Auto unterwegs zurück ins luxuriöse Anwesen ist, das sein reales Gehalt niemals hergeben würde.

Ermitteln „in eigener Sache" Kommissarinnen und Kommissare sind im Film oft in irgendeiner Weise mit dem Fall verbunden. Manchmal sind sie auch selbst tatverdächtig, manchmal ihre Kinder oder andere Angehörige. In solchen Situationen trifft erneut Dramaturgie auf Realität. Häufig kommt es dann zu einem „Du bist raus aus den Ermittlungen", doch der Kommissar macht trotzdem auf eigene Faust weiter. Das ist zwar ein Verstoß gegen Regeln, aber auch in der Realität wird ab und zu gegen Regeln verstoßen. Grenzwertig kann es werden, wenn die Kommissarinnen und Kommissare offiziell gegen Angehörige ermitteln und diese auch vernehmen. Hier muss man darüber nachdenken, ob der Mehrwert in Sachen Dramaturgie nicht von den Publikumsreaktionen geschlagen wird. Denn nach meinem Eindruck bemerkt die Bubble im Netz die Befangenheit und findet sie nicht gut.

Erfundene oder falsche Delikte Die Zahl der von den Kommissarinnen und Kommissaren im Film genannten Delikte ist groß. Allerdings stehen nicht alle davon im Strafgesetzbuch. „Gefährdung der Öffentlichkeit", „Vandalismus", all das war im Krimi schon zu hören. Ein wahrer Dauerbrenner ist die „Behinderung der Justiz". Eine Strafverfolgung wird immer wieder dann angedroht, wenn ein Zeuge oder ein Beschuldigter nicht kooperieren will. Ein Beschuldigter muss aber nicht kooperieren, sondern darf schweigen oder sogar lügen. Außerhalb der „Strafvereitelung" in § 258 StGB gibt es im deutschen Recht kein Delikt mit Namen „Behinderung der Justiz". Auch „Beamtenbeleidigung" ist kein eigener Tatbestand. Es gibt nur die „Beleidigung", ganz egal gegenüber wem.

▶ **Tipp**
- Dringender Rat: Nicht ohne Not erfundene Delikte in das Drehbuch einbauen. Wenn man Delikte nennt, vorher kurz überprüfen, ob es sie wirklich gibt.
- Wenn im Gerichtssaal Fachsprache im Drehbuch vorgesehen ist, diese unbedingt fachlich überprüfen lassen. Im Zweifel umschiffen oder weglassen.

Falscher Unterschied zwischen Mord und Totschlag Zu den fehleranfälligen Punkten gehört auch der Unterschied zwischen Mord und Totschlag. Natürlich ermittelt im Krimi die „Mordkommission", aber nicht jede Tötung ist rechtlich auch ein Mord. Oft ist in Krimis (wie im richtigen Leben) zu hören: Wenn jemand mit Absicht getötet hat, oder es eine geplante Tat war, dann ist es ein Mord. Wenn es im Affekt passiert ist, dann war es Totschlag. Bitte merken: Diese Unterscheidung ist falsch! Man sollte sie in Dialogen auf keinen Fall verwenden. Richtig ist: Mord und Totschlag verlangen beide eine vorsätzliche Tötung, also dass der Täter den Tod des Opfers zumindest billigend in Kauf genommen hat. Ein Mord wird aus einem Totschlag immer dann, wenn „Mordmerkmale" hinzukommen. Die zählt das Gesetz ganz genau auf, z. B.: Habgier, Heimtücke, niedrige (nicht „niedere") Beweggründe oder Verdeckungsabsicht. Auf Mord steht zwingend die lebenslange Freiheitsstrafe. Auf Totschlag zwischen fünf und 15 Jahren.

Übersicht
Folgende Dialoge sollte man unbedingt vermeiden:

- „Kommissarin": „Das war keine Absicht, also auch kein Mord." „Wenn Sie gestehen und uns helfen, wird der Staatsanwalt das nur als Totschlag werten, weil Sie im Affekt gehandelt haben."
- Bei Mordermittlungen: „Wenn Sie kooperieren, bekommen Sie eine mildere Strafe." Weil auf Mord zwingend lebenslang steht.

Beispielsfälle für „Mordmerkmale" Viele Mordmerkmale lassen sich in gute Storys übersetzen. Beispiel Habgier: Man tötet jemanden, um ans Erbe zu kommen. Beispiel Heimtücke: Man nutzt die Arg- und Wehrlosigkeit einer Person aus, erstickt sie also urplötzlich oder erschießt sie von hinten. Beispiel niedrige Beweggründe: Politische Motive, Ausländerhass, Rache oder Hass auf Frauen sein. Beispiel Verdeckungsabsicht: Wenn der Täter bei einer Tat beobachtet wurde und dann die Zeugin erschießt, damit er nicht auffliegt.

Durchsuchungsbeschluss in der Regel nötig Der „Durchsuchungs*befehl*" kommt in zahlreichen Drehbüchern vor. Korrekt ist aber der Begriff „Durchsuchungs*beschluss*". Zu selten wird thematisiert, dass die Kommissare zum Betreten von Wohnungen in der Regel einen solchen Beschluss brauchen. Stattdessen knacken sie gerne mal schnell das Türschloss, um sich einen Überblick von der Wohnung des Verdächtigen zu verschaffen. Ein Durchsuchungsbeschluss ist ausnahmsweise nicht nötig bei „Gefahr im Verzug"; mit der Betonung auf „im Verzug", nicht auf „Gefahr". Gemeint ist also nicht, dass irgendeine Gefahr im Anmarsch ist. Sondern dass man Nachteile haben wird, wenn man nicht sofort in die Wohnung geht und auf den richterlichen Beschluss wartet (der ziemlich schnell erlassen werden kann).

Durchsuchungsbeschluss und Haftbefehl erlässt *immer* ein Richter Völlig unter den Tisch fällt immer wieder, dass für den Erlass eines Durchsuchungsbeschlusses und auch eines Haftbefehls nicht die Staatsanwaltschaft, sondern ein Richter oder eine Richterin zuständig ist.

• Ein korrekter Dialog im Krimi könnte also lauten: „Frau Staatsanwältin, ich brauche unbedingt einen Durchsuchungsbeschluss/einen Haftbefehl!" – „Ok, besorg' ich Ihnen beim Richter." – Oder aber: „Sind Sie bekloppt? Das bekomme ich beim Richter niemals durch!"

Haftbefehl benötigt „dringenden Tatverdacht" und „Haftgrund" Für einen Haftbefehl gibt es zwei zentrale Voraussetzungen. Erstens muss ein „dringender Tatverdacht" bestehen, also ein ziemlicher hoher Verdachtsgrad. Das allein reicht aber nicht aus. Zweitens muss ein „Haftgrund" vorliegen. Haftgründe sind Fluchtgefahr, Verdunklungsgefahr und (bei manchen Delikten) Wiederholungsgefahr. Daraus folgt: Auch wenn ein dringender Tatverdacht besteht, kann ein Verdächtiger auf freiem Fuß sein. Zum Beispiel weil er in geregelten Verhältnissen lebt, die eine Flucht sehr unwahrscheinlich machen. Oder dass er eine hohe Kaution hinterlegt hat, gegen die der Haftbefehl außer Vollzug gesetzt wird. Solange man sie korrekt benennt, kann man mit den beiden Voraussetzungen für einen Haftbefehl dramaturgisch eine Menge anfangen.

Festnahme ohne Haftbefehl zunächst möglich Gerade in Krimis kommt es oft zu spontanen Festnahmen, ohne dass es bereits einen Haftbefehl gibt. „Ich nehme Sie vorläufig fest wegen des Verdachts, XY ermordet zu haben", ist dann der richtige Satz. „Verhaftet" wäre falsch, weil es noch keinen Haftbefehl gibt. Oft geht es anschließend darum, wie lange die Kommissare die verdächtige Person festhalten dürfen, oder ob sie diese laufen lassen müssen. Die festgenommene Person muss bis zum Ablauf des folgenden Tages einem Richter vorgeführt werden.

Wenn der Verdächtige also am Sonntagfrüh um drei Uhr festgenommen wird, muss er bis Montag um Mitternacht einem Richter vorgeführt werden. In der Zwischenzeit ist er noch nicht in „Untersuchungshaft". Die Staatsanwaltschaft beantragt dann einen Haftbefehl. Der Richter entscheidet, ob er den Haftbefehl erlässt oder nicht. Wenn nicht, kommt der Verdächtige spätestens am Ende des folgenden Tages wieder auf freien Fuß. Möglich ist auch, dass die Staatsanwältin zur Enttäuschung der Kommissare erst gar keinen Haftbefehl beim Richter beantragt, weil sie keinen dringenden Tatverdacht oder keinen Haftgrund sieht.

Unterschied von Polizei und Verfassungsschutz In Krimis gibt es immer wieder Situationen in denen plötzlich „der Verfassungsschutz" auftaucht, meist mit einer dubiosen Rolle und im Konflikt mit der Polizei. Die Verfassungsschutzämter von Bund und Ländern sind der deutsche Inlandsgeheimdienst. Die Aufgaben von Polizei und Geheimdienst sind in Deutschland – auch aus historischen Gründen – strikt getrennt. Der Geheimdienst ist eine Art „Frühwarnsystem" weit im Vorfeld (politischer) Straftaten. Die Polizei wehrt dagegen konkrete Gefahren ab und klärt Straftaten auf. Hier sind in Krimis schon heftige Fehler passiert, vor allem wenn es um ein „an sich ziehen" von Ermittlungen geht. Dazu folgende Empfehlungen, wenn man mit dem Spannungsfeld zwischen Polizei, Verfassungsschutz und anderen Behörden spielen möchte:

Übersicht

- Der Verfassungsschutz wird in der Praxis niemals auftauchen und die Ermittlungen in einem Mordfall übernehmen! Das ist völlig ausgeschlossen und auch nicht mit dramaturgischen Gründen zu rechtfertigen.
- Möglich ist: Der Verfassungsschutz hat bei seinen Beobachtungen der extremistischen Szene wichtige Erkenntnisse erlangt, sie aber nicht an die Polizei weitergegeben. Hier liegt auch in der Praxis Konfliktpotenzial.
- Wenn die Ermittler vor Ort „entmachtet" werden sollen, kann das Landeskriminalamt oder das Bundeskriminalamt die Ermittlungen übernehmen. Dann sind die Kommissare „raus" oder nur noch „Befehlsempfänger", können aus dramaturgischen Gründen aber vielleicht trotzdem im Alleingang weitermachen.
- Beim Landes- und Bundeskriminalamt gibt es jeweils Abteilungen für „Staatsschutz", die wegen politischer Straftaten ermitteln. Richtig wäre also, dass die Kommissarin sich beklagt: „Der Staatsschutz vom LKA hat sich gemeldet und übernommen. Wir sind erstmal raus." Wichtig: Hier bitte nicht die Begriffe „Staatsschutz" und „Verfassungsschutz" verwechseln.

Unterschied zwischen Zeugen und Beschuldigten In Krimis wird immer wieder thematisiert, in welcher Rolle eine Person gerade befragt wird, als Zeuge oder als Beschuldigter. Ein wichtiger Unterschied ist: Ein Zeuge muss die Wahrheit sagen (er darf die Aussage nur dann verweigern, wenn er sich damit selbst belasten würde). Ein Beschuldigter hat das Recht zu Schweigen. Darüber muss er vor einer Vernehmung belehrt werden. Im Laufe eines Films kann je nach Lage aus einem Zeuge ein Beschuldigter werden. Jedenfalls sollte man auf diese Unterschiede achten.

Beschuldigtenrechte Die Verteidigung kommt in Krimis oft zu kurz, obwohl es sich um ein fundamentales Recht von Beschuldigten handelt. Bei vielen Taten kann ein Beschuldigter auch nicht auf einen Verteidiger verzichten. Aus Sicht eines Drehbuchschreibers oder einer Regisseurin stellt sich allerdings folgendes Problem. Wenn in jeder Vernehmung ein Verteidiger oder eine Verteidigerin anwesend wäre, könnte man wahrscheinlich keine einzige spannende Vernehmungsszene mehr in den Film einbauen. Sie sind aber oft ein wichtiges dramaturgisches Element. Dieses Spannungsfeld ist nicht leicht aufzulösen.

•   Dennoch würde es Krimis guttun, wenn man zumindest ab und zu bewusst Verteidigerinnen oder Verteidiger in die Drehbücher aufnimmt; allein um zu demonstrieren, dass dies im Rechtsstaat eine zentrale Rolle einnimmt.

Belehrung über Schweigerecht wichtig Ob nun mit oder ohne Anwalt – wenn es im Film zur Vernehmung eines Beschuldigten kommt, muss für eine Sache kurz Zeit sein: Die Belehrung über das Schweigerecht. Wenn die nämlich fehlt, kann man den Inhalt der Vernehmung später nicht vor Gericht verwerten. Es reicht ein kurzer Satz: „Sie haben das Recht zu Schweigen und müssen sich nicht selbst belasten".

„Amerikanische Verhältnisse" im Gerichtssaal Wenn es in Krimis Gerichtsszenen gibt, orientieren sie sich immer wieder an amerikanischen Vorbildern. Die Abläufe in deutschen Gerichtssälen unterscheiden sich davon deutlich. Daher die wichtigsten Regeln in Kurzform:

Übersicht
•   Es gibt keinen Hammer auf der Richterbank in deutschen Gerichtssälen.
•   Niemand springt auf und ruft „Einspruch, euer Ehren".
•   Im Strafrecht ist jemand „angeklagt", niemand wird „verklagt".

- Alle Beteiligten bleiben an ihren Plätzen und laufen nicht im Saal herum.
- Die Richterinnen und Richter haben die Buchrücken der Gesetze zu sich gewandt auf dem Tisch stehen, sonst sehen sie nämlich nicht, zu welchem Gesetz sie greifen müssen.
- Der Angeklagte sitzt nie auf der dem Fenster zugewandten Seite.
- Zeugen kommen an einen Tisch in der Mitte des Saals und machen dort ihre Aussage.
- Und für Feinschmecker: Roben werden nur in öffentlicher Verhandlung getragen. Nicht bei einem Haftprüfungstermin.

Keine „spontanen" Zeugen im Zuschauerraum Solche Szenen sind weniger aus Krimis, sondern eher aus Gerichtsshows bekannt. Während einer Gerichtsverhandlung springt im Zuschauerraum jemand auf und sagt sinngemäß, dass das alles nicht stimme. Er oder sie habe genau gesehen, dass das jemand anders war und der Angeklagte unschuldig sei. Dazu muss man wissen: Zeugen für den konkreten Fall dürfen nie im Zuschauerraum sitzen. Sie sollen ihre Aussage unbeeinflusst vom Rest der Verhandlung machen. Eine solche Szene ist also sehr unrealistisch.

Ermittelnde Privatdetektive und Anwaltssekretärinnen Ein wahrer Klassiker ist „Ein Fall für zwei". Die „zwei" sind ein Rechtsanwalt und ein Privatdetektiv namens Matula. Der ermittelt für den Rechtsanwalt und sucht meistens nach entlastenden Fakten für die Mandanten. Man muss dazu wissen: So etwas kommt in Deutschland in der Praxis so gut wie nie vor. Das hängt auch damit zusammen, dass in Deutschland die Gerichte selbst („von Amts wegen") ermitteln müssen, ob der Angeklagte der Täter war. Natürlich kann die Verteidigung Beweisanträge stellen. Aber das Gericht ordnet von sich aus an, welche Zeugen zu hören und welche Dokumente noch zu suchen sind. Ein Privatdetektiv des Verteidigers ist daher als Unterstützung nicht ganz so wichtig. In den USA müssen Anklage und Verteidigung selbst dem Gericht mögliche Beweismittel zuliefern, auf deren Basis dann das Gericht entscheidet. Deswegen lassen Rechtsanwälte dort auch immer wieder Privatdetektive „schnüffeln", weil sie da selbst nicht schaffen. Aus demselben Grund ermitteln in Deutschland auch eher keine Sekretärinnen einer Anwaltskanzlei. Es ist aber natürlich auch nicht verboten.

Checkliste Drehbuch

- Durchsuchungsbeschluss statt -befehl.
- Den Haftbefehl erlässt ein Richter.
- Kein Hammer auf der Richterbank. Mord heißt nicht „Töten mit Absicht".
- Keine Delikte erfinden.
- Kommissare vernehmen keine eigenen Verwandte.
- Belehrungen und Verteidiger einbauen.
- Richter und Staatsanwälte leben nicht immer im Luxus.

The manufacturer's authorised representative in the EU is Springer
Nature Customer Service Centre GmbH, Europaplatz 3, 69115 Heidelberg,
Germany. If you have any concerns regarding our products, please
contact ProductSafety@springernature.com

Printed and bound by CPI Group (UK) Ltd, Croydon, CR0 4YY
28/04/2026
02098515-0001